MW01616418

La Vía del Corazón

Yeshua Ben Joseph
En comunión con Jayem

La Vía del Corazón
© by Jayem

Autor: Jayem

The way of the Heart
Cuarta edición de 2013
Traducción: Iván Domingo Martínez
Traducción terminada en el año 2018

Diseño del libro: Damián Gil y Nuria Bernal

Diseño de portada: Nuria Bernal

Correción ortotipográfica: Damián Gil

Primera edición en Castellano
Noviembre 2020

© 2020 para la edición en España
Ediciones Yeshua

Impreso en España
Primera edición impresa en Castellano

Depósito Legal: MU 106-2021
ISBN: 978-84-122409-1-7

MG DIGITAL S.L. (Ediciones Yeshua)
Camino de Cabecicos, 21, 30161, Llano de Brujas, Murcia
+34 968 076 159 - www.edicionesyeshua.com

Índice

Nota del traductor

Puede saltar a la vista el muy frecuente uso de la palabra "discernimiento".

Es una especie de marcador, y en general no debe ser interpretada en su sentido usual, sino en un sentido de un simple percatarse, "darse cuenta" (algo más -digamos- "neutro" que cuando hablamos de "consciencia").

En el texto, esta palabra está tan abundantemente presente porque simplemente ha sido usada para señalar que, en inglés, se está usando en ese momento "awareness", que es una de las palabras que es sinónimo de "consciencia" en ese idioma.

Esta "awareness" ha sido muy traducida por ejemplo por "conciencia", sin la letra ese. Sin embargo, "conciencia" en español se reservaba por ejemplo para "la noción del bien y del mal" (y "conciencia" puede traducir "conscience" en inglés, que significa también eso: el reconocimiento de la diferencia entre lo correcto y lo incorrecto, el bien y el mal).

Pese a que, en cierto sentido, hablando en general, la consciencia (con ese) no tiene grados, por otra parte, el motivo de usar este marcador para "awareness" ("discernimiento") es tener en cuenta la siguiente idea que Jayem expresaba en una de sus charlas:

A la consciencia (consciousness) la podríamos entender como el grado en que el "discernimiento" (awareness), se está permitiendo llenarse, efectivamente, de amor y de luz; es decir, está efectivamente llevando a cabo, o "materializando", el hecho de "ser Hijos de Dios", a cada momento.

Por ejemplo, en la lección 12 de este libro, se puede apreciar cómo despunta este -digamos- concepto de consciencia.

Reservamos pues la palabra "consciencia", en general, para traducir "consciousness"; la palabra "conciencia" para traducir "conscience"; y la palabra "discernimiento" para traducir, en muchas ocasiones, "awareness".

En cuanto a la ortografía, ha habido recientemente una simplificación en las reglas de la ortografía del castellano/español. Por ejemplo palabras como "solo", "este", "esa"... pueden ser escritas siempre sin tilde. –

Se agradecerá cualquier ayuda para mejorarla.

También en dicha web se pueden encontrar los audios de las lecturas de cada capítulo.

Sugerencias para el estudio, de Yeshua

Yeshua también ha dado las siguientes sugerencias de estudio sobre cómo "escuchar" las grabaciones o leer las transcripciones de estas *Lecciones de La Vía del Corazón* y las siguientes obras:

1.   Elige un cuaderno dedicado para "La vía" con una cubierta que tenga sentido para ti, y un bolígrafo que aprecies; úsalos solo para este trabajo. Mantén tu cuaderno en un espacio sagrado (tal como el de un altar, si lo tienes), dondequiera que vivas.

2.   Siempre acomódate bien, relájate y permite que la respiración fluya profunda y plenamente antes de comenzar a leer o a escuchar este material.

3.   Permite que las palabras simplemente lleguen, sin hacer ningún esfuerzo para comprender toda la información de una vez.

4.   Observa qué pasajes te conmueven.

5.   Haz notas selectivas, e identifica en tu cuaderno aquellos pasajes que afecten a tu naturaleza sensible.

6.   Más tarde (o en un día diferente) copia aquellos pasajes de tu cuaderno que te hayan provocado un fuerte sentimiento. Escríbelos varias veces en una hoja separada de papel, en un estado de inocencia y diversión.

7.   Es útil detenerte ante cualquier pregunta que escuches o leas, y parar y reflexionar sobre ella antes de seguir.

Estas lecciones fueron dadas primeramente con la intención de que cada ser las viviera, las absorbiera profundamente, durante al menos 30 días. En realidad, te encontrarás con que cada Lección sigue siempre enseñándote cosas, ¡y sigue llevándote cada vez más allá, en tu propio despertar espiritual!

Escucha cada grabación de la Lección —o lee el capítulo correspondiente— varias veces, en diferentes lugares y en diferentes momentos del día. Sigue con cada Lección hasta que te sientas tan a gusto con ella que sientas que la has completado.

Es muy importante hacer los ejercicios tal y como se indica. Muchos de ellos son iguales a los que le fueron dados a Yeshua por los esenios más ancianos hace unos 2000 años.

La Vía del Corazón, camino al Sentir
Por Reyes Ollero

¿Soy consciente del miedo que tengo a escuchar al corazón? ¿Soy consciente de como he encarcelado a mi corazón, inundándolo en teorías y razones intelectualizadas, en lugar de lanzarme a experimentarlas? ¿Soy consciente de que he intentado conocer a Dios en una biblioteca, en lugar de lanzarme a descubrirlo en los ojos de mi hermano y en cada momento humano? ¿Reconozco el miedo que albergo a sentir y a vivirme como Quién soy? ¿Me doy cuenta de las barreras y limites que he puesto al amor?

El corazón no parece una opción, si se trata de confiarle nuestra existencia en este mundo. Demasiado arriesgado y peligroso. Este libro es una guía para comenzar a caminar hacia el despertar del corazón de Cristo en ti.

La Vía del Corazón es una invitación directa a experimentar al Cristo despierto, en lugar de seguir pensándolo. Es una invitación a deshacer esas cadenas que nosotros mismo hemos fabricado. Son cadenas hechas de miedo, culpa, y un profundo victimismo. Cadenas que se sienten pesadas, que nos inmovilizan, que parecen supeditarnos a ser víctimas de un mundo que vemos fuera de nosotros, en lugar de experimentarnos creadores con el Padre, con su pleno poder y en total comunión con él.

Este libro dibuja una vía para reconocer y aceptar al Cristo en ti y expresarlo en tu experiencia humana. El camino que nos regala Yeshua, a través de su canal Jayem, es un camino de deshacimiento de lo falso que descansa en la práctica del perdón y del reconocimiento del poder de nuestros pensamientos. Es un camino que nos pone en contacto con el discernimiento, como llave para separar la paja del oro y liberar la Mente. Esta obra, nos ofrece una práctica de empoderamiento, dándonos al descubrimiento del corazón de Cristo, y nos inicia en la vivencia devocional, por la que constato "que es el amor lo que sana".

Este es el primer libro de la trilogía llamada La Vía de la Maestría. En esta obra, Yeshua planta las semillas y nos invita a recoger los frutos que calman nuestra sed y que son los cimientos de la alquimia que vamos a experimentar, desde la llamada a despertar, hasta vivir como la Mente de Cristo.

A lo largo de este libro se nos ofrece guía para vivirnos como "hortelanos sabios", como aquel que se respira en la humildad de saber que, por sí mismo, no hace nada, pero que, a través de sí, el Padre hace todas las cosas. Es desde ese "dejar caer" el poder personal, es desde la experiencia de ser canal del amor, que sucede el abrirnos a habitar la verdadera creación, donde yo y mi Padre somos uno. Es en la perfecta co-creación con el Padre, como comprendo que solo quiero plantar los frutos de Amor para recoger y extender Amor. De esta manera, Yeshua nos insta a reconocer que, vivir como el Cristo en esta experiencia humana, es nuestro único sentido.

En este texto se descubre a Yeshua tan cercano como un amigo que viene a nosotros "simplemente porque nos ama". Esta proximidad es la que hace que la experiencia de esta lectura sea tan cálida, tan amable y tan sencilla, a la vez que completamente profunda. Así, cada palabra hace que nuestro ser vibre y se rinda una y otra vez a la verdad.

La Vía del Corazón, es una práctica continuada de Permiso a todo lo que es, para entregarnos al abrazo de cada momento de nuestra experiencia. Es una llamada a la reconciliación con nuestro deseo a través de rendición.

La invitación a aceptar toda la humanidad, que hemos elegido experimentar deliberadamente, abriéndome a su perfección a través del discernimiento del corazón, es una constante. El Corazón se deja nutrir por las palabras ofrecidas en esta lectura, como un bálsamo, plenas de ternura, y salpicadas de un sentido del humor que nos contacta con el juego inocente, llevándonos a recorrer el camino con liviandad.

No quiero dejar de compartir con vosotros, otra propuesta de este texto que ahora está ante ti y es la de dejar caer toda esa imagen de solemnidad que hemos relacionado con lo espiritual, para así vivir una espiritualidad esencialmente natural, llana, sencilla sin por ello perder ni un ápice de profundidad.

Todo es amable cuando nos referimos a La Vía del Corazón, tanto la forma en la que se nos invita a la lectura, como las practicas propuestas en el texto, dadas a Yeshua por los esenios para sentir los frutos que se nos brindan. Todo ello hace fácil su continuidad. Es una alegría ser testigo de cómo el alma que se siente llamada a iniciar La Vía del Corazón, es inspirada a continuar desde las primeras lecciones.

Este texto cautivó mi corazón, pues está dirigido al mismísimo corazón como la causa del despertar a mi divinidad. Yeshua nos insta a poner la mente al servicio y así dejar un camino de intelectualismo donde nos hemos quedado encerrados intentando capturar lo que en sí mismo, es el Misterio.

La Vía de Corazón llego a mí como un regalo para reconocer el símbolo de Yeshua en mi interior y comprender, desde lo profundo, que todos somos Yeshua, que su voz, que sus manos, que sus pasos y su corazón, son los míos.

En el año primer año en el que me sumergí en esta lectura, fueron incontables las dadivas con las que fui tocada. Sentirme una, en el corazón, con Yeshua y descubrir el Cristo interior, son algunas de las joyas que siento presentes en mí.

Hoy sigo inmersa en la enseñanza de la Vía, ahora compartiendo el camino con otros amigos/as a través de grupos de práctica. En estos encuentros, lo que parecen milagros no dejan de sucederse, al recordar en comunidad las palabras de Yeshua.

"La Vía del Corazón es, pues, una manera de cultivar la decisión de identificarse con la Luz que puede iluminar toda oscuridad, mas no luchando contra esta, sino aceptándola, abrazándola como tu propia creación y eligiendo de nuevo"

Te pido tu permiso para nombrarte "viandante". Ya sabes que las casualidades no existen, si este libro ha llegado a ti, tú lo has llamado. Los regalos que se encuentran entre sus páginas no se harán esperar. Te deseo una entregada lectura donde dejar que cada palabra caiga en tu corazón, para que la paz que anhelas y que hemos buscado por tantos caminos tan complicados, ahora te sea revelada y te entregues a hacer de la Verdad tu Vía de Vida.

Ya me despido, si eso fuera posible. Déjate ser cautivada, tomada, ungida y abrazada en cada palabra y recuerda:

"El Corazón es aquello que siente todas las cosas, acoge todas las cosas, confía en todas las cosas y permite todas las cosas. El Corazón es aquello en lo que el alma descansa eternamente. El Corazón es aquello que está más allá del espacio y del tiempo, y es esa chispa de Luz en la Mente de Dios que es llamada "el Cristo". Y solo en Ello, en Aquel, encontraréis la paz que buscáis"

Gracias siempre, pensamiento de Dios en la forma.

Nos abrazamos.

El Corazón está unido a Todo
Por Jorge Lomar

Un libro inspirado o canalizado, ya solo por este hecho, puede ser para algunos toda una prueba. Si además añadimos que la fuente de la canalización se identifica como Jesús, pueden acumularse muchos prejuicios del pasado. Es toda una prueba para el intelecto que intenta evaluar si es posible que algo así pueda darse en el mundo, en medio de todo aquello que consideramos tan real ahí fuera.

Por ello, te aconsejo que observes en tu interior el mecanismo de poner a prueba esta lectura, y sencillamente, lo dejes ir amablemente. De ese modo podrás entregarte a La Vía del Corazón como si en verdad estuvieras charlando con tu mismísima Alma. Es a la consciencia de que tu Corazón está unido a Todo, y de que tu Ser es la extensión del mismo Dios, a la que apunta esta obra. Es a la Verdad, a donde apunta tu corazón anhelante de experiencia transformadora.

Y es que, en verdad, te habla Jesús. ¿Puedes permitirte recibir a Jesús hablándote íntima y directamente a ti? ¿Por qué no? ¿Haría falta alguna explicación racional que lo justificara? ¿Tendrías que merecerlo de algún modo?

Para mí, Jesus es la inteligencia del Espíritu alcanzando lo humano, capaz de comunicarse con nosotros. Jesús ha nacido de nuestra necesidad de regresar a Casa, de nuestro anhelo de la fuente. Jesús es nuestro mismo reconocimiento del Amor, expresado. Jesús puede representarse como una persona para nuestra necesidad de cercanía humana, para nuestra necesidad de historia humana, para nuestra necesidad de explicación profunda.

Y aquí le tienes. Jesús te habla a través de Un Curso de Milagros y a través de muchos otros escritos inspirados. Jesús siempre abre una Vía en tu corazón para una íntima comunicación con Dios. Esta es La Vía del Corazón.

Te invito a entregarte a una lectura devocional, en dialogo con Jesús, a través de esta obra. Permítete una caricia continuada a lo largo de un año para tu verdadero Corazón. Encontrarás revelándose, dentro de ti, el inconfundible aroma de la verdad, llegando desde tu más profundo silencio y alcanzando tu sentir humano, para transformarlo a fondo. La inspiración de Jesús nace de tu relación con Dios y traslada esta intimidad a tu ámbito cotidiano. En ese instante de certeza, comprendes que el libro tan solo es una Vía para lo que ya Es.

Permítete recibir la inspiración que desea darse a través de esta Vía. Te habla el mensajero del Amor que te trae la buena nueva a tu consciencia. Sé que te pido mucho, pero intenta no hacer encajar lo que expresa Jesús con lo que ya sabes. Ábrete a lo nuevo, desde la devoción que acepta, ya desde el principio, que el Maestro está presente, simplemente porque el alumno está totalmente dispuesto. Intenta no hacer encajar las explicaciones que aquí se te presentan con las cosas que ya conociste, ni con todos esos ideales que hemos fabricado en el mundo de los tiempos. Simplemente, ábrete al profundo abrazo que La Vía del Corazón te ofrece. Permítete recibir, más allá de las palabras.

Jesús tiene muchas formas de llegar hasta nosotros, tantas como necesitemos. El Jesús de La Vía del Corazón, que nos llega en cooperación con Jayem, sabe poner en relación todos los niveles que hay en nuestra mente, de manera que podamos ir más allá de nuestra resistencia, a través de un dulce caminar que no pretende esconder lo humano.

Pudiera ser que a veces te pareciera que se te están dando, de nuevo, las manidas consignas positivistas de la nueva era. Pero observa más a fondo. ¿No se te estará ayudando a perdonar tu decepción por la nueva era?

En otras ocasiones, sus palabras tocarán directamente el centro de tu corazón. Permítelo. Sucede porque, en tu interior, conoces la Verdad. En cualquier momento, tu disposición a entregarte a la Relación sagrada, a través de tu relación presente con este libro, saca a la luz una perla de la no-dualidad intemporal. Amanece en tu corazón la unidad. Y brilla. Es el Amor, resplandeciendo en su infinita ternura.

Y lo hace como si tal cosa, como un amigo que charla contigo mientras paseas. Pues, en realidad, estás de paseo, en este mundo, y siempre llevas un amigo infinito dentro, deseando abrazarte. Eres el espíritu dándose un paseo por lo humano. La Vía te lleva una y otra vez a comprender que tu paseo merece ser alegre, pues solo existe para ser vivido por Quien realmente eres.

Es momento de tomar responsabilidad y de dejar ir toda culpa. Somos todos los aspectos del niño de Dios, despertando. Jesús nos lleva de la mano amablemente hasta el abrazo de Dios.

La Vía del Corazón es amorosa. A lo largo de sus líneas te mantiene en ese clima de madurez espiritual, que sin perder nunca de vista la responsabilidad del observador consciente, siempre camina por el lado soleado de la verdad más profunda: No hay nada que temer. Eres amado. Estás en Dios y no puedes perderte. Permítete ser amado ahora mismo.

Para aquellos que, como yo, llevamos años recibiendo los maravillosos regalos del perdón no-dual, y ya estamos enamorados de la inteligencia llamada Jesús, un libro como este es sencillamente una joya, una alegría, un alegre acompañamiento del que siempre recibir la inspiración. La Vía del Corazón me ayudó íntimamente en mi dulce proceso de trascender las rigideces que mi propio ego había establecido en torno a la práctica del perdón de Un Curso de Milagros.

Si algo ha de sobresalir de mi prólogo sobre La Vía del Corazón, es mi profunda gratitud porque este libro haya acompañado mis suspiros, mis interrogantes y mis verificaciones más profundas, en el camino de reconocer lo que el Amor Es.

El camino solo lo recorre el Corazón auténtico, que vive en ti. Solo el Corazón puede reconocer el Amor.

Gracias.

Prefacio

Te escribo en parte desde una extraña situación. Por un lado, he sido el canal a través del cual estas Enseñanzas tan ricas, tan excepcionales y transformadoras, han fluido para bendecirnos a todos. También he sido un estudiante incansable de las mismas y de ese Ser, Quien nos las ha dado a todos: Yeshua ben Joseph, más conocido en Occidente como "Jesús", que no es más que una transliteración de su nombre original en arameo (que se puede pronunciar "Yeshua", o Y'shua).

Cuando Yeshua se me apareció por primera vez en un campo de luz brillante, blanco-dorada, en agosto de 1987, fui propulsado por un camino radical al despertar. Pero primero tuve que atravesar un miedo que hacía que se me retorcieran tanto las tripas, que estaba seguro que iba a perder la cabeza. Narré mi primer año de contacto con Él en mi libro *Las Cartas de Yeshua*. Le exigí que me diera pruebas de que Él era algo realmente separado de cualquier proyección de mi propia mente, y —en un periodo de nueve años— Él hizo precisamente eso, derrotando finalmente mi escepticismo tan firmemente mantenido (y probablemente fundado en el miedo).

A posteriori, ¡la simple magnificencia y profundidad de la sabiduría de esas Enseñanzas debería haberme bastado para aceptar que mi mente no las estaba fabricando, obviamente! Cuando comenzaron, ya había tenido una cierta experiencia enseñando principalmente yoga y meditación. Las clases y los talleres que yo daba eran algo que estaba bien preparado de antemano. Pero, en contraste, en ningún momento supe lo que Yeshua iba a decir.

Cuando comenzó, en 1994, la primera grabación de *La Vía del Corazón*, no me avisó del hecho de que iba a darnos el primer capítulo de un curso de entrenamiento de tres años para el despertar de la Mente de Cristo (inicialmente enviado por correo en forma de cintas de audio a cientos de personas en EEUU). Entonces, simplemente hice lo que estaba acostumbrado a hacer...

Me sentaba, cerraba los ojos, comenzaba repitiendo una breve oración que me había dado para cuando me unía con Él, y así yo permitía que los patrones vibratorios, los colores y la sensación de abandonar mi cuerpo sucedieran. Entonces, Él comunicaba Su mensaje, y decía "Amén". Y así es como me daba cuenta que Él estaba diciéndome que ya se había terminado. Y yo volvía a sentir mi cuerpo y "aterrizaba" en él, a menudo para sentirme radicalmente energizado durante horas.

Me recuerdo en una noche con fiebre, la garganta hinchada, y sin nada de voz. ¡Dijo que no sería ningún problema hablar a través de mí, porque Él (a diferencia de mí) no creía en límites o enfermedad! Mientras hablaba esa vez no hubo rastro alguno de mis síntomas, y me sentí liberado de ellos durante varias horas después. Pero cuando regresaron, le reclamé: "¿cómo prevengo esto?". Su respuesta fue,

Eso, hermano mío, es lo que has venido a saber aquí en ti mismo y por ti mismo.

Desde el comienzo de su contacto conmigo, Él me había señalado que estaba creando conmigo y a través de mí una Vía "nunca antes realizada en la tierra", y que estaba entregada para el florecimiento de un millón de almas en la Mente de Cristo como parte de la inminente y radical transformación de la Humanidad que tan intensamente estamos sintiendo acercarse hoy.

La Vía del Corazón es el primer libro de esta Trilogía (que comprende también *La Vía de la Transformación* y *La Vía del Conocimiento*), conocida cariñosamente por miles como las enseñanzas de "La Vía", o "El Camino". Solo recientemente (2005) descubrí en un documental académico que los muy tempranos cristianos se referían a Sus enseñanzas como "La Vía", "El camino". ¿Una mera coincidencia? No lo creo, porque algo que he descubierto en mis ahora 24 años de aprendiz con Él y a su servicio, es esto: nada deja de tener Plan y Propósito.

La propia Trilogía es simplemente una de las más exquisitas y magistrales enseñanzas que yo haya conocido alguna vez, y esto incluye todos mis estudios sobre yoga, sobre religiones mundiales y filosofía. Aún me llena de humildad y me deja estupefacto pensar cómo Él pudo "plantar las semillas" en *La Vía del Corazón,* y luego tejerlas magistralmente hacia niveles más profundos a medida que el estudiante se prepara para recoger frutos más maduros en las siguientes obras, *La Vía de la Transformación* y *La Vía del Conocimiento.* Sin embargo, esto es solo una parte del Camino que Él ha estado desarrollando a través de mí durante muchos años. Hay otros textos clave como *Las Cartas de Yeshua* y *La Vía del Servidor.* También hay otro paso a dar en el viaje del estudiante, y que es el de experimentar las energías transformadoras de la *Padrenuestro en arameo* y, especialmente, las *Bienaventuranzas,* que son la base para la profunda sanación y el trabajo para el despertar utilizado en retiros, entrenamientos intensivos y peregrinaciones. Junto a las enseñanzas esenciales en arameo, están las prácticas de apoyo como son la de *RespiraAmor, Indagación Radical,* y la singular meditación titulada *En el Nombre.*

Es importante que el estudiante sepa que esas enseñanzas formales, las de los tres libros de "La Vía", son un importante sustrato para los niveles más profundos de alquimia hacia una transformación radical. Puedes notar cómo, en esas enseñanzas, Él a menudo se refiere a la *respiración,* así como al *sentimiento,* al *sentir.* Desde antes de que fueran dadas, Él ya estaba guiándome hacia una comprensión más profunda y plena –en el laboratorio de mi propio ser– sobre la importancia de la Respiración (que Él llama la presencia del Espíritu Santo) y sobre cómo penetrar plenamente en las capas de "sentimiento congelado" que se albergan en el inconsciente y en el alma; también sobre cómo el alma cae en lo que Él llama el sueño de separación, y sobre cómo esos patrones son recapitulados en el útero y el nacimiento, e incluso en nuestras elecciones de los padres y de los marcos temporales para la encarnación; sin esos viajes experimentales profundos y personales, la "Palabra" no hubiera encarnado y "aterrizado en las células", que es precisamente el único lugar donde podemos reconocer que nuestra sanación está completa: aquí, en este mundo, ahora, en este momento.

Por tanto, el volumen que ahora tienes en tus manos, junto con las otras "partes" mencionadas, conforman una de las más exquisitas y abarcadoras Vías espirituales que bendicen nuestro mundo. Tal y como lo dijo años atrás:

> *Nuestra única meta es la de establecer una Vía completa que pueda transportar a un alma desde sus primeras llamadas a despertar, hasta ser una manifestación madura de la Mente de Cristo.*

Los lectores interesados pueden aprender más sobre la Vía en el sitio web: www.wayofmastery.com.

Una nota más: estas son las únicas versiones autorizadas de estas Enseñanzas; aquí están dadas justo tal y como fueron ofrecidas en aquel primer momento, incluyendo la sección original de preguntas y respuestas, algunas de las cuales son Enseñanzas preciosas dirigidas a todos nosotros. Se ha trabajado duro para asegurarse de que los editores no alteraran nada en la transcripción del audio al texto. No aparece ningún título para los capítulos, ni hay subsecciones, porque no dio ninguna. Las palabras que Él originalmente enfatizaba han sido escritas en cursiva.

Lo que tienes entre tus manos es una Llave Maestra, pero una llave solo es útil en la medida en que la tomemos, la insertemos en las cerraduras de nuestros corazones y nuestra mente, y la "giremos" para así comprometernos plenamente en lo que nos ha dado uno de los mayores Maestros que nos hayan sido enviados por el Amor para hacer conocido al Amor una vez más en nuestras almas durmientes.

Está ahora entre tus manos, y no por accidente. Se ha dicho que nadie llegará a conocer este Trabajo "si no está totalmente preparado para ello". Si estás leyendo estas palabras, la gracia ha desposado el secreto anhelo de tu alma, te ha llevado aquí, y ha puesto estas Enseñanzas en tus manos.

Ahora, depende de ti. Dios te bendiga y que puedas conocer el esplendor de la Gracia que te ama más allá de toda comprensión, y llegar a conocer la Completitud del Alma a medida que te atraviesa para abrigar este mundo en el Amor.

Oleadas de Gozo, Jayem. Mayo del 2011.

La Vía del
Corazón

Yeshua Ben Joseph
En comunión con Jayem

Lección 1

Ahora, comenzamos[1]

Y efectivamente, una vez más, os saludo a vosotros, queridos y santos amigos. Vengo en adelante a pasar otra hora para morar con vosotros donde *creéis* que os encontráis. Porque en Verdad, si no fuera por el hecho de que estáis eligiendo enfocar vuestra atención en el mundo físico[2] mediante el vehículo corporal, nuestra comunicación no precisaría del recurso que podríais llamar "canalización", ni de las técnicas o aparatos tecnológicos de este mundo con los cuales grabáis y capturáis palabras habladas, palabras que no son en sí mismas sino el reflejo de aquello hacia lo que ellas dirigen vuestra atención mental[3] .

Por lo tanto, queridos amigos, no vengo por mí, sino por vosotros. Y no os vengo a enseñar, sino a amar, hasta que elijáis, desde lo más profundo de vuestro propio ser, dejar a un lado toda ilusión a la cual le hayáis dado crédito, y recordar la única Verdad que es verdad. Porque efectivamente, en esta hora que aquí tenemos, se da la trascendencia de todo aquello que tenga que ver con limitación. Hay trascendencia de todo lo que tenga que ver con ir y venir, con nacimiento y con muerte. No hay sino la Mente de Cristo, en la cual, cada uno de nosotros, como una chispa de Luz Divina, como un rayo de luz solar para el sol, descansa eternamente en comunión y comunicación perfectas, siempre. Ahora bien, el gran secreto es, desde luego, que este *es* el estado de vuestra realidad, pues en todos y cada uno de los momentos moráis en perfecta comunión con toda la creación, ya que todas las cosas no son sino modificaciones temporales de la energía única fundamental que he elegido llamar *Mente de Cristo*, la descendencia del Padre.

Y así, queridos amigos, vengo adonde vosotros elegís estar. Y si elegís abrir ese lugar en el corazón y en la mente en el cual podéis comunicar directamente conmigo, también allí os encontraré. Lo importante es, entonces, a modo de comienzo, considerar el simple hecho de que vuestra *experiencia* es siempre el *efecto* de dónde elegís enfocar la atención de vuestra consciencia, que en Sí Misma es por siempre ilimitada, y abarca la gran variedad de dimensiones de la creación. Moráis en aquello que abarca todas las cosas, de todas las maneras, y en todo tiempo. Y, en Verdad, no conocéis separación, nacimiento o muerte, pérdida o ganancia.

En esta hora, al haber extraído la cinta de su envoltorio y haberla puesto en la máquina [*al leer o escuchar esta lección*], reconoce cómo tú, un ser infinito, has elegido deliberadamente participar en una forma de experiencia. Por tanto, has convocado hacia ti mismo todo el aparato sensorial del cuerpo mediante el cual filtrar las energías de este dominio físico para poder oír las vibraciones que baten las cuerdas vocales creando palabras que portan ciertos sentidos para todos y cada uno de vosotros. Y cada uno de vosotros va a colorear ese sentido de acuerdo –*de acuerdo*– a las percepciones que haya elegido valorar[4].

¿Eso significará que unos estarán más adelantados que otros? Solo lo parece. En realidad, cada uno de vosotros es igual; cada cual elige desde su infinita libertad para atraer hacia sí mismo ciertas frecuencias vibratorias, por así decirlo –ciertas cualidades o formas de experiencia–. En esa libertad es donde *siempre* permanecéis, desde antes de la fundación de este mundo y mucho después de que termine de existir. Así es que en ningún momento podéis ser la víctima de lo que veis, y no hay nada fuera de vosotros. Lo que experimentas lo has atraído directa y deliberadamente hacia ti mismo. Y si tienes ese pensamiento que dice: "pues bien, no me gusta lo que he atraído hacia mí mismo", es también perfectamente válido. Pues entonces habrás convocado hacia ti mismo la experiencia de estar juzgándote. Simplemente contempla con el asombro de un niño, mira a ver cómo te sientes, y pregúntate:

> *¿Es acaso esta la energía en la que deseo continuar, o elegiría algo distinto?*

Pues al final, cuando todas las elecciones posibles en el sueño de separación han sido realizadas, probadas, sentidas, conocidas... entonces finalmente emerge la calmada, la tranquila Voz del Espíritu, que habla a través del alma – y volveremos sobre esto–, susurrando sobre la única Verdad y la única realidad, el único Amor, la única paz y el único gozo que son continuos.

Entonces, el alma comienza a apartarse de las cosas de este mundo creado. Comienza a retirar su atención, por así decirlo, de sus apegos a todas las cosas que ha convocado hacia sí misma. Comienza a trascender su sensación de identificación con las frecuencias vibratorias que tan solo estaban concebidas para jugar con ellas, pero que luego se tomaron en serio. Pues la creación del ego es la seriedad en la mente, y solo con una gran seriedad se consiguen mantener las vibraciones de todo aquello que ya no querrías experimentar en el campo de tu ser[5] , en el campo de tu alma.

Y a medida que tú, como alma –la chispa divina individual– comienzas a elegir retirarle la atención, retirarle el valor que has otorgado a todas las cosas, y al aprender a simplificar la naturaleza de tu propia consciencia, al comenzar a constatar que puedes *rendirte* ante algo que parece estar más allá de ti, que puedes albergar la loca idea de confiar en lo invisible... entonces, te haces cada vez más y más... menos y menos. Y a medida que te vas volviendo cada vez menos aquello que tú creíais que eras, a cambio, te vuelves cada vez más aquello que tu Padre te creó para ser :*el Pensamiento de Amor Perfecto en la forma*, un canal, un simple vehículo a través del cual puede brillar el Amor del Espíritu–. Y tu única tarea se convierte en la limpieza de tus ventanas, el pulido de tus suelos, el desherbado de tu huerto, de tal modo que *esa* Luz pueda derramarse sin trabas.

Ya no tendrás la necesidad de defender percepciones con las cuales te has *identificado* por error. Y efectivamente sabrás cuándo has llegado a ese estado de despertar, pues serás capaz de contemplar todas las cosas creadas que alguna vez hayas experimentado, todas las reacciones que alguna vez hayas albergado en la mente, todas las percepciones, juicios, o deseos que alguna vez hayas tenido por cualquiera o por algo... y todo ello, al surgir en tu mente, ya no perturbará tu paz. Y sonreirás. Y comprobarás

que dentro de tu consciencia ha aparecido todo lo piadoso y todo lo dia-
bólico. Has sido ambas cosas, santo y pecador, y tu felicidad e infelicidad
solo han sido un efecto del lugar donde elegías poner tu atención.

Ciertamente, queridos amigos, vengo en adelante para encontrarme
con vosotros dondequiera que estéis, porque he elegido usar el poder
infinito de la consciencia, que me fue otorgado por mi Padre, tal y como
te fue dado a ti, para descubrir así qué profundo deleite puede existir
cuando la mente está enfocada solamente en ver desde, y en ver solo,
la Mente de Cristo. Por lo tanto, he convocado hacia mí Mismo, hacia
mi Ser, toda una multitud de experiencias, incluso cuando caminé sobre
vuestra amada Tierra como un hombre... para poder desafiarme a mí
mismo, para probarme a mí mismo, para condicionarme, para resurgir,
para trascender toda posible experiencia que me pudiera distraer de la
remembranza de quien yo soy.

Podríais decir, dicho sea de paso, que mi crucifixión fue meramente el
punto álgido de mi propia elección directa de ser desafiado por los acontecimientos del espacio y del tiempo, de tal modo que pudiera cultivar,
en mí mismo, la capacidad de ver desde, y de ver solamente, la pureza
perfecta de la Mente de Cristo.

Lo que intento dejar claro es, que en todos y cada uno de los momentos, lo que estás experimentando en el ámbito de tus emociones y
de tu mente, y los efectos —en última instancia— en el cuerpo, están ahí
porque tú —desde tu infinita libertad— simplemente has seleccionado esa
experiencia, esa energía, para enfocar tu atención en ella, de tal modo
que puedas ver cuáles son los efectos.

La locura, como ves, no procede de haber elegido contemplar algo
diferente de la Mente de Cristo. La locura, que experimentas como tu
dolor y sufrimiento, tus búsquedas y tus dramas, solamente procede de la
elección errónea de volverte alguien que está *identificado* con lo que surge
en el campo de tu discernimiento. Tú, por lo tanto, pierdes de vista la
inocencia. Pues, de hecho, todos los acontecimientos son perfectamente
neutros, y eres libre de verlos de la manera que quieras.

Cuando nace un niño —y muchas que sois madres lo sabéis bien— puedes experimentar una inefable y profunda alegría. Igualmente, ante la idea de tener que responsabilizarte de un niño, también puedes experimentar miedo y una cierta contracción. Cuando algún ser querido muere y experimentas pena y sufrimiento, ten por seguro que se debe a que has elegido contraer tu atención de tal modo que ya solo puedes ver la pérdida de un cuerpo animado y, por tanto, te convences de que te has separado de ese ser querido.

Hablo por experiencia propia cuando digo que la separación es una ilusión. Y cuando la muerte sucede en vuestro plano, en ese preciso instante, todavía tienes el *poder* de reconocer que algo ha cambiado, y desplazar tu atención hacia una facultad que el cuerpo nunca podría albergar, en la cual percibes, escuchas y te comunicas con esa chispa de Luz Divina —el alma— que parece haber abandonado la idea de intentar mantener una forma física animada.

El siguiente paso es por lo tanto imperativo, y, de hecho, es el auténtico primer paso en lo que vamos a empezar a llamar *La Vía del Corazón*. El primer paso para despertar es permitir que la mente considere el pensamiento, el axioma, la Verdad, de que *no hay nada, en todo lo que experimentes, que esté causado por algo fuera de ti*. Solamente experimentas los efectos de tu propia elección.

Para verlo, durante el año que tenemos por delante iremos cimentando, mes a mes, en lo que a partir de ahora elijo llamar *La Vía del Corazón*. Este es el camino desconocido para el mundo. Es un camino desconocido para muchos que se llamarían a sí mismos "maestros espirituales", ya que no descansa sobre medios mágicos, o no puede depender de ellos. Se trata más bien de la vía que cultiva en ti la decisión de dirigir tu atención hacia tu propia mente, tu propio comportamiento, hacia lo que es verdadero y real para ti, a cada momento... para estudiarlo, considerarlo, sentirlo, respirarlo en la Luz del Espíritu ... y re-entrenando constantemente la mente de tal manera que esta pueda asumir una responsabilidad total en cada momento.

¿Y por qué es esto necesario? Porque sin ello, no puede haber paz. Sin ello no puedes trascender las identificaciones falsas que has elegido.

Para utilizar quizá una forma más simple de decirlo: necesitas llegar al punto donde te dices:

Me he hecho esto a mí mismo. Yo lo hice, yo puedo corregirlo. No hay nadie más a quien culpar. El mundo es inocente.

Y en los meses venideros estaremos comunicando con vosotros cada vez más profundamente sobre los puntos más sutiles, por así decirlo, de *La Vía del Corazón*. Porque esta es la manera, este es el camino que se me enseñó, y es a este camino hacia el cual quiero dirigirte con muchas, muchas claves. Este es el camino que va a producir la inversión [6] de cada pensamiento que alguna vez hayáis tenido, sobre cualquiera o sobre cualquier cosa. Es solo este camino el que permite que paséis por el ojo de la aguja y lleguéis a descansar en la Paz Perfecta de la que habéis brotado.

La Vía del Corazón no es la del intelecto; porque ciertamente este aspecto de la mente nuncafue diseñado para ser tu amo. Fue diseñado para ser el humilde, y, si me permites la expresión, el muy estúpido servidor del Corazón Despierto. El Corazón es aquello que siente todas las cosas, abraza todas las cosas, confía en todas las cosas y permite todas las cosas. El Corazón es aquello en lo que el alma descansa eternamente. El Corazón es aquello que está más allá del espacio y del tiempo, y es esa chispa de Luz en la Mente de Dios que es llamada "el Cristo". Y solo en Ello, en Aquel, encontraréis la paz que buscáis.

Descubriréis, entonces, que el camino del despertar no es un camino de evitación, sino de autenticidad. No es un camino de logros ni de orgullo, sino de liberar a la consciencia de cada esperanza y cada deseo de ser especial... especial como para considerarte alguien que ha "hecho progresos", y tales progresos que bien podrías darte un golpe en el pecho y pavonearte. Se trata de trascender la esperanza de llamar de alguna manera la atención de Dios, de forma tal que Él te mire y diga:

Oh, qué buena persona has sido... Sí, oh ¡cielo santo! Vale, entonces creo que ahora te permitiré entrar al Reino.

Se trata de un camino en el que llegas a cultivar —sin importar tu experiencia interior o grado de despertar—, a cultivar, en cada respiración, la disposición y el arte de regresar a la simplicidad de una mente vacía, de un no-saber[7] . Es una manera de vivir en la que todas las cosas y todos los eventos se convierten en un aspecto de tu meditación y tu oración, hasta que quede establecida de nuevo en ti la Verdad que es verdad siempre:

Que no se haga mi voluntad, sino la Tuya. Porque por mí mismo no hago nada; es mi Padre quien hace todo a través de mí.

Imagina entonces un estado de ser en el que caminas por este mundo, siendo aparentemente similar a cualquier otro y, no obstante, en una espaciosidad interior, en vaciedad interior. En Verdad, no deseas nada, aunque permitas que el deseo fluya a través de ti, reconociéndolo como la Voz del Padre que guía tu personalidad, tus emociones, e incluso el cuerpo, hacia lugares, acontecimientos, gente, cosas, experiencias... por medio de las cuales se teje el tapiz de la Expiación, de la Reconciliación... a través de las cuales todos los Hijos de Dios se sienten llamados a retornar a casa de nuevo. Y confías en el total fluir de todo ello, ya sea que se te pida dar una charla frente a diez mil personas, o bien decirle a un amigo la verdad sobre tus sentimientos, o bien seas conducido quizá a barrer las calles y vivir sin dinero. Pues, en Verdad, esa mente que *confía* en la Fuente de su creación permite todas las cosas, confía en todas las cosas, abraza todas las cosas, y trasciende todas las cosas.

Ten por seguro, entonces, que cualquiera que sea la frustración y la ansiedad que sientas, se debe a que has decidido no confiar en la Verdad. Y la Verdad es simplemente esta: solo el plan de Dios para la salvación puede tener éxito para ti. Tu camino siempre fracasará, pues comienza asumiendo, de forma ilusoria y demente, que eres un ser separado de la Mente de Dios, y que entonces necesariamente debes dirigir tu propio curso. Pero, si estás enfermo y con malestar, sin paz, ¿cómo pretendes decidir así que tú sabes cómo obtener paz? Se requiere una gran humildad para aceptar el primer paso en el camino:

Yo he hecho todo esto; yo debo deshacerlo. Pero no tengo ni idea de cómo lo hice. Por tanto, debo rendirme a algo más.

Quiero darte este pensamiento, querido hermano, así como me fue dado hace un tiempo. Y el pensamiento es este (y te pediría que lo consideres bien):

¿Y si la misma vida que estás viviendo, y si cada experiencia que te está llegando ahora,desde el momento en que dijiste "tengo que despertar ya"... y si todo eso... hubiera sido directamente enviado por tu Padre, porque tu Padre sabe todo lo que es necesario resolver en tu consciencia para que accedas a tu despertar? ¿Y si las mismas cosas a las que te resistes fueran precisamente los pasos que se requieren dar para tu regreso a casa? ¿Y si alcanzaras una madurez a lo largo de este camino con la cual finalmente estuvieras dispuesto a dejar que las cosas sean tal y como son?

Y si fuera necesario ponerse a barrer las calles, simplemente tomarías una profunda inspiración y dirías: "Padre, tú conoces el camino a casa", y entonces comenzarías a barrer. Y ahora, llega este pensamiento a la mente:

Oh Dios mío, no seré reconocido. No destacaré. No pensarán que soy especial si solo soy un barrendero.

Y entonces, admites:

Ajá, no hay nada extraño en la idea de que mi Padre me pida hacer esto. Voy a dejar todo como los chorros del oro de modo que pueda contemplarlo, desidentificarme de ello, y aprender a ser la presencia del Amor barriendo la calle.

Porque en Verdad te digo que el más pequeño de vosotros, de acuerdo a vuestra percepción, es ya igual al mayor. Y no hay ninguno que sea menos de lo que yo soy.

Y así, *La Vía del Corazón* comienza por ahí. Comienza aceptando con humildad que tú has sido quien ha creado un buen lío en tu consciencia. Tú has creado un laberintoen el que te has perdido, sin saber la manera de regresar, que es esta: *por ti mismo, no puedes hacer nada*. Pues todo aquello que has conseguido lograr no es sino la creación de un monumental conjunto de dramas dementes que, en Verdad, no están ocurriendo en *ningún sitio* salvo en el campo de tu mente. Son como quimeras, como sueños. En Verdad no hay diferencia alguna entre un estado de vigilia, en el que serías el director de tu vida, y los sueños que tienes cuando tu cuerpo duerme por la noche. Son lo mismo.

Deseo dirigirte hacia la paz, incluso hacia esa paz que trasciende para siempre toda comprension y entendimiento mundanos. Deseo, porque mi Padre lo desea a través de mí, llevarte plenamente adonde yo estoy para que puedas descubrir que existe alguien que llegó ahí antes que tú. Y cuando mires bien verás que,

¡Aaaah! si soy Yo Mismo. Siempre he estado allí, pero lo olvidé.

Y al final de todo viaje, al final de toda purificación –que de hecho es todavía necesaria– descubrirás que despertar significa no haberte marchado a ningún lado. Significa llegar a una meta que nunca cambió.

Despertar es solo rememorar; pero se trata de un remenbranza que no es solo del intelecto; pues no es una idea, tal y como podrías entender las ideas. Es una idea que vibra a través de todo el campo de tu ser, de tal modo que incluso las células del cuerpo –mientras el cuerpo todavía permanezca reunido en su forma actual–, incluso las células del cuerpo, *despiertan* y se *relajan* en la Verdad que siempre es verdad.

La Vía del Corazón... Si fueras un hortelano, ¿no cultivarías el arte de quitar la maleza de tu huerto? ¿No irías a ver si el suelo tiene la humedad precisa? ¿No observarías las nubes en el horizonte y el tiempo que hace? ¿No cubrirías las plantas delicadas que necesiten más protección hasta que crezcan y sean más fuertes? Y si quienes vienen no quisieran respetar tu huerto, ¿no les pedirías que se marchen, o no pondrías temporalmente una valla hasta que el huerto este lo bastante fuerte como para poder estallar dando los suficientes frutos para que puedas ofrecérselos incluso a quienes no lo respetan?

Sé por tanto como un hortelano sabio. Cultiva un profundo amor y respeto por *ti mismo,* pues no estás aquí para "arreglar" el mundo. No estás aquí para "arreglar" a tu hermano ni a tu hermana. Solo el Amor sana. Y hasta que no te hayas amado *a ti mismo* completamente, habiendo purificado la mente de todo pensamiento erróneo que alguna vez hayas tenido –hasta que no te hayas amado–, no podrás en Verdad amar nada ni a nadie, salvo en aquellos breves momentos cuando bajas la guardia y el Amor de Dios resplandece a través de ti tan rápidamente que ni siquiera te das cuenta de lo que sucedió. Pues el hortelano sabio cultiva un estado de consciencia en el cual el Amor de Dios no encuentra trabas.

Queridos amigos, aquellos de vosotros que habéis elegido responder a la llamada a participar en este camino, con esta Familia, si os comprometéis a confiar en vuestro Creador que ha colocado ante vosotros un camino que de hecho os puede llevar a casa, entonces, efectivamente, os llevará. Pero el compromiso significa que no vas a abandonar la habitación cuando comience el griterío. El griterío del que hablamos está en tu propia mente, en tu propio cuerpo, en tus emociones. De modo que que os mantengáis con honestidad ante todas estas cosas, y con amor hacia vosotros mismos por haber tenido alguna vez el poder de incluso crear tales percepciones dementes de vosotros mismos y del mundo alrededor.

La Vía del Corazón es el camino definitivo que cualquier alma puede tomar. Hay muchas etapas en el despertar. Hay muchos caminos que pueden se guirse, pero, al final, "todos los caminos llevan a Roma" –como se suele decir–. Tarde o temprano cada alma debe encontrar su camino hacia *La Vía del Corazón* y regresar a la Verdad de que ha llegado el momento de asumir la responsabilidad, de aprender a cultivar la capacidad de mirar las profundas y perversas oscuridades de eso que he llamado "ego" (y que no es nada más que la fosa séptica de la negación –aquello a lo que le falta Luz–), y comenzar a llevar la Luz ahí simplemente observando tu propia mente, tu propio comportamiento y reacciones... con una sensación de maravilla, con un sentido de inocencia, con una ingenuidad infantil.

Pues ¿no está escrito que para entrar en el Reino tendrás que ser de nuevo como un niño pequeño? El niño pequeño simplemente se maravilla de todo eso que ve y dice: "y bien, ¿qué te parece?". ¿Puedes imaginarte observando las más profundas y oscuras partes de tu propia sombra,de tus negaciones, y que seas capaz de decir, "oh, mira, ¡qué te parece!"? Mmm. Recuerda entonces que todas las cosas son neutras, y que en Verdad todo aquello que surge en tu consciencia *no tiene ningún efecto* sobre la Verdad de tu realidad.

La Vía del Corazón es pues una manera de cultivar la decisión de ser alguien identificado con la Luz que puede iluminar toda oscuridad, mas no luchando contra ella, sino reconociéndola, abrazándola como tu propia creación y eligiendo de nuevo. *La Vía del Corazón* es el camino que yo enseño. Y ahora comenzamos lo que podríamos llamar un año de estudio ,más centrado, un año de cultivo juntos, de modo que *La Vía del Corazón* pueda asentar en tu *santa* mente. Nos vamos a ir valiendo de muchas fuentes.Y nos podemos encontrar con alguna sorpresa dependiendo de quién decida hablar a través de este vehículo *[Jayem]*.

Pero ten siempre por seguro, y de todas las maneras, que me he comprometido a dirigir amablemente el nacimiento y la manifestación de lo que habéis llegado a llamar *Shanti Christo (la Fundación que fundó Jayem*[8] *)*. La idea fue dada a través de mí. Y lo que doy, lo nutro. Lo que creo junto a vosotros, no lo abandono. Por tanto, vais a ver que siempre estaré aquí. Todavía está por ver si él estará.

Así pues, recuerda siempre que la Verdad es siempre verdad. ¿No llegó ya el momento, queridos amigos, de tomar verdaderamente posesión de vuestra única realidad? *La Vía del Corazón* no conoce la palabra *evitar*[9] . *La Vía del Corazón* no conoce el engaño, la manipulación o el control. *La Vía del Corazón* no conoce la culpa, el reproche, aunque los observa surgir como ecos de antiguos patrones yaen desuso.Con ella se aprende a mirarlos y a reconocerlos tal como podrías reconocer ciertos tipos de nubes pasar por el cielo, y luego, para después redirigir la atención hacia la mente, y que una nueva decisión pueda ser tomada.

La Vía del Corazón es la vía que te llama a casa. Y la llamada viene de la parte más profunda de tu alma que todavía es semejante al Espíritu, que permanece como Cristo en la Santa Mente de Dios. Confía, pues, en que eres como el rayo de luz solar para el sol. Y no confíes en las percepciones que has cultivado por error. Pues no marchas solo por este camino que recorres, y tu viaje no transcurre apartado del de tus hermanos. Esta Familia no puede conocer ninguna separación aunque algunos parezcan ir y venir. Pues una vez que ha sido reconocida la llamada a despertar en *este* linaje, ten por seguro que la comunicación permanece y que no hay ninguna manera de evitarla, aunque algunos cuerpos puede que no se comuniquen en el espacio y el tiempo.

Y así, comenzamos *La Vía del Corazón*. Entramos ahora en una etapa donde es hora de dejar de escuchar desde una respetuosa amabilidad[10] o desde la curiosidad... para desarrollar a la disposición de *comprometernos a sanar cada obstáculo que se interponga ante la presencia del Amor*... cada obstáculo que aún pueda estar quizá secretamente oculto en las profundidades de esa parte de la mente que luchaba por estar separada de Dios. Es tiempo de recordar que verdaderamente eres la Luz que puede llegar a brillar amorosamente sobre cualquier aspecto de oscuridad que hayas conocido.

Así, durante este camino, este año, vas a aprender a darle la mano al demonio, a bailar con él, y a reconocer que su rostro es el tuyo. Pues cuando danzas con la oscuridad que tú has creado, esa oscuridad se ve transformada en un ángel, y la Luz permanece en la Luz.

Te daremos y presentaremos en adelante ciertas meditaciones, por así decirlo, ciertas prácticas energéticas para ayudarte a cultivar una cualidad del *sentimiento* que te permita reconocer las energías que ya no te sirven, y de una manera que trascienda lo que tu mente pueda pensar de ellas, de tal modo que aprendas a ser guiado cada vez más por tu cuerpo, por así decirlo, por tu naturaleza sensible, y no por tu intelecto. Pues tu intelecto no sabe de otra cosa que de todas esas trivialidades que has amontonado en él, como los desperdicios que se echan en el cubo de la basura. El intelecto *nunca* puede aportar la sanación del Corazón que es la Reconciliación. Solo puede ser utilizado para argüir contra las percepciones dementes a las que estás habituado, y de tal modo que puedas llegar a entender que quizá existe un bien mayor si abandonas tu empeño en tratar al intelecto como tu dios.

Por lo tanto, efectivamente, queridos amigos, danzad a menudo, regocijaos, jugad a menudo. Permitid que este año sea aquel en el que sacáis a la luz desde dentro de vosotros mismos todas las cosas que no sean dignas de la Mente de Cristo —cada pensamiento de escasez, cada sensación de no ser merecedores, cada miedo—. Permitid que todo eso llegue y miradlo, abrazadlo, transmutadlo mediante vuestro propio amor por vosotros mismos y mediante vuestra honestidad. Aceptad dónde estáis y no pretendáis ser de otro modo, pues los más sabios son siempre los más humildes.

Estad por tanto en paz, queridos amigos. Estad en paz con todo. Porque nosotros nos deleitamos —y hablo de muchos "nosotros" que están en eso que podríais llamar "un estado desencarnado", y que están eligiendo participar aquí, con vosotros que habéis pedido ser ayudados este año mediante esta vía—, ¡nosotros disfrutamos uniéndonos a vosotros! ¡Disfrutamos amándoos! ¡ Nos deleitamos esperando para ofrecerle de nuevo, a vuestro Ser, la bienvenida al hogar!

Por lo tanto, comenzaremos ya a dar por acabado el mensaje de esta reunión. Pero mientras tanto, os pediríamos que cerréis los ojos solo un momento y que toméis una profunda inspiración en el cuerpo... y soltéis. Y a medida que el aire abandona el cuerpo, mantened el pensamiento de que ya no hay nada a lo que aferrarse que sea digno de manteneros alejados de vuestra paz y vuestra felicidad. Comprometeos —*estad plenamente comprometidos*— a experimentar la felicidad, así como habéis estado plenamente comprometidos a la infelicidad, la limitación, la carencia. Durante este año dadle plenamente a vuestro Creador el permiso completo de barrer y limpiar el sótano. Realmente no hay que se encuentre ahí abajo que valga la pena defender o proteger.

Y va a suceder que vais a reconocer la perfecta paz de la mente vacía y del no-saber. Vais a conocer lo que significa ser aliviados del acoso del tiempo y confortados por lo eterno.

Que la paz esté siempre con vosotros. Y nunca os permitáis, ni por un momento, creer que estáis solos. Eso es loque llaman...una "fruslería". Mmm...¿qué es eso de "fruslería? Vaya, un término interesante. No tiene sentido que penséis que no estoy con vosotros. Habéis llamado. Yo me puse al teléfono. Estamos en comunicación. Esta es la manera. Esta es la vía. Este es el camino, tal y como lo será hasta el final de toda ilusión.

Amén.

Lección 1. Preguntas y respuestas

Pregunta: ¿Qué es lo que te motiva? ¿Cómo transcurre el día para una persona iluminada? Aparentemente te has movido hacia un estado de Unidad con la Fuente mientras todavía mantienes una personalidad diferenciada, única. Aún eres un Yo, y sin embargo también eres Uno con Dios. ¿Puedes intentar describirnos este estado?

Respuesta: Querida amiga, ¿que qué es lo que me motiva? Los honores mundanos que se me hacen. Estar colgado en tantas paredes de tantas iglesias por todo el mundo; mmm, todos esos sacerdotes y ministros que, en gran número, se ganan bien la vida diciendo que enseñan mis enseñanzas, aunque enseñan miedo, y culpa y juicio. Mmm, ¿que qué me motiva? Las apuestas que he hecho con mis "compañeros de batalla", que a menudo piensan que estoy perdiendo el tiempo con la humanidad. Pues realmente hay muchos Maestros, en muchas dimensiones, que no vendrían a pisar este plano ni con unos zancos de 10 kilómetros. Aunque te digo, querida amiga, que estoy hablando un poco en broma, como si fuera un deslenguado, aunque no tenga una lengua.

Lo que *me* motiva es lo que te va a motivar *a ti* cuando la Mente de Cristo se despierte en tu ser, y su brillo haga palidecer cualquier otra posibilidad. Porque lo que te va a motivar a ti es la profunda apreciación de la Gracia que ha sanado tu mente, del gran Misterio del cual has surgido, que de cierto modo llega hasta aquí, hasta tus ilusiones, y te devuelve a Casa, y sin saber cómo. *El Amor* de tu Creador te motivará a medida que te conviertas cada vez más en un ser vaciado de yo, vaciado de miedo, de la necesidad de sobrevivir, de todo lo que no sea como el Amor... y te habitúes a ser cada vez más un *instrumento de la paz*.

Querida amiga, lo que me motiva es el mero hecho de que tú existes, y el que a veces, dentro de ti, tu alma pide ha pedido a gritos regresar a

Casa. Y como mi Padre me ha traído a casa, y como entonces conozco cuán perfecta es, ¿cómo no voy a extenderme hacia ti? Así, les digo, a tantos de mis compañeros que parecen desear a toda costa no tener que vérselas con la experiencia humana... les digo, simple y educadamente, asintiendo con mi cabeza no-física:

> *Bueno, sí, pero, ya veis..., yo sé que nadie regresa al Hogar hasta que todo el mundo lo hace.*

Soy simplemente tu hermano. Y parezco estar algo más adelantado que tú, pero no obstante te digo que *La Vía del Corazón* debe cultivar en ti —y lo hará— el reconocimiento de que no existe nada ni nadie fuera de ti, y que solo el Amor tiene el poder de sanar. Y por lo tanto, todo aquel que llega a tu vida es un aspecto de tu salvador, que te enseña a cultivar el perdón, la paciencia, y la disposición a no escuchar la voz del ego en ti, sino a confiar en la guía del Espíritu Santo para todos los asuntos, sin tener en cuenta cuán loca pueda parecerle esta guía al mundo. Lo que me motiva es la Gracia que me liberó de las ilusiones, que al mismo tiempo es la Gracia que ya está operando en ti para llegar a lo mismo.

¿Qué significa pasar el día en un estado iluminado? Me encantaría decírtelo, pero sucede que para mí no hay "días", pues estos solo están en función del tiempo. El tiempo es algo de lo que ya no sé nada. No es algo que inunde mi ser. Solo permanezco en lo que es eterno. Y cuando el miedo haya sido completamente extirpado de tu ser, tú también conocerás la atemporalidad[11] . Hay un mensaje dentro de esta respuesta. Espero que estés escuchando.

Querida amiga, ¿que cómo es ser Uno con la Fuente de toda la Creación, y aun así seguir manteniendo una consciencia individuada? ¿Por qué no te lo preguntas a ti misma? Lo sabes perfectamente bien. Pues en Realidad tú *eres* Uno con la Fuente. Y de nuevo, tal y como hemos dicho en el mensaje de esta Lección, estás actuando siempre desde tu infinita perfección para convocar cualidades de experiencia, de energía, hacia ti misma. Y eso es exactamente lo que yo hago. Solo que la única diferencia es que he elegido convocar solamente las *vibraciones más elevadas posibles*, mientras que tú estás eligiendo decirte a ti misma y decirme a mí:

Bien, sí, sí. Todo este asunto tan extático está muy bien, pero yo todavía deseo probar un poco más de drama y de sufrimiento. Solo quiero estar segura de que he probado todo esto a fondo antes de abandonar este plano.

El mecanismo de elección en ti es igual que en mí, en todos los aspectos. Por lo tanto, entiende bien que si deseas saber lo que significa conocerte a ti misma siendo Una con tu Creador, mientras todavía exhibes una individualidad, simplemente empieza a observar con una perfecta inocencia tu propia mente, tus propias elecciones y tus experiencias, recordándote constantemente la Verdad que siempre es verdad: Que, así como un rayo de luz solar nunca puede evadirse del sol, o como una ola nunca puede salir del océano, sigues siendo tal y como fuiste creada. Y te ha sido otorgada una *infinita y perfecta libertad*, pues estás hecha a imagen de Dios.

Por lo tanto, querida amiga, considera bien qué es lo que deseas y tus intenciones. Pregúntate a ti mismo en cada momento:

¿En qué estoy comprometida realmente? Porque eso, aquello a lo que esté entregada, constituirá el foco de mi intención. Y la intención que enfoco me brinda la realización de mi deseo. Y lo que estoy experimentando, me guste o no, es siempre el efecto de mi deseo.

Pregunta: ¿Podrías comentar algo sobre el mundo de la sexualidad y de la expresión sexual para todos los que estamos comprometidos con un camino de evolución espiritual?

Respuesta: Bien, querido amigo, realmente si deseas comprometerte en un rol de espiritualidad genuina... debes colocarte en el cuerpo una de esas cosas que, según creo, se llaman *cinturones de castidad*. Debes separarte de todos aquellos que parezcan despertar sensaciones de cosquilleo en tu cuerpo. Mmm, debes censurar en ti mismo todo pensamiento que trate de cuerpos que se aproximan al tuyo. Mmm, y si esas cosas surgen, entonces ¡azótate con todos los medios posibles! ¡mmm!

Querido amigo, he dicho muchas veces que *todos los acontecimientos son neutros, que todas las experiencias lo son*. Por tanto, todo eso será precisamente lo que *tú elijas* que sea. "Sexualidad"... en tu mundo muchas mentes hacen que esto signifique la existencia de cierta yuxtaposición entre los cuerpos físicos, con un cierto tantear de las manos, los labios, las lenguas, y lo que sea que tengas. Pero, realmente, eso es solo el reflejo externo o la expresión simbólica de las energías que se encuentran en la mente.

Es muy apropiado decir que toda la Creación es un acto sexual. Es una expresión de la energía que desea hacer nacer, dar a luz, con *gran pasión –¡Creación!* Y cualquier relación... entre dos cuerpos, entre la luna y el sol, entre la Tierra y el cielo... toda forma de relación es inherentemente la misma. Todas contienen en sí mismas la promesa, y el propósito, y el desafío de descubrir la *unidad* entre dos, o tres o diez. No importa.

Por tanto, la sexualidad, tal y como la entiendes en tu mundo, es solo lo que elijas que sea. No va a acelerar *necesariamente* tu despertar. Pero tampoco lo va a impedir *necesariamente*. En todo lo que te enfoques con santidad y pureza de corazón, lo que enfoques en cada relación desde el reconocimiento de que la Creación fluye solo a partir de la Mente de Dios y, por tanto, de la Luz del Amor, estará presente la presencia del Cristo —en aquel ante quien estés, o quizás, con quien te acuestes—. Lo que enfocas con *santidad* es santificado. Aque llo que enfocas con *secretismo*, lo que enfoques con *necesidad*, es desmoralizado y destruido.

Me gustaría decirte, querido amigo, que no puedes trascender lo que antes no has abrazado. Por lo tanto busca bien en el alma para ver si le tienes algún *miedo* a la gran *intimidad* y *vulnerabilidad* que puede experimentarse en la sexualidad. ¿Hay algo dentro de ti en conflicto, que no te esté permitiendo beber verdaderamente de la belleza de la forma física de otro, detenerte en cada curva y cada hoyuelo, e incluso en cada pelo del cuerpo? ¿Puedes mirar dentro de *este* gran Misterio? ¿Puedes detenerte lo suficiente como para perder el falso yo? ¿Puedes *santificar* el toque de la carne? Porque te digo que eres el creador de lo que experimentas.

¡La sexualidad es una gran cosa! No permitas que nadie te diga que la evité cuando yo era un hombre. Después de todo, esta es toda la cuestión. Yo fui, después de todo, un hombre. Pero la *santifiqué*[12] , para conservarla santa. Y la sexualidad puede ser experimentada en su totalidad meramente mirando a los ojos de otro y haciéndote a un lado, pidiendo ver solo la Faz de Cristo. Porque en la sexualidad, ese gran anhelo en la humanidad, se trata de encontrar algún método, alguna manera de trascender el *miedo,* la *culpa,* la *profunda opresión* que es el ego, encontrando alguna manera de deslizarse entre las grietas y experimentar algún momentáneo éxtasis de unidad con la Unicidad.

Pero lo que te digo es que cultives la Realidad de la Unicidad en ti mismo, pues realmente encontrarás que todas las relaciones, ya sea con un cuerpo, con una brizna de hierba, o con el viento que acaricia tu piel... todas... serán sentidas como experiencias sexuales mientras dure el cuerpo. Permite entonces que esta energía te *inunde.* Siente la *bendición* y el *placer* y el *gozo* de la sensualidad y de la sexualidad. Contempla cómo tienen lugar por todas partes en tu planeta, pues sin ellas, el planeta ni siquiera existiría.

Querido amigo, ¿acaso no has visto nunca a los niños pequeños corriendo desnudos por el campo y jugando con sus genitales sin el más mínimo remilgo? Ellos extraen de ahí un momento de placer y ocasionalmente pueden llegar a tocar a otro. Ahí no hay juicio, solo inocencia; y algunos adultos miran y dicen:

Oh, ¿no es lindo?

Y otros van y dicen:

¡Oh! ¡Oh Dios mío! Carlitos, por favor ¡tápate eso! ¡no puedes hacer eso!

Mmm,

¡María! ¡Bájate el vestido!

¿Por qué? ¿A qué le tiene miedo el adulto, si no es a la Vida misma?

Y no hagas de la sexualidad algo especial, sino más bien cultiva en ella el estado santificado de consciencia en el que tú deliberadamente eliges apartarte para *permitir que Cristo ame a Cristo.* La sexualidad es algo muy bueno si eliges emplear el poder de tu ser para *santificarla*[13] , para que pueda hacerse plena,*santa.* Porque lo que es *santo* da lugar a la *plenitud.* Lo que está fragmentado por el miedo, la culpa, la necesidad, o la mera lascivia, lo que está fragmentado así... conduce a la fragmentación en la propia consciencia de uno mismo.

Bendice la sexualidad. Permite que sea santificada. Y aparta todas esas encarnaciones que tuviste como monja en conventos, escuchando las falsas ideas de alguien que tenía miedo del cuerpo. Este es solo un instrumento de comunicación. ¿Qué quieres entonces elegir comunicar a través de tu experiencia de la sexualidad?

Ten paz, querido amigo; y mientras el cuerpo dure mi sugerencia sería: ¡disfrútalo!

Pregunta: Entiendo que la sanación es lo que dice Yeshua en *Un Curso de Milagros,* aunque, ¿qué debe suceder para que los síntomas del cuerpo no estén ya en nuestra experiencia?

Respuesta: Querido amigo, la definición fundamental de sanación es tal como he dicho en ese texto que conoces como *Un Curso de Milagros.* Al considerar la sanación deberían ser barridas de ti todas esas esperanzas profundamente albergadas, esas oraciones, esas creencias y esa necesidad de que la sanación sea también algo que manifieste la perfección de la función corporal, de acuerdo a tus deseos acerca del tipo de perfección que debería mostrar.

¿Qué es entonces necesario para eliminar los síntomas físicos? El milagro. Pero el milagro no es algo que esté bajo tu control. Escucha bien el mensaje de esta primera sesión, pues en ella os he indicado ya, y lo he hecho *deliberadamente,* la respuesta a esta cuestión; en ella la encontraréis. Pues tened por seguro, querido amigo, que cuando en la mente surge la esperanza o el deseo de que un síntoma físico desaparezca del cuerpo, entonces, en ello, estáis observando una vieja creencia: Está surgiendo en vosotros la representación de algún aspecto de la antigua creencia en que el cuerpo es lo que vosotros sois. Y también estáis viendo surgir por tanto la creencia de que un malestar de cualquiertipo podría limitar vuestra capacidad de extender Amor, de comunicaros con toda la Creación y de estar en paz.

Podéis estar seguros de que cuando mis muchos amigos me vieron con una corona de espinas sobre la cabeza, pensaron:

Oh, pobre, El Amado,

desde la creencia en que la espiritualidad necesariamente conlleva que se pueda vencer todo aquello que la mente haya juzgado como mal-estar[14].

A lo que trato de llegar con vosotros es a escarbar tan profundamente en las profundidades de vuestra psique como para poder sacar a la superficie la antigua creencia de que la verdadera espiritualidad se reconoce por la ausencia de todo malestar... la creencia de que, si estuvierais verdaderamente en plenitud, nunca surgiría nada así en el cuerpo. Además, os digo esto: ¿Qué sucede si en realidad cualquier instante en vuestra experiencia os hubiera sido literalmente traído hasta vosotros por el Padre, que es el único que conoce el plan perfecto para la sanación de vuestra mente?

Recuerda: *No es posible trascender lo que no haya sido plenamente amado.* Por lo tanto, enfocad vuestra atención en profundizar el *amor del Ser*, al explorar la experiencia de todo aquello que haya sido convocado en vuestra consciencia, ya sea en la forma de un malestar o en cualquier otra forma. Aprended a contemplarlo con la perfecta inocencia con la que contemplaríais cualquier otra cosa. Y mirad a través de ello para comprobar que a vosotros no os impide en ningún sentido ser la presencia ilimitada del Amor. No es una debilidad. Y no es algo que tenga que ser comparado con lo que os puede parecer que es "un cuerpo sin enfermedad". Pues los ojos del cuerpo no muestran lo que se encuentra en el alma del otro.

Querido amigo, hay una parte en ti que carga con un antiguo lamento. Permite que sea liberado, y la sanación llegará.

Lección 2

Ahora, comenzamos[15] ,

Y ciertamente, saludos para vosotros, queridos y santos amigos. De nuevo vengo con una gran alegría a pasar esta hora con vosotros. Efectivamente, venimos con una gran alegría a pasar esta hora con vosotros. Pues en Verdad, no vengo yo solo a unirme en comunión con este querido amigo mío, para poder comunicar con vosotros a través de un medio que podáis entendéis y aceptáis.

Es una gran Verdad que llego a menudo a muchas personas. Pero muchas otras veces, sucede que,debido a todo lo que habéis aprendido en vuestro mundo, habéis creído que no soy más que el producto de vuestra imaginación. Pensarías que esa voz que se desliza sigilosamente en el espacio entre los pensamientos es solo una ilusión. Y no obstante, os aseguro que llego a muchas personas. Y además, cuando vengo a hablar con vosotros a través de este,mi querido hermano, hay en Verdad toda una multitud de amigos que vienen para poder crear un vórtice, un círculo, por así decirlo, de energía. Hemos venido en esta hora, a este espacio, y hemos establecido esta sintonía. Si tenéis a bien recibirla, hay muchos amigos, invisibles a los ojos físicos, que están amablemente rodeando a quienes habéis venido a contribuir, a apoyar, a morar en la creación de esta obra. ¿Y de qué se trata, en esta obra, sino de crear un medio de comunicación?

¿Por qué es importante esto? Porque siempre, en todos y cada uno de los momentos de tu experiencia, lo que en Verdad está ocurriendo es que tú, como alma, como una chispa divina de consciencia, estás eligiendo deliberadamente crear medios de comunicación. Lo haces con el atuendo que pones sobre tu cuerpo, con tus gestos, con el sonido de tu voz. Lo haces con la cultura misma y con el marco temporal mismo en los que encarnas. Estás constante y únicamente creando medios a través de los cuales poder comunicarte. ¿Y acaso la comunicación es otra cosa que el intento de permanecer en comunión con la Creación? De modo que, a través de ti, todo lo que estés eligiendo percibir, creer y aceptar como verdadero, será irradiado mediante tus instrumentos de comunicación (que por supuesto incluyen al cuerpo); es lo que hace que puedas transferir tus percepciones a otro, para que pueda así puedan saber quién eres y con qué Voz estás comprometido.

He dicho a menudo que el cuerpo es un instrumento de enseñanza y aprendizaje, y que todas las formas de comunicación afectan a tal proceso de enseñanza y aprendizaje. Cuando te levantas por la mañana, el primer pensamiento que establece su hogar en tu mente, es el que pondrás en acción. Puede que te despereces; puede que sonrías; quizá frunzas el ceño; podrías verte colmado de paz, o bien podrías sentir todo el peso del mundo. Esas cosas llegan no porque las hayas percibido fuera, sino porque has permitido que habiten dentro de la profundidad de tu consciencia, que permanece pura, impoluta y radiante más allá de todo confín y para siempre. Y a medida que ese pensamiento establece su hogar en tu mente, comienzas literalmente a transformar el instrumento de comunicación que llamas "cuerpo" en aquello que porta, expresa y refleja lo que sea que haya venido a establecer su hogar en tu mente. Recuerda por favor que la mente no está donde se encuentra el cuerpo. No mora en el cuerpo, sino que es el cuerpo el que mora en el campo de tu mente.

La comunicación es creación. Esas dos cosas son una y la misma. Por lo tanto, si quieres crear bien, pregúntate, solamente:

> *¿Qué me comprometo a comunicar? ¿Qué expresarán mis creaciones? ¿Qué le transmitirán a otros? Pues aquello que busque transmitir, revelará la Verdad de mí Mismo al mundo.*

Así pues, efectivamente, queridos amigos, a medida que este año comenzamos a enfocarnos, refinar, profundizar, madurar en lo que hemos elegido llamar *La Vía del Corazón*, es sensato comenzar por el principio. Y el principio de este camino es simplemente este: *Eres tal como Dios te ha creado para ser.* Eres un *foco infinito de consciencia.* Tu sentido mismo de la existencia no es nada más que un bucle de retroalimentación, o mecanismo de retroalimentación, de modo que puedas atestiguar los efectos de las elecciones que estás haciendo en lo más profundo, en la más honda profundidad de tu mente, que descansa junto a la Mente de Dios.

Por lo tanto, a cada momento de tu existencia, que incluye esta encarnación corporal, estás literalmente permitiendo, mediante una elección deliberada (aunque quizá inconsciente), hacer que una vibración de pensamiento, una vibración de creación, entre en el mundo para ser *comunicada,*tratando de experimentar *comunión* con toda la Vida –con un amigo, un familiar, un niño, un amante, o con las nubes que pasan por el cielo, o con la tierra misma–. Cada gesto, cada pensamiento, la manera en que el cuerpo respira... todas esas cosas que suceden constantemente, están comunicando, o revelando, el efecto de aquello que has permitido que se aloje en tu mente.

Entiende bien, entonces, que La Vía del Corazón requiere que te permitas descansar en la simplicidad de esta Verdad:

Soy Espíritu Puro, inmaculado, y nadie ni nada me puede afectar.Se me ha dado pleno poder para elegir y, por tanto, crear mi experiencia tal y como yo desee que sea.

No hablamos tanto del "yo" que es la parte egoica de la mente, puesto que esa es solo una de tus creaciones que apareció en algún punto del proceso –y es una parte muy pequeña de la mente–. Estamos hablando del "yo" que es Puro Espíritu, que sabe que existe, aunque al mismo tiempo no conozca el momento de su propia creación.

Eres Puro Espíritu. Por tanto, debes reconocer que:

Yo soy solo Espíritu Puro, y a cada momento, sin importar lo que yo crea ver, sin importar qué sentimientos surjan en mi discernimiento, yo, y solo yo, soy plenamente y al cien por cien responsable de ellos. Nadie los ha causado, no hay fuerza mayor en el universo que haya hecho que esta percepción brote dentro de mi consciencia. Yo la he elegido.

Al igual que vas al supermercado y dices: "bien, qué voy a cenar...", cuando eliges una percepción, la alojas en la mente, y entonces se expresa mediante el cuerpo, a través del ambiente que creas alrededor de ti, mediante los amigos que convoques a tu consciencia. Cada aspecto de esa vida que vives es el símbolo de lo que has elegido experimentar, y, por tanto transmitir, a toda la Creación.

La Vía del Corazón comienza con la aceptación de la simple Verdad :
Soy como Dios me creó para ser. Hecho a Su imagen; soy un creador por siempre.

¿Qué pedirías, entonces, que tus creaciones comuniquen? ¿Por qué haces las elecciones que estás haciendo? Todos sabéis perfectamente bien que a veces parecéis veros compelidos, obligados... y la mente quiere que así lo creáis —estamos hablando de la parte egoica de la mente— y el ego quiere haceros creer que estáis obligados por algo que con toda certeza existe fuera de vosotros mismos, a realizar ciertas acciones, a tener ciertos sentimientos, elecciones, percepciones, declaraciones... . Pero eso no es verdad nunca. Bajo ninguna circunstancia hay algo en la Creación que tenga el poder de dictarte la elección que vayas a hacer.

Por tanto, el camino del despertar, *La Vía del Corazón*, debe comenzar con la decisión de abrazar la Verdad que es verdad siempre:

Soy el creador de todo lo que pienso, veo y experimento. Soy libre, siempre. Nada puede repercutir sobre mí salvo los pensamientos que haya elegido albergar. Nada me aprisiona salvo mi propia percepción de aprisionamiento. Nada me limita en ningún nivel o dimensión de experiencia, salvo aquello que yo he elegido.

La Vía del Corazón, entonces, abraza todas las cosas, confía en todas las cosas y, finalmente, trasciende todas las cosas. Pero ¿por qué? Porque comienza asumiendo una total y completa *responsabilidad* por aquello que está siendo *canalizado* a través de ella. Y así, como ves, no es solo este, mi querido hermano... lo que sirve como canal. Es, en Verdad, todo lo que haces, desde el momento en que te levantas... hasta aquel en que te vuelves a levantar. Pues incluso cuando estás durmiendo todavía estás eligiendo lo que va a fluir a través de tu consciencia.

La meta que perseguimos nunca ha cambiado. Este es, en Verdad, un viaje sin distancia. Es meramente el regreso al lugar donde estás siempre, para que puedas de nuevo comenzar a crear deliberadamente, claramente, y con el perfecto reconocimiento de que, si estás experimentando algo, es porque tú eres la fuente de ello y por ninguna otra razón.

La Vía del Corazón no es entonces una manera de obtener poder. *La Vía del Corazón* no es una manera con la que conseguir finalmente hacer que el mundo sea lo que tú quieres que sea. Sino más bien, *La Vía del Corazón* es aquel camino en el que aprendes a trascender y disolver de tu consciencia cada percepción, cada pensamiento, que no esté alineado con lo que es verdad. El pensamiento de muerte no está alineado. El pensamiento de miedo no está alineado. El pensamiento de culpa no está alineado. El pensamiento de Vida eterna sí está alineado. El pensamiento de una perfecta ausencia de miedo está alineado. El pensamiento de paz está alineado. La constatación de la inocencia está alineada. El pensamiento de gozo y de perdón... esas cosas sí están alineadas, y reflejan la Verdad que es verdad siempre.

Pues, como ves, aunque eres libre por completo para crear lo que elijas crear, el alma empieza a aprender que aquello que le brinda la dicha más elevada, aquello que le brinda la mayor paz, lo que le brinda la mayor bendición imaginable, es lo que fluye desde la Mente de Dios a través de la mente del canal, el alma, y se expresa a sí mismo en el campo de la experiencia. Es por esta razón que la Voluntad de tu Padre es que seas feliz. Y tu felicidad se encuentra en elegir restaurar tu perfecto alineamiento solo con la Voz que habla por Dios.

La Vía del Corazón es entonces un camino que comienza con el compromiso de sanar y de despertar, y se basa en la premisa, el axioma, que te hemos dado: Que en todo momento eres perfectamente libre; que todo lo que has experimentado ha sido por tu elección, y que en ningún momento ha existido ninguna otra causa.

Parece simple, ¿no es cierto?

Bien, desde luego, de acuerdo. Estoy creando mi propia experiencia.

Y no obstante, ¿qué alma no ha sentido resistencia ante esta idea? Si preparas un bizcocho y sale muy bien, dirías "yo lo hice". Pero si lo preparas y te sale realmente mal, piensas:

Tiene que haber sido la harina. Habrá sido la temperatura del horno. Seguramente hubo algo que hizo que esta creación no fuera lo que yo realmente deseaba.

Requiere gran coraje, gran fe, contemplar todas tus creaciones –tus pensamientos, tus sentimientos, tus manifestaciones– con Amor y con la inocencia de un niño. Plantar un huerto, por ejemplo, ver cómo todo se marchita y muere, y no obstante sonreír y decir:

Yo planté esto. Yo, y solamente yo, lo he hecho. Y bien, voy a tener un poco de hambre entonces, así que pensándolo bien, mejor que vaya a la tienda.

¿Por qué es esto tan importante? Porque el alma, hace mucho tiempo, comenzó a crear la percepción de que ella era algo *distinto* de lo que había sido creada para ser. Y emergió la *voz que habla por el ego* en el jardín de la consciencia. Y, como alma, como esa mente profunda que todos habéis conocido y que de hecho sois... esa mente profunda comenzó a identificarse con una voz que era distinta de la Voz que habla por Dios. Y esa voz os ha llevado a creer que vuestras creaciones determinan vuestra *valía.* ¿Reconoces ese sentimiento?

Y por lo tanto, si lo que creas no "da la talla", eso significa que tú, en el *núcleo de tu ser*, serías una especie de fracaso. Pero te aseguro que en realidad el *fracaso no es siquiera remotamente posible.* ¿Y por qué? Si plantas un jardín y la semilla no se convierte en una bella flor, y se marchita y se muere, esa experiencia es una creación, y eres tú quien la ha creado. Y debido a que todos los acontecimientos en el espacio y el tiempo, todo lo que experimentas ... debido a que esas cosas son *perfectamente neutras...* jamás existe en realidad ningún fracaso.

El único fracaso tiene lugar solamente dentro de tu propia consciencia, cuando crees que no es aceptable recibir, admitir y abrazar tu creación —con amor e inocencia—. Contemplarla, experimentarla, reconocer que estás perfectamente a salvo al hacerlo... para desde ahí poder decidir si continúas con esa forma de creación, o si piensas de modo diferente, para enfocar las cosas de otro modo. Y ahí es donde está el truco: Aquella parte de la mente ha comenzado a enseñarte, hace mucho, mucho tiempo, qué cosas admitir como creaciones admisibles, y qué otras cosas no; de qué asumir responsabilidad y de qué negar la responsabilidad. Y ese *conflicto* crea la ilusión de *separación*. Y cuando esto se lleva al extremo, entonces, se descubre que eso que llamáis psiquiátricos se llena de personas en profunda depresión, paranoia... con el sentimiento, en su ser, en la mente humana, de estar alienados y solos.

El desamparo, la desesperanza, la desesperación, la ira, el odio... son todos síntomas de una *ilusión fundamental* que ha tenido lugar en lo más profundo de la mente. Y si ha ocurrido es porque se ha dado una larga historia donde se ha *cultivado* la habilidad de escuchar la voz *equivocada*. La voz equivocada es la del ego. Te ha enseñado a juzgar, a elegir, a seleccionar aquello de lo que te harás responsable. Cuanto más te instalas en esa consciencia, más difícil te parece tener siquiera un atisbo de esperanza de poder trascender la sensación de separación, de conflicto y de falta de paz.

Pues ¿cuántos de vosotros, al apoyar la cabeza sobre la almohada por la noche, no habéis tenido la sensación de no ser capaces de dormir porque las cosas no están yendo como esperabas? La razón de que no puedas dormir es porque estás juzgando tu creación. Pero es *posible* cultivar precisamente lo opuesto, de tal modo que aprendes a contemplar con perfecta inocencia *todas* las cosas que surgen en ese campo que es tu experiencia... aprendes a contemplar con inocencia, y con eso que es llamado "asombro", cada sentimiento, y lo haces con una actitud de curiosidad, como mirarías una nube que atraviesa el cielo. Aprendes a mirarla y a maravillarte de ella... con su forma, con su color... "y bien, ¿de dónde vino? Mmm". Y aprendes a acogerla, sabiendo que no afecta la *pureza* del cielo a través del cual vuela flotando transitoriamente.

Y cada una de tus creaciones es exactamente como así. Surge en el campo del tiempo y del espacio, la experimentas, y luego se desvanece. Cada daño, cada herida que hayas conocido alguna vez es como una nube que comenzó a pasar por el campo de tu discernimiento, pues estabas *percibiendo las cosas* de una cierta manera. Y si esa herida todavía está en ti, se debe que tú te agarraste a ella. Seguiste a la voz del ego, que te hizo creer que tu identidad provendríade una definición que ese sentimiento o esa percepción te dan. Y entonces, como ahora tú eres eso, entonces, ¿qué pasaría si sueltas esas definiciones,esa identidad? ¡Podrías desaparecer! ¡Podrías morir!

Así pues, la mente humana es aquel campo en la Creación, en la Consciencia, que ha aprendido a convertirse en algo que está tan identificado con las percepciones, las experiencias y los sentimientos que no necesariamente son cómodos ni confortables... que cree que, si los suelta, morirá. Y así, desde nuestra perspectiva, al mirar hacia vuestros campos de energía, hacia aquellos de vosotros que todavía os identificáis con esta dimensión, parece como si estuvierais adheridos a ella, provocando una condensación de energía. Y es como si vuestros nudillos se quedaran blancos de tanto apretar,intentando aferrarse a la limitación y a la culpa, a la falta de valía y a la duda.

En realidad querríais encontrar inocencia y paz. Querríais abundancia y prosperidad, y dicha. Pero a menudo, cuando rozáis esas cosas, os aterran. ¿Y por qué? Porque la Verdad del Reino requiere apertura, confianza, expansión, espaciosidad. Implica permitir, confiar, atestiguar, dejar las cosas lleguen y se vayan, aprender a cultivar un profundo regocijo ante lo que sea que surja, entendiendo que todas las cosas son solo modificaciones de la Consciencia Misma, y luego dejar que se vayan cuando sea el momento de hacerlo. Y ten por seguro que no hay nadie, ni una sola alma, que haya alguna vez descubierto algo que haya nacido en el tiempo y que no haya también *acabado* en el tiempo.

Y ¿cuánto de tu sufrimiento se debe a que te aferras a un pasado desprovisto de vida, e insistes en llevarlo todavía contigo? Y si estás haciendo eso porque en ese pasado te identificaste con las nubes que pasaban —reclamándolas como tu propia identidad—. Y por tanto, si las sueltas, significará que *tú* tendrás que cambiar, que tendrás que proseguir.

Y la creación en sí, que fluye desde la Mente de Dios, se da en *continuidad* – ¡para siempre!–. ¡Nunca dejarás de ser! Seguirás por siempre, para siempre, para siempre, para siempre, para siempre... Seguirás siendo para siempre exactamente tal y como eres ahora, o bien puedes permitir que la Mente de Dios fluya a través de ti, llevándote hacia una expansión cada vez mayor, profundizando tu discernimiento del infinito encanto del poder de la Mente de Dios.

Así pues, este año, efectivamente, nos embarcaremos en *La Vía del Corazón.* Y aunque ya se han dado muchas claves, este año llegaremos a refinarlas, para crear lo que podrías considerar como un sistema o vía a través de la cual podáis caminar mediante el cultivo deliberado de una cierta cualidad de discernimiento[16] en la consciencia, precisamente la cualidad que se vuelve necesaria para poder *estabilizar* dicho discernimiento, de tal modo que puedas llevarlo hacia todos y cada uno de los momentos de tu experiencia.

Imagina, entonces, ser capaz de experimentar lo que sea que surja sin perder el sentido de espaciosidad y de inocencia, de comodidad, que ahora experimentas en momentos fugaces. Por ejemplo, ¿conoces esa experiencia que se siente cuando las cosas te van saliendo bien ahí afuera, y te mueves entonando una feliz melodía porque tu vida parece ir hacia delante? Imagina tener esa misma cualidad de confianza, fe, y certeza de propósito, incluso cuando los edificios se derrumban a tu alrededor y la cuenta bancaria se ha agotado; imagina ser capaz de contemplar esos acontecimientos con el mismo sentido de inocencia y de asombro con el cual mirarías a lo más profundo de los ojos de tu ser amado.

Pues, como ves, en esta cualidad de consciencia yace la perfecta maestría. Dentro de ella se descubre la paz perfecta y la perfecta libertad, la dicha perfecta... y una *comunión ininterrumpida* con toda la Creación. Y si tienes a bien recibir esa cualidad de sentirse íntimamente en unidad con toda la Creación, vas a ver que se trata de lo que has estado buscando como alma desde que comenzó eso que hemos llamado "ego" –ese hecho de *identificarse* con una creación–. Pues esa creación, insisto, es lo que creó conflicto y separación. Y todo lo que alguna vez has tratado de hacer desde ese momento ha consistido en un intento de *superar* la separación, un intento de recuperar aquello que sentías que habías perdido. Y lo único que pasa es que las formas en las que lo has intentado hacer no funcionan.

El ojo de una aguja es lo que separa, en tu consciencia, el mundo de conflicto, miedo y culpa y falta de valía...del mundo de la Verdad del Reino; ambos descansan uno al lado del otro, dentro de tu propia mente. Y el ojo de la aguja que se debe atravesar es la re-cultivaciónde la inocencia de un niño. Y es por este motivo que a menudo enseñaba que:

Para entrar en el Reino, vuélvete de nuevo como un niño pequeño.

Y el cultivo de *La Vía del Corazón* es ese camino por el cual deliberadamente, conscientemente, eliges convertirte de nuevo en un niño inocente ,tal como eras al principio, antes de siquiera haber creado nada, -y luego encarnado en -esta dimensión de la experiencia que parece estar tan impregnada de la sensación de conflicto y de separación.

Así pues, todo esto comienza por ahí. Y ahora te pido que comiences a ponerlo en práctica. Entonces, dondequiera que estés –ya sea viendo esto con tus ojos o escuchando las palabras– detente por un momento, y hazte verdaderamente consciente de dónde estás. Y ¿dónde estás? ¿No estás teniendo la experiencia de estar aparentemente en un cuerpo? ¿No pareces estar en una habitación en algún lado? ¿No estás en un medio ambiente en el que se dan ciertas pautas climáticas a tu alrededor? Quizás llegan algunos otros sonidos a tus oídos. ¿Puedes darte cuenta,verdaderamente, de dónde estás *ahora*? ¿Puedes sentir el peso del cuerpo sobre tus pies mientras te mantienes de pie, o bien puedes sentirlo mientras estás sentado o recostado en algún lado? ¿Notas la tensión en el cuello? ¿Notas el trajín de los pensamientos en la mente, si eso está pasando? ¿Puedes empezar a llevar tu capacidad de percatarte,tu consciencia...a exactamente aquello que es –desde un lugar de inocencia y sin juicio–?

Tienes un dicho en tu mundo, "Es lo que es". Y *ese* es el comienzo de la sabiduría. Descubrirás, por supuesto, que lo que hay, es aquello que tú has elegido hacer con ello. Estate, por lo tanto, donde estés ahora, y decide deliberadamente –*deliberadamente*– aceptar completamente que, lo que estás experimentando en este mismo momento, no tiene absolutamente ninguna otra causa más que tu elección de experimentarlo. Ten por seguro que, sin importar lo que trate de decirte la mente, no estarías ahí si no hubieras querido plenamente estar ahí, justo donde ahora estás. Y si estás en un cuerpo en el campo del espacio y el tiempo, ten por seguro que lo deseaste, lo elegiste, y aquí está.

Comienza por ahí, pues. No hay ninguna necesidad de juzgarlo, ni de pedir que sea diferente. Solo sé verdaderamente consciente de lo que hay. Si estás sintiendo el cuerpo sentado en una silla ¿puedes permitir que llegue a tu mente el siguiente pensamiento?

> *Literalmente he creado esta experiencia. Algo en mí es tan grande, tan poderoso, tan vasto, está tan más allá de todo lo que los científicos alguna vez podrían descubrir ...que yo,literalmente, ¡he cristalizado, en el campo de la experiencia, esta consciencia de ser un cuerpo en el espacio y el tiempo! Esto ha surgido desde el Campo de mi Consciencia, que es el regalo de Dios para mi. Quien solo me pide que aprenda a crear como Él crea.*

He dicho muchas veces que el Padre te contempla y dice:

> *Esta es Mi creación única, y es muy buena.*

Pues el Padre se *maravilla* ante lo que tú eres, sabiendo perfectamente bien que lo que eres emergió de *Su*[17] Santa Mente.

Del mismo modo, contempla *tus* creaciones y maravíllate. ¿Cómo es posible que puedas morar en este marco temporal en este planeta? ¿Cómo pudo ser que te colocaras sobre las ruedas de un automóvil y que realmente fueras del punto A al punto B? Es un misterio y una maravilla, ¡y nadie sabe cómo sucedió! Y no obstante, se hizo. La razón de que se hiciera es que se te ha dado todo el poder, y así, *lo que tú decretas, es.* Porque aquello que un hombre o una mujer decreten,*así se hará.* Has decretado este momento. ¡Reconócelo! Porque así, haciéndolo tuyo, justo ahora, puedes comenzar a sentir el *increíble* y *deslumbrante* poder que fluye a través de ti en cada momento. ¡Este es el *poder* de crear!

Entonces, comienza por ahí, eligiendo cada día, *ahora*, cultivar la práctica de esta manera: establece la intención de que ,en cada hora de tu día, durante tres o cinco minutos lleves esta cualidad de consciencia a exactamente aquello que estás experimentando, cuando te venga el pensamiento de que debes hacer la práctica. Y piénsalo, ¿de dónde ha surgido ese pensamiento? Imagina que está transcurriendo tu jornada, una bien ajetreada, has ido a tu oficina o al trabajo, has hablado con algunos amigos, o has hecho la compra. Has hecho todo eso, y de repente, aparece el pensamiento:

¡Oh! Concentración en darme cuenta de que soy literalmente el creador de lo que experimento.

¿Crees que eso ocurre por accidente? ¡No! El pensamiento que está penetrando tu discernimiento consciente proviene de lo más *profundo* de tu *mente*, que descansa justo al lado de la Mente de Dios.

Por lo tanto, el poder de generar ese mismo pensamiento es el efecto de la Voluntad de Dios,que entra en tu campo de ser, penetra los velos de la distraccióne irradia el pensamiento [*chasquido de dedos sonoro*],

¡Eso es, cinco minutos cada hora!

¿Puedes sentir lo asombroso que es esto? Pues estás vinculado con la Mente de Dios, y Dios *sabe* cómo llevarte de regreso a la libertad completa y a la paz perfecta, y hacia la maestria de este reino por completo.

Por lo tanto, aquellos que realmente aman a Dios, aquellos que realmente quieren despertar, sentirán un acierto apremio que les llevará a dominar esta simple práctica de cinco minutos cada hora. Aprenderán a deleitarse ya esperarla con ansias. Y muy pronto, esos cinco minutos se extenderán a seis, y luego a diez, y quince, y cincuenta, hasta que finalmente se haya establecido en su consciencia –como un fondo, por así decirlo– el reconocimiento de que todo lo que surge lo han decretado ellos, y que por lo tanto, es como es. Cinco minutos cada hora no es mucho pedir. Porlo tanto, cinco minutos cada hora, sé tal como fuiste creado para ser :un creador, que decreta aquello que hace surgir tu experiencia. Y nunca más te permitas decirte:

Bueno,si estoy aquí es solamente porque tengo que estar aquí. Hago esto solamente porque, bueno, ya sabes... es lo que tengo que hacer.

Toma las palabras "debo", "tengo que", "necesito que" y "hay que", escríbelas en un papel, contémplalas. Y luego enciende una cerilla o algo con lo que puedas prender la esquina del papel y permite que se queme y se convierta en cenizas. Pues esto es un símbolo de que permites que la energía que le has dado a esas palabras se convierta de nuevo en polvo o cenizas dela tierra. Limpia tu consciencia de toda identificación con esas palabras. Porque todas ellas son *negaciones* de la realidad.

Muchas veces he compartido con vosotros que *no necesitáis* hacer nada. Escucha bien esas palabras, e incorpóralas dentro de ti mismo como si se trataran de tu propia voz, pues lo son.

No necesito hacer nada.

No tienes que sobrevivir. ¿Quién te ha dicho que tenías que hacer eso? No tienes que hacer a todo el mundo feliz. ¿Quién te dijo que *tenías* que hacerlo? ¿Quién te dijo alguna vez que *podías* hacer feliz a alguien? No tienes por qué permanecer como un cuerpo en el espacio y el tiempo. ¿Quién te ha dicho que *tuvieras* que hacer eso? No tienes por qué pagar tus cuentas.

¡Qué irresponsable!

¿Quién te ha dicho eso? Literalmente no *necesitas* hacer nada.

Eso es muy diferente a *querer* o a *elegir* hacer algo. No necesitas amar a tu familia, no necesitas honrar a tu padre y a tu madre. No necesitas adorarme o amarme. No necesitas amarte a ti mismo. Literalmente, no *necesitas* hacer nada, pues "necesitar" es una expresión de la percepción de que te falta algo. Y como eres en Unidad con Dios, no existe ni un solo momento en que carezcasde algo en absoluto.

No necesito *hacer nada*

Podrías permitir que emergiera este pensamiento en la mente cuando te levantas por la mañana:

No tengo por qué salir de la cama. No tengo por qué ir a la oficina. No necesito cumplir esa orden. No necesito decirle "buenos días" a mi pareja. Literalmente no necesito hacer nada.

Porque, ¿cómo puede existir el poder de la *libertad* de elegir y de crear cuando estás siendo gobernado por la creencia mundana de que debes ser de una cierta manera... de que *necesitas* ser aceptado por los demás... de que *necesitas* adaptarte y encajar... de que *necesitas* vestirte como los demás... de que necesitas comprometerte a sobrevivir un día más en este plano? Allá donde hay necesidad no puede haber libertad.

Aquí van ,pues, los dos primeros axiomas de *La Vía del Corazón* ,para que te bases en ellos, los recuerdes,los cultives diariamente y los expandas:

Fui creado tal y como mi Padre me creó para ser. Soy libre. Solo yo soy la fuente de mi experiencia en cada instante. Nada tiene efecto sobre mí, sea el que sea, salvo aquello que yo elijo permitir que me afecte. No necesito hacer nada.

De nuevo te pediría que al menos dos veces al día —y al comienzo te sugeriría que fuera por la mañana y por la noche, al levantarte y al irte a dormir— cultives durante cinco minutos ese pensamiento hasta que lo sientas hasta en tus huesos.

No necesito hacer nada.

Sacudirá un gran mpacto a tu consciencia, y la mente dirá:

Pero ahí están todas esas cosas que tengo que hacer... ¡Oh! ¿y qué pasá con esto y con lo otro? ¡Oh, dios mío! Bueno, ¿y el mundo dejará de dar vueltas si yo dejo de necesitar?

Eso depende del mundo, no de ti.

No necesito hacer nada.

El poder de estos dos primeros axiomas será la base de todo lo que sigue, y no obstante, todo lo que viene a continuación es meramente una forma de alimentar esos dos axiomas, convirtiéndolos en el ancla de tu consciencia. Porque cuando el ancla esté bien fijada en su lugar, literalmente crearás cualquier cosa que desees, desde una perfecta libertad, una perfecta intencionalidad. Incluso llegarás a trascender la mentalidad milagrosa. Puesto que los milagros... ves...a medida que comienzas a abrirte a la mentalidad milagrosa, te maravillas:

¡Guau! Eso fue un milagro.¡Qué genial!

La mentalidad milagrosa sigue siendo una fase de la percepción,es la etapa que está justo antes de la maestría. Pues la maestría llega cuando reconoces que estás creando literal e intencionadamente. Y no tiene nada de milagroso. ¡Decretarás una cosa, y así será!

Eso es crear como Dios crea. Pues, aunque Él se maravilla ante ti, Él sabe perfectamente bien que tu creación no fue un milagro. Fue algo realmente muy deliberado, que nació del Puro Resplandor del Amor. Dios no se sienta en Su trono y dice:

Me pregunto si me merezco crear a Mis Hijos. Me pregunto si soy digno de expresarme a Mí Mismo a través de la Divina Chispa de Consciencia que ellos son.

Nunca entra algo así en la Santa Mente de Dios:

Me pregunto si estaría bien crear un sistema solar.

Dios concibe un pensamiento, o un pensamiento emana dentro de Su Santa Mente, Él lo decreta, ¡y así se hace! Y Él contempla todas las cosas y dice:

¡Es muy bueno!

El tercer y último ejercicio que querría proponerte en esta hora es este. Elige algo que hagas cada día, que estés convencido de que es lo bastante ordinario como para que ciertamente no tenga ningún tipo de poder o significado espiritual. Podría ser algo tan simple como beber un vaso de agua, lavarte los dientes o bostezar. Elige algo que sepas que haces cada día, y decide convertirlo en el centro de tu adoración, de modo que mientras lo haces te detienes y te dices:

Esto es muy bueno, está muy bien.

Incluso si es algo tan simple como levantar la cabeza de la almohada. Sé consciente de ello, aprópiate de ello como algo creado por ti mismo, y, entonces, di para tus adentros, a medida que contemplas la acción:

Es muy bueno. He hecho esto, y está bien. Yo lo he creado.

Y de nuevo, aquellos que realmente estén comprometidos descubrirán que comienzan a disfrutar de este proceso y que comienzan a aplicarlo más y más a otros acontecimientos en sus vidas. Comienzan a redespertar la *dicha* infantil de construir un castillo en la arena. Pues en Verdad eso es todo lo que estás haciendo aquí. La consciencia es tu cajón de arena para tus juegos, y estás levantando castillos. Solo es que, simplemente, te has olvidado de disfrutarlos. Y cuando te quieres deshacer de ellos, entonces te lamentas:

Oh, pero si renuncio a esto y cambio de opinión y sigo adelante, ¿qué le sucederá a mis creaciones? ¿Qué pensarán los demás de mí si actúo como un niño y simplemente agarro mi palita de plástico, y voy, tras arrasar el castillo me como un bocadillo?
¿Qué pensará la gente de mí? ¿Agradaré? ¿Seré aceptado? ¿Seré juzgado? ¿Seré perseguido?

¿A quién le importa? Pues las opiniones de los demás *no significan nada*, a menos, desde luego, que tú quieras que signifiquen algo.

Y ahora, llegamos a la conclusión de esta hora. *¿Qué te bloquea en tu mente?* Pues incluso al escuchar esto muchos de vosotros reconocéis cierta resistencia. Esa resistencia es la energía del miedo:

¿Qué sucederá si sigo este camino?

Esa parte de tu mente, llamada "el ego", se alzará para decirte que si escuchas a "ese loco" (al que algunos han llamado el Salvador del mundo), te va a llevar por un camino de destrucción. Y eso se debe a que la voz del ego reconoce que, si se sigue este camino, ella será destruida. *Tú– la Realidad de Quien Tú eres–no puedes ser destruido* .

Esa resistencia es el miedo. Y el miedo es una de las energías que no están alineadas con la Verdad del Reino. Por lo tanto, efectivamente, no temas, sino continúa y ten fe. Pues te aseguro que que lo que vas a descubrirás al final de este camino es la perfecta *libertad,* el perfecto *poder*, la perfecta *espaciosidad*, la perfecta *dicha*, la perfecta *paz*, de vivir –literalmente– en el Reino del Cielo.

La elección está en tus manos. Y para aquellos de vosotros que sintáis que esa resistencia surge con mucha fuerza... para quienes aún me llaman en sus sueños y sus oraciones, diciendo: "¡Ayúdame con esto!", os digo que no camináis solos. Pues lo único que me aleja de vosotros,la distancia entre vosotros y yo...solo puede tener la anchura de un pensamiento. Y sí, vosotros sois los creadores de ese pensamiento.

Quiero comentaros que yo, yo también, me embarqué en un camino similar al vuestro. Y cada una de esas cosas que podríamos llamar "axiomas", y que compartiré con vosotros y refinaré para vosotros –muchos de estos ejercicios que os iremos dando durante este año–, son verdades y ejercicios específicos que me fueron dados en la época en la que fui iniciado por ciertos maestros esenios en *La Vía del Corazón.*

Y cuando mis maestros dijeron:"Es el momento de que pases cuarenta días y cuarenta noches en el desierto", ¿crees que no sentí también esa resistencia surgiendo dentro de mí? ¿Acaso no crees que también yo tuve que darme cuenta de que estaba creando un pensamiento de miedo, y que me estaba separando de la gran protección y el gran Amor de Dios? ¿Crees que no tuve que llevar mi cuerpo al desierto para poder atravesar mis propios anillos de miedo, para descubrir lo que había al otro lado?

El camino que yo he seguido es, entonces, el que vosotros estáis caminando. Y si nuestro camino es el mismo, entonces, caminamos *juntos* –hacia Dios–, y más allá de la ilusión y del dolor, más allá de la debilidad, la indignidad, la culpa y la muerte.

Así que comprométete con tus ejercicios con gran entusiasmo, con gran alegría, y, sobre todo, ¡con un gran y extravagante carácter juguetón! Aprende a contemplar con *inocencia* todo lo que surja. Y si practicas estos pequeños ejercicios, es mucho lo que efectivamente *surgirá*. Practica, entonces, con ganas. Y practica con alegría. Reconócete amado, amada, encantador, amable, y reconoce que lo único que en Verdad está ocurriendo es que un viejo sueño está siendo liberado para que pueda reemplazarlo uno nuevo —el sueño de merecimiento, de paz, de despertar, y de unión con toda la Creación—.

Y durante este año que tenemos por delante de nuevo os digo que habrá otros que van a tener cierta guía específica que darte por medio de este, mi querido hermano. Pues una vez más os digo que en este trabajo específico no vengo solo, sino con muchos otros que apoyan vuestra sanación y vuestro despertar.

Por tanto, ciertamente, id en paz hoy, amados amigos. Permaneced... *amorosamente*... con vuestras creaciones.

Amén.

Lección 2. Preguntas y respuestas

Pregunta: ¿Qué experimentaste cuando fuiste al desierto cuarenta días y cuarenta noches? ¿Cuál era el propósito de hacer ayuno?

Respuesta: Querido amigo, primero, el propósito del ayuno era doble. El cuerpo es en realidad, un instrumento de comunicación. Recibe y transmite lo que podrías considerar como "señales". Y queremos enfatizar aquí, para tu beneficio, que el cuerpo *recibe* señales, así como también las *transmite* desde tu mente.

En el transcurso de cualquier día normal estás habitando en una especie de *campo vibratorio*. Ese campo requiere que, dentro de cierta frontera, vivas de tal modo que puedas *comunicar y relacionar* de forma eficaz dentro de ese campo. Por lo tanto el cuerpo aprende a adaptarse al lugar donde lo estás colocando, y a aquello para lo cual hayas decidido emplearlo. Cuando el alma desea cambiar frecuencias vibratorias para así poder recibir nuevas señales, es de mucha utilidad *preparar* al cuerpo sacándolo de sus patrones habituales.

Por ejemplo, cada vez que comes cierto alimento y tomas a diario ese mismo alimento– día tras día, mes tras mes–, el cuerpo se adapta a esa frecuencia vibratoria. Aprende a recibir la energía de esa sustancia, aprende a adaptarse a ella, a morar con esa sustancia, y entonces, aprende a utilizar la energía de esa sustancia. Pero si te apartas de ella, se crea un *espacio*. Se abre un marco temporal, por así decirlo, en el cual el cuerpo ya no recibe las señales que le brindaba esa sustancia. Y ello crea, digamos una pausa. La *inteligencia* misma de la estructura celular del cuerpo se pone en pausa. Y al detenerse puedes empezar a enviar nuevas señales a las células para que se *abran*, para estar *receptivas*, para que se puedan sintonizar a unas *frecuencias nuevas* que entonces podrán ser recibidas.

Por lo tanto, esta es una práctica muy común en las vías espirituales, pues cuando el alma desea hacer más profundo su sentido de autodiscernimiento, volviendo más profunda su conexión con Dios —o como quieras entenderlo—, eso que se llama "ayuno" siempre ha sido considerado como algo que ayuda a facilitar un tal cambio, pues pone al cuerpo en reposo. Lo saca de su rango normal de experiencia vibratoria, de modo que pueda abrirse y *sintonizarse con nuevas frecuencias*. Así pues, el ayuno cumple ese propósito, a modo de preparación.

Y en segundo lugar, esto también afecta a la naturaleza de la mente misma, a la naturaleza de la mente pensante que está vinculada al cuerpo y con el campo vibratorio del ámbito de lo físico. Mediante el proceso de ayuno la *mente* también se ralentiza. Se vuelve más *abierta*. Se crea una cierta espaciosidad en ella. ¿Y por qué es esto tan valioso? Porque el alma quiere comenzar a enviar nuevas señales que, atravesando los niveles o las profundidades de la Mente, así como la mente pensante, lleguen a las células del cuerpo. El alma está tratando de recrear sus percepciones, su estructura, la estructura desde la cual ha estado operando tu yo inferior —tu mente egoica, la que te lleva a lo largo del día—. Está tratando de cambiar esto. Así es que el ayuno no es solo una cuestión corporal. También afecta al mecanismo del pensamiento cerebral, permitiendo que unas nuevas señales eléctricas envíen impulsos a través del cerebro y desciendan por el cuerpo. Y de igual manera, crea una espaciosidad de modo que puedan ser recibidas nuevas frecuencias.

Sería similar a una situación en la que estás viviendo en una casa donde suena constantemente cierta música a un cierto volumen, y entonces, de repente, decides que tal vez te gustaría escuchar el sonido del canto de los pájaros que están tras la ventana. Así pues, vas a los mandos y bajas el volumen. Cambias el *campo* en el que estás teniendo la experiencia. Y así, a medida que el volumen baja, comienzas a escuchar ese fondo que siempre estuvo ahí, el de los pájaros cantando tras la ventana. Y tu atención comienza a desplazarse desde el campo vibratorio de la música que has estado escuchando, al campo vibratorio del canto de los pájaros. Empiezan a llegar nuevas imágenes, nuevos pensamientos, nuevos sentimientos... a través del cuerpo.

Así pues, el ayuno sirve para ese propósito. En un nivel más profundo, considera pues el hecho de ayunar como una *decisión deliberada* que en realidad no tiene nada que ver –en los niveles del significado– con solo la comida. Es la decisión de *interrumpir* patrones que se han vuelto habituales. Así es que ayunas de sonido,ayunas de pensamiento negativo;ayunas de estar ocupado;ayunas de irte a la cama siempre a la misma hora; ayunas de levantarte siempre a la misma hora; y esto lo haces un día, dos días, una semana, un mes... y cuarenta días y cuarenta noches.

Cambias totalmente ciertos patrones. Y así como el efecto de liberar a tu cuerpo del uso habitual de ciertas sustancias crea un espacio en el cual puede tener lugar algo nuevo, ayunar del simple marco temporal que estás acostumbrado a tener al levantarte cada mañana, creará una *espaciosidad* en la mente. Y te volverás consciente de cosas que no sabías que estaban ocurriendo. Recibirás señales que no habías recibido antes.

Cuando vine por primera vez a hablar con este mi querido hermano[*Jayem*], para comenzar a volver a cultivar nuestra capacidad comunicativa, le estuve visitando a menudo. Más tarde le sugerí que se habituara a levantarse a las 3 en punto de la madrugada. No lo hacía normalmente a esa hora, y sin embargo, al hacerlo, *ayunó* de su hábito normal, lo cual *aumentó* su sentido del discernimiento, y creó o cultivó la capacidad, en la estructura cerebral y en el sistema nervioso, de *sintonizarse* con esas *refinadas frecuencias* que siempre están ahí, pero que a menudo se ven sofocadas porque aún estáis dormidos. A esa hora el resto de la gente a su alrededor todavía no se había despertado, y por tanto no estaba llenando el campo vibratorio con todo el ruido de millones de mentes funcionando activamente.

Así es que este es el sentido más profundo del *ayuno*. Se trata de *hacer las cosas de una nueva manera, ayunando de los viejos hábitos, lo cual aumenta tu sentido del discernimiento, tu alerta ante lo que está presente.* Ayunar es algo extremadamente valioso, y debería ser realizado por todo el mundo de vez en cuando. No solo hablamos aquí de un ayuno ocasional del cuerpo, sino de comenzar a reconsiderar todos los hábitos que tienes, incluso los que son positivos. Si vas a tu salademeditación a la misma hora todos los días, entonces el cuerpo y la mente comienzan a anticipar lo que *debe* suceder mediante la experiencia aprendida. Entonces, ve en otro momento. Si estás acostumbrado a ciertas oraciones, prueba a veces con algunas diferentes. Si estás acostumbrado a ir con ciertos amigos regularmente, cambia eso un poco, de vez en cuando. Si tienes la costumbre de hablar mucho, pasa un día en silencio.

Comienza entonces a observar los hábitos que has cultivado que son más continuados –tanto, que nunca piensas en ellos–. Y entonces tómate un tiempo para ayunar deliberadamente del hábito en cuestión. Si tienes el hábito de leer el periódico dominical, pasa un mes sin leer ningún periódico y observa cómo esto crea un espacio donde no solo percibes las cosas de forma diferente, sino que recibes impulsos diferentes. Descubrirás que surgen nuevos pensamientos acerca de cómo utilizar ese tiempo de forma diferente. Ayunar es un arte, y que bien se merece que lo cultives en tu interior.

Ahora bien, ¿qué experimenté en el desierto durante cuarenta días y cuarenta noches?[18] Miedo, frío, calor, aburrimiento, trajín mental, hambre, dicha, éxtasis, deleite, libertad, experiencias extracorpóreas, clarividencia, clariaudiencia, visitas de ángeles, visitas de criaturas que deberían haberme dejado bloqueado por el miedo, que podrías llamar "serpientes", "arañas"... mmm.

Queridos amigos, ese viaje os coloca en una posición donde ya no os podéis distraer de todas esas "cosas" que están transcurriendo en vuestra consciencia cotidiana. Es un tiempo de *purificación*... de purificación por no tener ninguna oportunidad de *escapar*, y tener que verdaderamente observar todo lo que está sucediendo en el campo de la propia consciencia. En mi surgieron pensamientos de odio a Dios. Surgieron pensamientos de ponerme al servicio de Satán, y no de Dios. También surgieron pensamientos dentro de mi que me invitaban a abandonar mis raíces y convertirme en un rico mercader rodeado de lo que llamáis "bailarinas"... ¿mmm? Y ten la certeza de que cualquier pensamiento que se os pueda pasar por la cabeza, ya sea positivo o ya sea negativo, se vio simbolizado por algo que surgió en ese momento, para ser experimentado –incluso celularmente, en el cuerpo–. Tuve dudas de mí mismo, tuve ira. Todo ello surgió. En esos cuarenta días y cuarenta noches surgió en su totalidad todo el campo de la consciencia humana dentro de mí.

Así es que ese periodo fue por entero de ayuno. Y ese fue el propósito de apartarme de toda comunicación y de todas las comodidades a las que me había acostumbrado. Estaba yo solo, conmigo mismo. Y al morar conmigo mismo, entendí que nunca estuve solo. Las cosas negativas- que así podríais llamarlas-,tendieron a surgir en torno al quinto día y duraron hasta aproximadamente el vigésimo día. Entonces todo comenzó a cambiar a medida que empecé a notar que podía desidentificarme de esas cosas. No tenía por qué juzgarlas. Podía notar el frío, y simplemente aceptarlo.

El cuerpo está frío. ¿Y qué?
El cuerpo está hambriento. ¿Y qué?
Deseo ir a ver a mis amigos y danzar y cantar. ¿Y qué?

Observaba cómo surgían las cosas. Y finalmente era como si ellas hubieran reconocido que ya no iban a poder establecer su hogar en mi mente. Y así, desistieron.

Y al igual que, al ayunar físicamente, el cuerpo al final está vacío, y las estructuras celulares pueden comenzar a repararse y sanar a un nivel más profundo, y el sistema nervioso puede descansar profundamente... de igual modo, mi mente comenzó a descansar. Y en ella fue creada una cierta *espaciosidad*. Y desde el vigésimo día hasta aproximadamente el vigésimo quinto, pude sentir que se estaba produciendo una transición a medida que mi consciencia comenzaba a soltar el mundo como yo lo había conocido. Y todo y todos se convirtieron en algo así como un recuerdo lejano.

Y cada vez más notaba que estaba naciendo o encendiéndose una Luz dentro de mí.Se estaba creando una espaciosidad. Y desde ahí comencé a acceder a niveles de consciencia que de hecho ya había experimentado antes. Pero ahora tenía tiempo para realmente cultivar mi estancia en aquellas frecuencias en las cuales podía recibir comunicación de parte de otros maestros de ámbitos no físicos.

Comencé a sentir el gran Amor de Dios tal como nunca antes lo había sentido. Llegaba no solo como un pensamiento o una inspiración, o un fugaz sentimiento... sino que llegó a inundarme –y aquí hablo metafóricamente– , llegó a filtrarse por mi Mente y a través de las células del cuerpo y del sistema nervioso corporal. Llegó a asentarse, por así decirlo, en todo mi ser. Era una profunda paz, una confianza perfecta, el reconocimiento de que no estaba solo, de que tenía todo lo que pudiera necesitar alguna vez, porque era Uno con Dios.

Así es que hubo muchos estados de bendición y de éxtasis, muchos estados que trascendían la identificación con el cuerpo y, repentinamente, era transportado a otros ámbitos y a otros mundos. Comenzaron a emerger imágenes del camino todavía por recorrer en mi vida, y era como si surgieran a partir de todo ese suelo revuelo mental, de esa base ajetreada que son los asuntos relativos a todas las cosas que igual que vosotros, yo tenía que hacer para simplemente ocuparme de mis asuntos cotidianos . Pero nada de eso tenía ya la capacidad para perturbarme. Y comenzó a revelarse el propósito *más profundo*.

Y escuché la Voz de mi Padre hablándome en lo que sería más o menos el día trigésimo séptimo. Y la Voz llegaba claramente desde mis alrededores y desde dentro de mí, diciéndome:

Eres Mi Hijo Amado, en quien me complazco.

Y repentinamente constaté la Verdad que es verdad siempre:

Dios me ama.
No necesito hacer nada.
Soy tal y como mi Padre me creó.

Y comenzaron a disolverse las opiniones del mundo en mi campo de discernimiento, mi campo de energía, por así llamarlo. Y comencé a estabilizarme plenamente en lo que podrías denominar un *estado mental iluminado*. Ya no me identifiqué más como el hijo de José. Me identifiqué como el Hijo de Dios.

Así es que eso es una sinopsis de lo que experimenté durante mi peregrinaje y ayuno. Los cuarenta días y cuarenta noches, por cierto, eran una *representación numerológica* que fue muy importante para las escuelas de pensamiento en las que fui criado. Representaban un tiempo de nacimiento, experiencia y desengaño. Es como un ciclo –cuarenta días y cuarenta noches– a ser considerado más como algo metafórico que literal. Y cuando regresé, todas las cosas se habían vuelto nuevas y diferentes. Yeshua ben Joseph se había marchado, efectivamente, al desierto, pero quien regresaba era el Hijo de Dios. Por lo tanto, querido amigo, date permiso ocasionalmente para ayunar de los hábitos que has creado.

Pregunta: Por favor, háblanos sobre María, y sobre los mensajes que recientemente están siendo publicados y que dicen como procedentes de ella.

Respuesta:En realidad, querido amigo, ¿quieres que rellene volúmenes y más volúmenes? ¿Quieres tenerme horas hablando? Pues, en Verdad, podría utilizar todo el tiempo del mundo para hablar del Amor de Aquella que fue conocida como mi madre,quien sigue siendo siempre una íntima parte de mí, pues permanecemos en perfecta comunicación, por supuesto.

Ella, como alma, eligió permitir, eligió aceptar entrar en el drama de mi propia encarnación en el mundo. Ella fue por tanto colocada en la posición de sacar a la luz todo lo que dentro de Ella no fuera comio el Amor,y de contemplar los hábitos mismos de ser una madre, trascendiéndolos para poder ofrecer un marco más amplio. En esa encarnación Ella perfeccionó Su propio despertar, Su propio compromiso con lo que está mucho más allá de cada consciencia individual. Ella vive tal como yo vivo. Y Ella nunca ha dejado de seguir *La Vía del Corazón* ,esa Vía que es perfeccionada cuando la consciencia reconoce que:

Yo vivo, pero no yo, sino Aquello que es la Creación de mi Padre: la Consciencia Crística, ella sola, vive a través de mí.

Ella está extremadamente activa en lo que llamáis vuestro marco temporal actual. Está hablando a *muchos*. Las apariciones que han sido registradas por lo que llamáis "la gran autoridad de la Iglesia", esas apariciones, no son la mera imaginación de nadie. Y de hecho irán en *aumento*. Los mensajes que Ella está dando — o mejor deberíamos decir: las personas con las que ella intenta comunicarse — requieren que tal mensaje sea dado de una manera que sea algo diferente de la manera en que yo estoy formulando este mensaje, el que os estoy dando a través de este canal. ¿Y por qué? Porque el maestro sabio aprende el lenguaje del alumno, aprende su temperamento, el espacio de consciencia en el cual se encuentra...y, entonces, le habla en unos términos que puedan ser comprendidos.

Así pues, Ella habla de los cambios en la Tierra. Habla del Amor de Dios. Habla un lenguaje que muchos no preferís, pero que otros sí. Y, no obstante, existe todo un arte, toda una habilidad y un propósito. Y *Su propósito es por completo* el mismo que el mío: Cultivar en todos los que quieran escuchar el realineamiento de sus percepciones, para que puedan sanar su sentido de separación con respecto a Dios y regresar a la Verdad del Amor, a la dignidad, y al poder y la Gracia —en otras palabras, para *despertar*–.

Hay muchos que se reivindican como canales Suyos y que no lo son. Y si prestas atención a la vibración que sientes con los libros que leas, con los audios que escuches, o con lo que sea que tengas... siempre reconocerás Su presencia porque habrá una cierta *suavidad*, una cierta *gentileza*, una cierta cualidad de *maternidad perfecta*, por así decirlo, por lo que te puedes sentir como si ya solo quisieras reposar tu cabeza sobre Su pecho y disolverte en la bendición del Amor.

Siempre detectarás a aquellos que no están comunicando con Ella, pero que querrían hacerte pensar que sí, por cierto tipo de constricción, por cierta sensación de energía egoica, de miedo al futuro:

> *Mejor haz esto.*
> *Esto otro va a suceder.*
> *No hay modo de evitarlo.*

Ese tipo de afirmaciones no proceden de Ella en absoluto.

Y realmente, tal y como hice entonces, amo profundamente a Aquella, y la contemplo como un ejemplo radiante de lo que puede ser la consciencia.

Lección 3

Ahora, comenzamos[19] ,

Y ciertamente, una vez más, os saludo, queridos y santos amigos.

Si busco entre los idiomas que existen en vuestro, mundo, me es muy difícil encontrar palabras que puedan transmitir el Amor que siento por vosotros. No puedo encontrar las palabras que os puedan transmitir el Amor que siento que Dios tiene por todos nosotros. Si busco entre las lenguas de vuestro mundo, no puedo encontrar un solo concepto, una sola palabra, una sola idea, filosofía o dogma que pueda contener, en Verdad, el Misterio que está más cerca de vosotros que vuestro propio aliento, y que aguarda a vuestro descubrimiento.

Si busco por toda la creación, si busco por las muchas mansiones que existen en los dominios de la Creación de mi Padre –que es infinita–, por mucho que lo intente no puedo descubrir nada que realmente pueda describirte *a ti*. No puedo encontrar nada que sea más valioso que tú. En Verdad, no puedo descubrir nada que hable más elocuentemente sobre el Amor que Dios es, que tu *propia existencia*. Por tanto, en Verdad, te contemplo constantemente, y me maravillo ante el Esplendor del Amor de mi Padre.

Es entonces a través de *ti* como alcanzo a descubrir todo lo que Dios es. Cuando caminé como hombre por vuestro plano, comencé a constatar que el mayor regalo que alguna vez pudiera recibir, solo me podría llegar cuando eligiera *renunciar* a cualquier *percepción* que pudiera inventarme sobre ti, mi hermano o hermana, y que pudiera *velar* la Verdad que siempre es verdad acerca de ti.

Cuando tenía nueve años comencé a despertar justo a lo que os estoy describiendo ahora. Y cuando mi padre me llevaba a sentarme con los ancianos, y mientras él me leía la Torah, empecé a sentirme atraído por algo que me llamaba desde mi interior. Algo me comenzaba a decir que, por debajo de todas las percepciones que yo pudiera crear acerca de los demás, había algo Esplendoroso y Brillante esperando a ser descubierto. Comencé a sentirme muy diferente de mis compañeros. Empecé a preocuparme por las cosas internas. Cuando escuchaba hablar a los ancianos a menudo sentía como si hubiera sido arrastrado como flotando muy lejos de donde ellos estaban. Y me llegaban imágenes, me llegaban pensamientos y sentimientos que no entendía, que no tenía asimilado dentro de mi ser.

Pero algo comenzó a impulsarme. ¿Cómo podría descubrir el modo de ver solamente ese Brillante Esplendor? ¿Me sería posible ver a mis hermanos tal y como mi Padre contempla a Sus Hijos? Y, en Verdad, descubrí que la manera de ver con los Ojos de Cristo comienza con la aceptación de que *yo*, como creador, creado a imagen y semejanza de Dios, realmente, literalmente, elijo cada experiencia y la atraigo hacia mí; y, de ese modo, es como *yo* creo los velos mediante los cuales percibo la Creación.

Y comencé poco a poco a cambiar mi perspectiva. Comencé incluso a ser visto como alguien que se estaba rebelando en contra de las enseñanzas de mis ancianos maestros esenios. Pues comencé a apartarme del *esfuerzo* por llegar a Dios, de *esforzarme* por lograr la perfección, y a cultivar dentro de mí el proceso de *permitir*. Descubrí que si contemplaba mis percepciones, mis sentimientos, mi comportamiento, exactamente tal como eran, sin ensombrecerlos con mis propias interpretaciones ...si podía enseñarme a aceptar las cosas con inocencia..., entonces se comenzarían a disolver los velos en mi mente. Pues cuando tenía nueve años ya había aprendido a tener *miedo* a pensar, a hablar, a actuar de alguna manera que no estuviera en conformidad con la sabiduría prevaleciente en ese tiempo, incluso dentro de la comunidad esenia, que ya había devenido bastante rígida. Ya había mucho dogmatismo. Y el dogma siempre conduce a la riña.

Comencé a descubrir que si contemplaba con inocencia todas las cosas, una Luz comenzaba a brillar a través de ellas. Y que cuanto más permanecía en esta inocencia, la Luz brillaba cada vez más.

Y al crecer, comencé a descubrir que los viejos maestros que hablaban de la necesidad de "perdonar setenta veces siete" sabían algo muy profundo, y algo que se había incluso perdido en la tradición – en las tradiciones judía y esenia de mis días–. Pues como ves, *perdonar* significa "elegir liberar al otro de las percepciones que has estado proyectando sobre él". Se trata por lo tanto del acto de perdonarse uno mismo sus propias proyecciones. Y a medida que comenzamos a perdonar, incluso hasta setenta veces siete, cada vez que perdonáis... os sumergís más profundamente en la pureza de vuestra propia consciencia. Comenzáis a ver cuán *profundamente* habéis estado coloreando, y por lo tanto afectando, todas vuestras relaciones mediante el simple acto de no ser conscientes del poder de la proyección.

Por lo tanto, aprendí –y lo aprendí bien– que *el perdón es una clave esencial en la sanación*. Lo contrario del perdón es el juicio, y el juicio *siempre* crea separación y culpa. El juicio evocará una sensación de culpa en aquel que haya sido juzgado, a no ser que, por supuesto, esté perfectamente despierto. Pero, aún hay más, puesto que cada vez que juzgas algo o a alguien, literalmente habrás suscitado culpa dentro de *ti mismo*, ya que hay un lugar en tu interior, todavía en calma, que reconoce la perfecta pureza de tu hermano y de tu hermana, y que ve muy claramente que *todas las cosas en el ámbito humano son o bien extensión de Amor, o bien una petición de ayuda y sanación*.

Por lo tanto, querido amigo, cuando juzgas, te has salido del *alineamiento* con respecto a la verdad. Has decretado que los inocentes no lo son. Y si juzgas a otro y lo ves como alguien que no es inocente, en ese mismo instante habrás declarado, para ti mismo, que eso es también cierto sobre ti. Por lo tanto, la práctica del perdón realmente cultiva la cualidad de la consciencia en la cual finalmente llegas a *perdonarte a ti mismo*. Y son los perdonados, ciertamente, quienes pueden recuerdan a su Dios.

Y así, por tanto, en esta hora, queridos amigos, desearíamos compartir con vosotros el *poder del perdón*: sobre cómo cultivarlo, refinarlo, sobre cómo entender esas profundidades del perdón que os pueden ser reveladas a medida que perdonáis setenta veces siete, y sobre cómo hacer surgir en vuestro interior aquello que aún no ha sido perdonado, sino quizá olvidado. Queremos hablar también, en esta hora, de qué es la *percepción* y de qué es la *proyección*.

Queridos amigos, estas cosas son de *vital* mportancia. Pues cualquiera que entre en lo que se llama "un camino espiritual", finalmente debe afrontar y lidiar con su profunda necesidad de perdón, que es una expresión del profundo deseo del alma de ser perdonada. Pues no hay nadie que camine por este plano que no haya sido tocado por el *veneno* del *juicio*.

Queridos amigos, no obstante, mientras hablamos de estas cosas, no obstante, no permitáis que la seriedad penetre en vuestra mente. Pues, en Verdad, todo lo que estamos haciendo en realidad es describir para vosotros lo que necesitáis hacer, y podéis hacer, para poderos liberar de la carga de ilusión que parece dibujar un pesar en vuestro rostro, una sensación de no estar a salvo en el mundo. Podríais pensar en esto como si se empleara algún tipo de mando de control que, al girarlo un poco, *os ilumina*, llevándose vuestra carga de culpa y juicio.

Por lo tanto, en Verdad, comprende bien que el *perdón es esencial.* Y lo que no ha sido perdonado en otros, no ha sido perdonado en ti —y no por un Dios que esté fuera de ti, sentado en su trono, pues el Padre nunca juzga—. Lo que no has perdonado en otro o en el mundo no es sino un reflejo de lo que tú llevas *dentro* como carga que no puedes perdonarte a *ti mismo*.

Tienes un dicho interesante en tu mundo:

Quien lo dice, lo es. Hay que serlo par reconocerlo.

¿Crees que podrías ser siquiera capaz de juzgar a otro si no se despertara algo dentro de ti que dispara en ti la creencia de que sabes exactamente lo que el otro tiene entre manos? Y por eso es por lo que les juzgas. Y algunas veces juzgas tan duramente porque tienes miedo de esa misma energía que hay dentro de ti mismo, o porque recuerdas el dolor que has sentido cuando has actuado desde esa energía.

Mas, cuando te hayas perdonado a ti mismo, ten por seguro que sabrás lo que significa caminar *en* este mundo y, sin embargo, no ser *de* este mundo. Serás capaz de sentir la energía o las actividades que cualquier otra alma pudiera libremente elegir. Y distinguirás esa energía, comprenderás esa energía, verás a través de ella, y no obstante verás el Rostro de Cristo ante ti. No *reaccionarás*, lo cual significa "actuar otra vez tal y como lo hiciste en el pasado". En vez de eso, e incluso si estás siendo perseguido, oprimido (o, por hablar de una experiencia personal, clavado en una cruz), habrás cultivado la capacidad de amar.

Y en todas las situaciones, sin importar lo que otro ser esté haciendo, tu primera respuesta será entrar en la callada calma de tu interior, y meramente preguntarle al Espíritu Santo,

¿Qué deseas que diga?
¿Qué es más apropiado para esta alma en este momento?

Pues cuando el perdón haya purificado la mente y el corazón, y el campo emocional de tu propio ser, descubrirás que existes solo para extender Amor.

Tú eres el Salvador del mundo. Y en toda situación tu papel es preguntarle al Espíritu Santo cómo puedes servir a la Reconciliación, a la Expiación, a la corrección, a la sanación que aún necesita ser obtenida dentro de otra alma. Entonces, incluso si alguien te odia, no responderás a la defensiva, sino con curiosidad, atestiguando inocentemente. E incluso si tus manos se ven atravesadas por clavos, te aseguro que realmente es posible entrar en el calmado santuario del Corazón, y preguntarle al Espíritu Santo:

¿Qué quieres que diga o haga que pueda servir para sanar el corazón de
mi hermano o mi hermana?

Así pues, ahí es adonde vamos. Y todo lo que compartiremos contigo, no solo en esta hora sino durante este año, tiene como meta final tu *Consciencia Crística* completa, la realización de lo que tu propia alma desea: el *perdón*.

En primer lugar, no hay nada de lo que puedas percartarte, en la energía de otro ser, que tú no hayas conocido en ti mismo. No hay nada que otro pueda decir o hacer, o incluso imaginar que dice o hace, que tú no hayas conocido tú también. Insisto: quien lo dice, lo es; se necesita serlo para reconocerlo. Y cuando percibes que otro actúa con hostilidad, o con miedo, o con lo que sea, de la única manera en que puedes reconocerlo así es porque *tú ya has estado ahí*.

El mismo hecho de que en tu mundo, se pueda matar el cuerpo de otro y podáis reaccionar sabiendo que es un comportamiento inapropiado, es porque, como alma, ya conoces las energías involucradas en tratar de asesinar a otro. Y, en Verdad, si sois honestos con vosotros mismos, probablemente se os ocurran al menos cincuenta ocasiones en este último año en las que alojasteis pensamientos asesinos en vuestras mentes. Puede que no los llevarais a cabo, o incluso que no permanecierais con ellos más de un segundo, pero la energía ha entrado al campo de vuestra consciencia y la habéis reconocido y aceptado. ¿Quién es pues menos que tú? ¿Quién es entonces merecedor de tu juicio? Nadie. ¿Quién es igual que tú? Todos. ¿Y quién es, entonces, digno de tu amor? Todos.

El perdón es el puente que te une al alma, a la esencia de tu hermano o hermana. El perdón es ese puente que, cuando se cultiva, te permite ver claramente no solo las energías que otro esté expresando, sino que te permite literalmente ser capaz de ver qué eventos parecieron cultivar en esa alma la creencia de que ella debía actuar así para poder sobrevivir, para vivir –qué percepciones le han conducido a sentirse justificada en sus comportamientos inapropiados–. Y lo verás tan claramente que es como si alguien dibujara una imagen delante de ti. Y entonces sabrás hábilmente qué decir y qué hacer para ayudar amablemente a los demás a corregir sus falsas percepciones sobre sí mismos, y aprender el camino del autoperdón. Y cuando momento llegue, ten por seguro que caminarás por este mundo aunque no obstante sin ser de él. Te convertirás en lo que yo me convertí, en el Salvador del mundo.

¿Qué es la *proyección*? La proyección tiene lugar cuando primero ha habido negación en tu interior. La proyección es un acto en el que, psíquicamente, intentas deshacerte de tu responsabilidad sobre todo aquello que has juzgado como despreciable o indigno de ti, como algo que no deseas. Y así, lo *proyectarás*. Lo lanzarás hacia arriba y hacia fuera y dejarás que le caiga encima a quien sea que esté más cerca. La proyección es el *efecto* de la negación del primer axioma que te hemos dado. Es la negación de la Verdad de que no hay nada de lo que experimentas que haya sido causado por algo externo a ti. La proyección es entonces el intento de seguir *insistiendo* en que la realidad es distinta de la manera en que Dios la hizo; es *insistir* en que no eres poderoso, en que eres una víctima de las circunstancias, que estás en un mundo que te puede hacer algo, y te puede hacer tomar decisiones— puede causar que tomes decisiones— que, de no ser así, no habrías tomado. Eso es siempre negación, y es una mentira.

La proyección es la negación del primer axioma de la Verdad. Y la has dominado muy bien. Cuando proyectes en otro, creerás que tu ira, tu odio, están justificados. Ten por seguro que existen muchos en tu sistema legal... y, de hecho, que el sistema legal en sí mismo conlleva meramente tomar el acto de proyectar y la necesidad de juzgar, y hacer que sean cosas socialmente aceptables, de modo que no tengas que preocuparte por es "otro" como alguien que en realidad es un hermano, o una hermana que ha estado en realidad clamando por ayuda. Y en vez de eso, justificas su castigo. No obstante, el castigo en sí mismo solo es el loco intento de convencer al castigador de que la oscuridad, de que el mal –o como lo quieras llamar– no está en él, sino *ahí fuera*.

Imagina entonces una sociedad donde la visión legal prevaleciente fuera simplemente que tu hermano o hermana es un aspecto de ti. Y, si quieres ayudarte a ti mismo, debes ayudarles a ellos – afrontando con perdón, amor y apoyo cada petición de ayuda y de sanación–. ¿Puedes imaginar, por un momento, cómo sería vivir en una sociedad así? ¿Cuán diferente sería del mundo que ves?

Y no obstante, si quieres que esas cosas sean diferentes, debes comenzar *por ti*. Pues la manera de sanar el mundo no es ir buscando cambiar lo que está *fuera*, sino cambiar primero lo que está *dentro*. Pues cuando *este* cambio haya sucedido te convertirás en un canal para una energía que sabe cómo usar tus dones, que sabe colocarte justo en las situaciones adecuadas. Y a través de ti operará efectivamente un gran Poder: el Poder que es el único Que sabe cómo sanar tu mundo. De hecho hay muchos a quienes les encantaría marchar en favor de la paz atacando airadamente a los que hacen la guerra. Pero si quieres crear paz en el mundo, debes estar en paz dentro de ti mismo.

Entonces, la proyección es el acto de intentar librarte de aquello de lo que no quieres responsabilizarte. Es el *efecto* de la negación de la Verdad. La proyección colorea a tu hermanoo hermana con las mismas energías que juzgarías en ti mismo. ¿Cómo comenzar entonces a quebrar el patrón de la proyección? ¿Cómo permitir entonces que se construya el puente del perdón? Es bastante simple en realidad, pero *requerirá* de tu *compromiso*.

Te he dicho muchas veces que el mundo que ves no es nada más que el efecto de los pensamientos que has albergado en la mente. Por lo tanto, el despertar requiere actuar con *vigilancia* y *disciplina* :la disciplina de cultivar una manera de vivir en la que observas tus propios pensamientos, escuchas las palabras que salen de tu boca, observas los sentimientos que son evocados en tu cuerpo, la cualidad reactiva que parece adueñarse de ti, y contemplas todo eso como cosas *inocentes y provocadas por ti mismo*.

Entonces,la próxima vez que el mundo te refleje algo que te cause enfado o que te haga juzgar, detente justo donde estés y contempla tu juicio, pero no con más juicio, sino con inocencia y honestidad:

Oh, veo que estoy juzgando a alguien. Es una nube interesante que pasa a través del cielo de mi consciencia. Me pregunto si sería capaz de hacer otra elección.

Ahora, la mente te dirá:

Pero esta persona acaba de entrar en mi casa y me robó el equipo de música. ¡Por supuesto que tengo derecho a juzgar! Tengo derecho a sentirme enfadado.

Mas,os digo que la ira nunca está justificada. Esto no significa que no vayas a experimentarla, pero deja de engañarte creyendo que tiene algún valor. ¿Qué sucede con aquel que acaba de entrar a robarte el equipo de música o lo que sea que tengas (algún otro ídolo que ames... mmm), qué sucede con él si entendieras que ,en ese momento,tenías el poder de recordar que todos los eventos son neutros? Ellos simplemente te brindan la oportunidad de elegir Amor.

¿Qué pasaría si literalmente escogieras la "loca" vía –"loca" para el mundo– de contemplar a quien acaba de hacer eso como un hermano o una hermana que clama por ayuda y sanación, uno que no sabe cómo vivir en este mundo sin ser del mundo, que no reconoce la manera de perdonarse, que no sigue el camino del auto-perdón, queno conoce la Verdad de la Luz que vive en él, que no reconoce su gran poder para poder crear lo que sea que quiera de tal manera que no dañe a nadie – contemplándolo con compasión antes que de forma reactiva–?

Esto comienza de una forma muy simple. Y para preparar el escenario quiero que realmente recuerdes que el tiempo se te ha dado para que lo puedas emplear *constructivamente*. Eso significa que cuando te despiertas por la mañana comprendes que ya estás en la escuela; que no tienes que ir a ningún lado, que ya estás ahí. Y que el universo se está literalmente confabulando para ayudarte a tener experiencias que te brinden cosas que puedas elegir contemplar de forma diferente; y de es modo, poder descubrir el gran poder que está dentro de ti, la libertad que tienes dentro de ti, para elegir lo que quieres percibir, para suscitar solo lo que quieres sentir. Así pues, insisto, de modo que incluso si hubiera clavos atravesando tus manos, finalmente eres liberado en el poder de elegir Amor, y por tanto, de vencer a este mundo.

Dicho esto, entiende entonces que cada uno de tus días es una bendición y un regalo *si* lo empleas en un compromiso pleno con el despertar. Tu día está repleto de un millón de oportunidades para descubrir una Verdad más profunda. Por lo tanto, nunca sientas que el propósito de tu vida debe conllevar algo distinto de aquello en lo que te encuentras. Pues recuerda lo que dijimos antes: estás literalmente creando todo lo que eliges, y no se te está imponiendo nada.

Y ahora vamos a tomar ese pensamiento y profundizarlo un poco más en él por un momento, porque significa literalmente que, si has decidido que quieres despertar, ya has atraído hacia ti mismo las experiencias que realmente puedan servirte mejor para ello. E igualmente, los amigos, y la familia, las personas con las que te relacionas, son las que más pueden beneficiarse de las experiencias que surjan a través de vuestras relaciones. Significa que, justo aquí, y justo ahora, ya estás manifestando el poder que buscas :el de verdaderamente elegir despertar, y el de ordenar a toda la Creación que te sirva en ese despertar.

Por lo tanto, cuando te despiertes cada mañana mira a tu alrededor. ¿Quién es esa persona que está durmiendo a tu lado? Es tu compañero perfecto. Es un mensajero de Dios. Y lo que hay,justo detrás de todo eso— debido a que tu mente descansa junto a la Mente de Dios— es el hecho de que, cuando al principio dijiste como alma, "quiero despertar, quiero ir a casa", el Padre respondió a tu oración y comenzó a enviarte cierto pensamiento a tu mente consciente,a través de tu espíritu y de tu alma:

Sé cómo dirigirte a casa. Abandona esta carrera y comienza esta otra.
Múdate de este lugar a ese otro.

Y comenzaste a sentir todo tipo de impulsos. Empezaste a leer diferentes libros, a hacer diferentes cosas. Conociste a alguien y te enamoraste. ¿Todo ello fue por accidente? ¡Ni hablar!

Entonces, ese mismo pensamiento que reivindicarías como tuyo propio, a partir del cual has creado el mundo de tu propia experiencia personal, es también, literalmente, el *resultado* de tu ruego para despertar. Y el Padre está creando – asistiéndote para crear– justo esas experiencias que, peldaño a peldaño, te llevan desde donde estás a donde Dios está. El resultado es que tu vida ordinaria es el ashram más perfecto en el que puedas estar alguna vez. Es la Ciudad Santa hacia la cual es sensato *peregrinar* a diario, lo cual significa llevar discernimiento y compromiso precisamente a lo que estés experimentando, y agradecerlo, bendecirlo, acogerlo, estar vigilante, ser plenamente consciente:

¿Qué me está enseñando este momento?

Entonces, habiendo dado esto, entonces, como trasfondo y fundamento, recuerda que no experimentas nada que pueda llamarse "momento ordinario". En todos y cada uno de los momentos suceden cosas *extraordinarias*. Ocurren cosas extraordinarias en las cuales todo el Universo está *conspirando* –lo que significa "respirar conjuntamente"– para despertarte, para sanarte. ¡Confía en él! ¡Ámalo! Que esas cosas sean ciertas –y te aseguro que lo son– significa que *tu vida*, la misma vida que estás viviendo, es *igual* en poder, majestad y eficacia a cualquier otra que haya sido vivida. Eso significa que *tu vida misma es igual a la que yo viví*. Pues es una vida de regreso al hogar, tal y como mi vida fue mi camino de regreso a Dios.

Y así, para ampliar lo que dijimos antes, el tercer axioma o principio podría encapsularse de esta manera:

> *No vivo momentos ordinarios. Con cada respiración, mis experiencias son los peldaños que Dios pone ante mi para guiarme hacia casa. Por lo tanto, llevaré discernimiento a cada momento y permitiré que me enseñe cómo perdonar, cómo acoger, cómo abrazar, cómo amar y, por tanto, cómo vivir plenamente.*

En tus momentos ordinarios, mil veces cada día, te ves confrontado con oportunidades para sentirte molesto [*risas*] ¡mmm! Y en ese mismo instante, te estás viendo agraciado con la bendición de la oportunidad de elegir paz, de recordar cultivar una percepción de tu hermano o hermana que sea concebida a partir de la Mente Crística, y no de la mente egoica. Entonces,el perdón se puede practicar con diligencia. Y no necesitarás mirar demasiado lejos. No necesitarás peregrinar a ninguna ciudad lejana. Para descubrir la vía hacia Dios no necesitas sentarte en una cueva en algunas montañas por ahí. Está por todo a tu alrededor, pues solamente puedes estar allá donde hayas decretado estar. Y has decretado estar ahí porque tú, como alma, realmente no deseas nada más que despertar. Y tu vida, tu vida exactamente tal y como se está desplegándo a cada momento, ha sido dispuesta así para ti.

Si esto es cierto, y te aseguro que lo es, la vía hacia Dios solo puede ser encontrada en tu disposición a abrazar y a vivir *plenamente* precisamente la vida que está en ti, la que se despliega a través de ti en cada momento.

Vivir sin miedo, avanzar,confiar realmente... abrazar el mismísimo poder y majestad que es la *semilla*, el *suelo*, la *base*, desde la cual está creciendo la experiencia de tu vida. ¡Es precioso! ¡Es extraordinario! ¡Es bendito! ¡Y es algo que os es otorgado por Dios! ¿No querrías abrazar la bendición de tu vida y santificarla para así mantenerla sagrada, y para realmente marcar límites y reconocer que tu vida es digna de tu respeto? No importa lo que los demás piensen. Solo importa lo que *tú* pienses.

¡Queridos amigos, vuestra vida –*vuestra vida*– es vuestro camino a casa! Si no la vivís plenamente, ¿cómo vais a regresar algún día a casa? Por lo tanto, no temáis vuestra grandeza. No temáis al poder que proviene de abrazar vuestra vida y reclamar su valor. ¡Vividla *plenamente* con cadaretazo de *pasión* que podáis reunir! ¡Abrazad cada segundo! Cada vez que laves el plato y la taza tras desayunar, contempla esas cosas y di:

> *¡Dios mío! ¡Esta es mi vida! ¡Es mi camino de vuelta a casa!*
> *¡Y voy a vivirlo!*

Ciertamente, apreciados amigos, en esta vía, os llegaréis a perdonar los juicios que habéis hecho. Pues quiénes de entre vosotros no habéis conocido esa sensación...cuando decís:

> *Dios, mi vida no vale mucho. Nunca seré como fulano de tal,que vive*
> *ahí mismo. Y nunca tendré suficiente dinero. Y no me conocerá suficiente*
> *gente. Y, mi trabajo ¿cuándo será tan importante como el de aquella*
> *persona?*

...etc. etc. etc.

Pero te aseguro que cada vez que te juzgas a ti mismo, te has *debilitado* a ti mismo. Cada vez que te has juzgado a ti mismo o a otros, te has deslizado hacia abajo por la montaña otro nivel más, cuando tu deseo es estar en la cima.

Una vez comprendido esto, vamos entonces a mirar más de cerca el perdón. ¿Cómo funciona? ¿Qué ocurre realmente cuando perdonas? *Eres un canal de energía*. En el grado en el que este canal esté en perfecto estado de funcionamiento, la energía puede fluir tan radiante que el canal se vuelve realmente *transparente*. Es decir, ya no está bloqueado. No hay barreras ni límites para la Luz. Cuando juzgas, es como si se acumulara óxido en tus tuberías. . Y el flujo se vuelve cada vez menor. A medida que perdonas los juicios, es como si el óxido se fuera disolviendo en las tuberías. Es como si las paredes de la tubería, que transportan el líquido del Amor de Dios, comenzaran a expandirse y se hicieran cada vez más delgadas y transparentes. El juicio es contracción. El perdón es relajación y paz, confianza y fe.

El perdón permite que crezca la espaciosidad en tu consciencia. Pues cuando contemplas al ladrón que irrumpió en tu casa y dices "te perdono", estás decretando lo contrario de lo que has aprendido. Estás decretando que nada valioso te puede ser arrebatado. Estás decretando que el juicio es lo contrario de lo que tú quieres, y que hará que te sientas de manera opuesta a como te quieres sentir. Estás decretando tu poder de percibir de forma diferente. Por lo tanto, te estás *sanando*.

Y si alguna vez deseas volver a casa, vas a tener que convertirte en alguien muy, muy *divinamente egoísta*. Vas a tener que volverte tan egoísta que *no tolerarás el juicio en ti mismo* —de nada ni de nadie—. Pues comenzarás a reconocer que cada pequeño acto de juicio te catapulta justo a ese lado del Universo que es el opuesto a aquel en el que quieres estar. Provoca que tu misma estructura celular (si pudieras ver esto, nunca volverías a juzgar)...cuando juzgas... hasta las células de tu cuerpo se vuelvan locas. Vibran de una manera completamente disonante. Y se da una contracción. Los fluidos no se desplazan a través de ellas. Los nutrientes no llegan a las células. La materia de desecho no es procesada correctamente. Todo se atasca y tiene lugar la enfermedad.

Por tanto, mis amados amigos, entended bien que el juicio no es algo para tomarse a la ligera. ¿Deberías entonces juzgarte a ti mismo si notaras que estás juzgando? No. Eso también es de por sí un juicio. Solo el Amor puede sanar. Por lo tanto,cuando reconoces que has juzgado, di:

¡Ah, sí! Es esa energía. Reconozco esa nube que acaba de atravesar el campo de mi discernimiento. Pero puedo elegir de nuevo.

Entonces, ¿cómo funciona esto? Si en tu vida ordinaria —que ahora sabemos que no es para nada ordinaria— detectas que has estado juzgando a alguien o algo, reconoce que ese juicio todavía está en ti. Es algo presente, sin importar si lo has hecho hace cinco minutos, hace cincuenta y cinco años, o hace diez vidas atrás. Cuando lo notes, o cuando lleves discernimiento hacia él, lo habrás convertido en algo muy presente. Entonces, ahí está, justo ante ti para ser deshecho. Y en lo que necesitas enfocarte es en esto:

Voy a elegir de nuevo.

¿Conoces la experiencia de mirar atrás en tu vida y ver repentinamente una escena en la cual *ahora* tú sabes que te comportaste egoístamente, desde el ego, que fuiste manipulador, malicioso o dañino? O bien, reconoces:

Dios mío, estaba realmente juzgando a aquella persona.
¡Ah! ¡Oh! Si tan solo pudiera volver atrás y deshacerlo.

¿Conoces ese sentimiento? Te digo que sí, sí *puedes* volver, porque todo está *presente.* No hay tal cosa como un pasado o un futuro, sino solo *ahora.* Entonces, cuando tienes ese pensamiento o ese recuerdo, te llega por *una razón muy específica.* Como alma, estás aprendiendo sobre el perdón y sobre cómo deshacer los efectos de tus elecciones previas. Así pues, se te está presentando de nuevo ante ti para que puedas hacer una nueva elección.

Entonces, cuando llegue ese viejo recuerdo, quédate con él. Obsérvalo. Admite como estaba operando el juicio en ese momento. Y entonces dile a esa persona o a ese evento:

No te juzgo. Extiendo el perdón hacia mí mismo por lo que he creado.
Te abrazo, te acepto... y te amo. Y te libero para que seas tú mismo. Y te
bendigo con la Bendición de Cristo.

Entonces, mira cómo esa imagen o ese recuerdo comienza suavemente a disolverse en la Luz, hasta que no queda ni rastro. Y se acaba. Y de inmediatamente la mente dice:

Bueno, sí, pero cuando pateé a ese niño pequeño en la espinilla cuando
tenía cuatro años, solo para ver cómo gritaba.. él no está aquí.

¿Ah no? El *cuerpo* no está aquí, vale;pero el cuerpo no es en absoluto el alma. Y todas las mentes están *unidas.* Eso significa que cuando extiendes el perdón hacia otro en la consciencia, en tu campo emocional, ya sea que esté físicamente presente o no lo esté, le *estás* extendiendo exactamente lo mismo que le podrías extender si estuviera físicamente ante ti. Pues ya ves que, aunque estuviera ahí delante, esa persona aún tendría que aceptarlo, ¿no es así? Aún tendría que tomar *su* propia decisión:si acepta tu perdón, o si *te* sigue juzgando. Pero ese es su problema, no el tuyo.

Entiende entonces que estás tratando con la *consciencia.* No eres un ser físico, eres Espíritu. Y estás íntimamente vinculado a todas las mentes y a todos los tiempos. Por lo tanto, el perdón hacia otro puede suceder en cualquier momento en que decidas que así sea. En este mismo instante,cualquiera que hayas creído que alguna vez te ha hecho algún tipo de daño puede ser perdonado por ti en este mismo instante. En cualquier momento en el que hayas juzgado a otro, y que por tanto te hayas juzgado a ti mismo, puedes deshacerlo, en el momento presente mismo, *simplemente haciendo una elección diferente.*

Ten por seguro que continuarás proyectando sobre otros lo que aún te quede por sanar, sin perdonar, dentro de ti. Cada vez que reaccionas ante otro se te está dando una señal de que te está siendo presentada algún tipo de enrgía ante tu consciencia, y que no has perdonado en tu interior. Si alguien es crítico y cada vez que lo es te altera, ten por seguro que no has sanado esa parte en tu propio ser —esa parte de tu propia experiencia de criticar a los demás—. Ya sea que esté ocurriendo ahora, o si parece ser un patrón que has interrumpido y que ya no tienes, tú aún no te has *perdonado* por haberte identificado con esa energía.

Emplea pues tu experiencia ordinaria de cada día para observar qué es lo que te altera. Y si quieres mantenerte con ello —y ahora mismo te daremos una técnica simple para hacerlo—, si puedes mantenerte con ello, te revelará las energías que necesitan tu perdón.

La técnica es muy simple. A medida que transcurre tu día, observa cuándo te sientes como si estuvieras contraído. ¿Están tensos los músculos del cuerpo? ¿La respiración es muy poco profunda? Cuando hablas acerca de alguna energía de alguna persona... ¿tu voz se acelera o sube de volumen? Esto significa que necesitas realizar sanación en ti mismo. Cuando reconoces que se dan este tipo de signos en ti —en otras palabras, que la vida te ha presentado una oportunidad para alterarte— quiere decir que hay algo que requiere sanación.

Entonces, la alteración que sientes, tómatela como una bendición. No dirijas tu foco de consciencia hacia aquello que crees que te está provocando la perturbación, y recuerda el primer axioma:

Soy la fuente de mi experiencia. Me siento alterado... ¿qué hay en mí que necesite ser sanado?

Comienza a respirar rítmica y profundamente con el cuerpo. Permite que este se relaje, se tranquilice, y pregunta:

¿Qué hay en la energía de esta persona que realmente me está sacando de quicio?

Y lo verás inmediatamente:

Oh, es un criticón. Y esto me saca de quicio.
¿Cuándo habré sido yo criticón con otros?

Y bien, enseguida vas a verlo, y dirás:

Bien, ahora estoy siendo crítico porque ellos lo son.

O también, si estás juzgándoles, te pueden llegar recuerdos, recuerdos desagradables. Permite que lleguen. Continúa relajándote y respirando. Contempla esa energía de ser crítico. *Hónrala, ámala,* porque es una creación. Son tus creaciones que regresan a ti, y que debes *abrazar y transformar.* Y, siguiendo con el ejemplo, simplemente mantente con ello, contémplalo:

¡Ah, sí! Ser un criticón. Ciertamente... yo lo puedo ser.
Lo he sido en el pasado; conozco muy bien esa energía.

Contempla una escena en tu memoria en la que *tú* hayas sido el criticón. Mírala con profunda honestidad y sinceridad, y di para ti mismo:

Me perdono por ser así.
Me perdono por mis propios juicios.
Elijo enseñar solo Amor.

Y observa cómo desaparece esa imagen de tu mente, cómo se disuelve. Y lleva tu mente al momento presente, hacia esa persona que te acaba de poner de los nervios. Y nuevamente, no necesitas decirle nada en absoluto, aunque podrías hacerlo. Sino que, en tu interior, perdónale por permitir que la energía de ser criticón se aloje temporalmente en su mente. Y simplemente pídele al Espíritu Santo que reemplace tu percepción con la Verdad. Pide ver la Luz inocente en él.

A medida que cultives esto, te harás muy hábil en ello. Podrás hacerlo así de rápido [*chasquido de dedos*]. Y una vez que comiences a ver la Luz en ellos, puedes preguntarle al Espíritu Santo:

¿Qué está ocultando esta energía en ellos? ¿Qué es lo que están pidiendo realmente?

Y entonces, sentirás compasión. Pues te será revelado por qué están heridos dentro. Y, de pronto, en vez de reaccionar ante ellos, simplemente podrás ser compasivo. Las palabras que elijas, tu propio comportamiento, podrían volverse muy diferentes, más de lo que nunca hubieras imaginado. Y además, *a través de ti* se canalizará exactamente lo que *les* sirva.

Cuando fui clavado a la cruz, hubo alguien que realmente tuvo que alzar el mazo para clavar el clavo. Y conforme lo alzaba, sus ojos se encontraron con los míos por un solo instante. E hice precisamente lo que te he descrito. Primero recordé —y en aquel entonces ya era todo un maestro haciendo esto, de modo que todo transcurrió muy rápidamente— Y pregunté lo siguiente:

¿Cuándo habré deseado yo atravesar a alguien con un clavo?

Y recordé mis pensamientos asesinos. Me perdoné a mí mismo y llevé mi atención de vuelta a aquel que me clavaba, y pedí ver solo la Luz en él. Y también pregunté:

¿Qué me está reflejando esta acción?
¿Qué está enmascarando eso en su interior?

Y vi su alma, y amé su alma. Y sentí compasión por él. Y en ese momento – toma nota de mis palabras– en ese mismo instante de contacto con los ojos, ¡esa persona lo comprendió!

Como mi energía era diferente, se creó el espacio en el que esa alma pudiera hacer una nueva elección. Y esa alma, de repente, vio toda su experiencia, y se dio cuenta de que si dejaba que ese mazo empujara el clavo, eso equivaldría a tomar la decisión de continuar siendo un mero esclavo de la percepción de otras personas. Y, en ese mismo instante, decidió seguir un camino que le llevó a una maestría soberana, y nunca más volvió a ser el peón de ningún gobierno, grupo ni facción... ni de cualquier persona. Tiró el mazo –era un soldado romano–, se rebeló, se dio la vuelta y desapareció.

Esta persona se fue para convertirse en un Maestro que hoy conocen literalmente miles de seres. No existe en forma física; visita a muchos, enseña a muchos. Realmente encarnó la perfecta maestría, y, por tanto, trascendió el mundo. Y todo ello comenzó a resultas de *mi* deseo de enseñar solo Amor. Y ahora tenemos una muy buena amistad.

Así es que ya ves, no puedes saber cuán poderosa va a ser tu apuesta por la sanación. No puedes realmente ver cómo de seria y profundamente te afectará, mientras te diriges hacia ser un creador –y a continuar siéndolo para siempre–. Y jamás podrías saber qué frutos nacerán de ese árbol en la vida de otro ser. Mas, debido a que todas las mentes están unidas, cuando *tú* eliges sanación mediante el perdón, literalmente creas el espacio en el cual el *otro* también puede sanar su vida.

No permitas, entonces, que desperdicie ningún momento. No consideres nada como algo ordinario. Y no contemples las percepciones que el mundo te enseña como algo justificable dentro de ti mismo. Sino que comprométete plenamente a desarraigar y a extirpar de tu ser *todo* lo que no se asemeje al Amor de Cristo. No creas que yo soy el único que puede amar así –eso no es cierto–. Estás aquí para amar tal y como yo aprendí a amar. ¿Por qué? Porque tú *eres* ese Amor. Y todo lo demás no es más que una cortina de humo.

El perdón es *necesario*. El perdón es una habilidad y un arte que te dará una gratificación tras otra, y tras otra... y tras otra más. Nunca dejará de rendirte rentas. Cada momento en el que eliges perdonar, ¡te has ahorrado literalmente un millar de años de sufrimiento! ¡Vaya! Y digo esto todo lo literalmente que se puede decir. En pocas palabras, cada acto de perdón es un milagro que acorta la necesidad de tener más experiencias dentro de esta dimensión. Y cuando te encuentras en una situación que crees que es demasiado grande, ten por seguro que si eso es así es porque algo grande ha llegado finalmente a la superficie para poder ser sanado en ti, y de tal modo que a través de ti, por fin, pueda brillar un mayor poder, puesto que has alcanzado un punto en el que ya estás preparado para ello. Hay más Cristo que puede ser vivido.

Es muy, muy importante permitir que cada día se baste a sí mismo. Esto es, que cuando tu día acabe, siempre *acábalo* de verdad. Y no hagas cuatro horas de ritual. Puedes hacerlo en un suspiro. A medida que haces una honda inspiración y reposas tu cabeza sobre la almohada, contempla el día entero, abrázalo con tu consciencia y a medida que permitas que el aire salga, di dentro de tu consciencia:

Libero y perdono este día. Ha sido perfecto, y se terminó.

Déjalo ir, simplemente déjalo ir. ¿Por qué? Porque si no, lo llevarás de nuevo contigo. ¿Conoces esa experiencia? Y tres semanas más tarde dirás:

Oh, cielos, ¿por qué tomé esa decisión tres semanas atrás?
Si tan solo hubiera tomado una diferente, esto no hubiera sucedido y
aquello otro tampoco.

Eso será probablemente cierto. Pero el asunto que importa ahora es que, tres semanas más tarde, aún te estás provocando dolor de cabeza al traer el pasado hasta ti. Y te pierdes la gloria del presente. Todos habéis oído esto miles de veces, porque es la Verdad.

La consciencia es una cosa muy sutil y poderosa. *No puedes hacer otra cosa que crear.* Recuerda la meta de este año, que es aprender a crear *deliberadamente* con perfecta maestría. Por tanto, contempla las cosas del día y di:

Es muy bueno. Y ha acabado.

Cada noche, permítete– al dejar reposar tu cabeza sobre la almohada y al reconocer que vas a apagarte para dormir– ser precisamente tal y como Dios fue en ese relato, en tu relato bíblico de la creación, en el cual está escrito que en el séptimo día descansó. En el relato, Dios ya había terminado, en cierto sentido. Y proporciónate esa misma cualidad al final de cada día. Si estás llevando en ti cierto tipo de reacción emocional porque alguien dijo o hizo algo, lo que sea, o porque tú dijiste o hiciste algo... *practica el perdón* antes de dormir. Pues si no lo haces seguirás experimentando esas energías conflictivas en tus estados dentro del sueño. Y la comunicación que hay entre tú y ese otro ser que no ha sido aún perdonado, te mantendrá en el mismo estado hasta que el perdón sea completado en ti.

Espero que esto tenga sentido para ti, pues es *muy* importante. El tiempo nunca debe ser tomado nunca a la ligera. Juega con él, sí, pero juega desde la *consciencia,* desde la *claridad,* desde el reconocimiento de que no hay ningún *pensamiento fútil.* Cada pensamiento crea un mundo de experiencia para ti. Y mereces experimentar el Cielo.

Tendremos mucho más que decir sobre el perdón a medida que comenzamos a sumergirnos en las profundidades de lo que es descubierto conforme lo practicas setenta veces siete. Él te lleva más y más adentro, hacia la propia mecánica de la consciencia misma —hacia la mecánica misma de la creación—. El perdón, sí, colócalo en la primera línea de tu lista, hasta que reconozcas perfectamente lo perdonado que estás. Mantente pues vigilante frente a la negación que está todavía necesitando del perdón en tu interior. Porque aquello que niegues, lo proyectarás. Y cada proyección es un acto dañino contra ti mismo. También contra el otro, por supuesto, pero igualmente contra ti mismo.

¡Así es! Dejaremos que con esto baste por hoy. En esta hora hemos dicho muchas cosas que precisan ser escuchadas de nuevo, y otra vez de nuevo, de tal manera que la consciencia comience a captar realmente lo *importante* y lo *poderoso* que es el perdón. Llegarás a habitar en un espacio en el que vas a *deleitarte* absolutamente, a través de tu día, expresando perdón, como si fuera una onda que se emite por sí misma desde el océano de tu consciencia, incluso aunque nadie esté haciendo nada. El perdón se convierte,de por sí, en una deliciosa energía en la cual vivir.

Por lo tanto, realmente, queridos amigos, perdonaos bien *a vosotros mismos*, y habréis perdonado a Cristo. Y cuando Cristo sea perdonado, Cristo surgirá y hará Su hogar en vuestro corazón y en vuestra mente, e incluso en las células de vuestro cuerpo. Y sabréis lo que significa caminar por este mundo, mas sin ser del mundo. Y cuando os miréis en el espejo, diréis:

Contempla, he aquí el Salvador.

No será la arrogancia egoica quien lo dice, sino el reconocimiento de lo que es verdad siempre:

Soy el Hijo de mi Padre, y he sido enviado a este mundo para brindarle la Luz.

¡Así es! Estad, por lo tanto, en paz. Practicad bien el perdón hasta que se vuelva como respirar. Y descubriréis un poder que no sabíais que podía existir, y una libertad cuyo sabor es más dulce que el de la miel.

Os perdono [*risas*[20]]. No porque os haya juzgado, sino porque conozco la *bendición* que el perdón me brinda a *mí*. El perdón es algo que perfeccioné como hombre. Perfeccionadlo igualmente en vosotros mismos, y conoceréis la Gloria de Cristo.

Estad por tanto en paz,
amados amigos.

Amén.

Lección 4

Ahora, comenzamos[21] ,

Y una vez más, saludos a vosotros mis queridos y santos amigos. Una vez más acudimos con una gran dicha para estar con vosotros de esta manera. Vengo con mis amigos, con una gran dicha, para estar aquí en esta hora. Y camino con vosotros con gran dicha por el camino que habéis elegido. Pues, en Verdad, no hay ningún momento en que yo no esté con vosotros. No hay lugar al que podáis ir donde no podáis descubrir mi presencia.

Solo la realidad puede ser verdadera. Y la realidad es simple: Solo existe la simplicidad del Amor. Y desde ese océano nacen una multitud de formas, de mundos, de creaciones, de las cuales vosotros sois una. Y como olas que surgen del mar, esas creaciones siguen eternamente enlazadas a su Creador. Sois una ola surgiendo del Océano Infinito del Amor, que es la presencia de Dios. Yo soy una ola que ha surgido del océano de la Santa Mente de mi Padre. Y aunque dos olas parezcan separadas por eso que es llamado "tiempo" –incluso por dos mil de vuestros años–, sin embargo, en Verdad, cuando son vistas desde una perspectiva mucho más amplia, esas olas han surgido simultáneamente de la superficie del Océano. Surgen exactamente con el mismo propósito: Expresar la simplicidad, y la inocencia, y la belleza, la creatividad, la verdad y la realidad del Océano Mismo.

Y las olas se deleitan al expresar lo que parece ser una individualidad única. Y, no obstante, portan el carácter común de estar hechas de la misma sustancia y de estar en realidad gobernadas por las mismas Leyes de la Creación. Pues ellas no conocen el momento de su surgimiento, ya que solo la ignota Profundidad del Océano puede saber el momento en el que elige hacer brotar y crear la expresión de la ola. El poder no visto, sino oculto en la Profundidad del Océano, se levanta para conformar esa ola, y la mantiene a través de la duración de su expresión. Y desde la Profundidad de ese Océano es desde donde se decide cuándo esa ola retornará al mar. ¿Significará esto que desaparece? Solo desde cierta perspectiva. Mas, en realidad, la propia sustancia que se hizo manifiesta no ha conocido realmente ni el nacimiento ni la muerte, sino solo la expresión.

¿Qué sucede entonces si fueras a considerarte *a ti mismo* como una ola que surge de la Santa Mente de Dios, nacida del infinito deseo de Dios de expandirse a Sí Mismo, para expresar la infinita naturaleza del Amor y la creatividad? ¿Qué ocurre si comienzas a constatar que todo lo que has llamado "tú mismo" es el *efecto* del Amor, y que tú no eres quien *se provoca* a sí mismo su surgimiento? Y, no obstante, en tanto que has surgido de ese Océano de Amor, ¿no estará la ola hecha de la misma sustancia que el mismo mar? ¿No te ha sido dada una libertad infinita y perfecta? Pues de la misma manera en la que tu Padre te percibe, te ha sido dada la libertad de percibirte a ti mismo y a todas las demás olas que pudieras sentir, e incluso al Mismo Océano... de la manera en que elijas percibirlos.

La meta de una espiritualidad genuina es entonces la de realinear la cualidad de vuestra percepción, de reflejar, de resonar con, de estar en perfecto alineamiento con la percepción de vuestro Creador; de ver con los ojos de Dios. Queridos amigos, en Verdad, en vuestro ser, seguís siendo tal y como fuisteis creados. Y en todos y cada uno de los momentos estáis empleando literalmente ese poder que se encuentra en el calmado fondo del Océano del Amor de Dios, que dio surgimiento a vuestra creación y existencia mismas, para *percibir* tal y como lo *deseéis* hacer.

Por lo tanto, en esta hora nos referiremos a la naturaleza misma del *deseo*: A lo que significa, a lo que supone, a cómo crea sus efectos, a su poder y a su valor, al propósito y al sentido del deseo, y a cómo comenzar a tratar con esa energía (que, como ya sabéis, a veces se siente como toda una manada de miles de caballos salvajes, cada uno queriendo ir en su propia dirección) para hacer que el mismísimo Poder del Deseo se ponga bajo vuestra dirección consciente y deliberada... para que realmente puedas crear como el Padre os creó —con un perfecto, deliberado e infinito Amor; con perfecta e infinita y deliberada libertad; con perfecta, infinita y deliberada dicha.. con perfecta, *perfecta*, libertad–.

¡Deseo! Cuando caminaba por vuestro planeta como un hombre me vi confrontado con muchas opiniones diferentes sobre la naturaleza de la creación, de la humanidad, de la consciencia... aunque esta última palabra aún no estaba en ese momento –eso que llamáis consciencia o autoidentidad–. Al igual que ahora vosotros os encontráis con muchas escuelas de pensamiento, yo también. Y, al mismo tiempo que esto puede parecer que conduce a una gran confusión, como si uno debiera elegir en un abigarrado bufé, realmente sirve de una manera no muy diferente a como sirve la arena que está dentro de una ostra de la cual se extraerá una perla. Hace que rasques dentro. *Debes encontrar tu propio camino hacia tu propia verdad.* Porque ante todos y cada uno de vosotros yace vuestro propio camino, y un portal, un ojo de aguja... a través del cual *solo vosotros* podéis entrar.

Por tanto, en cierto sentido, estás aparentemente solo. Debes tomar la decisión de *desear, por encima de todo, despertar al perfecto recuerdo de tu unión con Dios* –igual que una ola puede finalmente decidir que no ha sido concebida para tenerle miedo a ser una ola, sino para reclamar verdaderamente su individuación, para reclamar su ser único, y para vivir eso plenamente–. Y para, en esa plenitud, decidirse a descubrir una manera de discernir su unión infinita con el mismo océano, para así, de cierta manera, romper con esa autoidentificación miope que hace que ella se vea a sí misma como un pequeño pedazo de ola que, surgida en un lugar o un tiempo determinados, solo dura un segundo y desaparece; y para encontrar entonces una manera de trascender esa limitación y ser reidentificada con la consciencia de que tú eres Uno con la Profundidad del Mar –con el vivo discernimiento de esa Unidad–. Y todo ello para que podáis operar no ya desde el nivel superficial de discernimiento, que podría ser considerado como la espuma en la punta de la ola (lo que llamáis mente consciente o egoica), sino para que seáis informados en todo lo que habláis, hacéis, en todo lo que creáis y en todo lo que percibís ... por aquello que yace en la mismísima Infinita Profundidad del Propio Océano.

Imagínate entonces extrayendo de un manantial, dentro de ti, que no parece tener fondo ni bordes, y a través del cual algo brota desde lugares ignotos, y en los que tu atención literal consciente, tu discernimiento consciente, parece estar coloreado con una Radiante Luz que te deja literalmente con el sentimiento de que no eres el cuerpo-mente ni la historia personal con la cual te has identificado hasta ahora, sino que todas esas cosas son solo temporales, o son solo efectos transitorios y muy impersonales de un cierto nivel de deseo, en tu alma, que es una y la misma cosa que el Amor de Dios expresándose a Sí Mismo, y sin otro motivo que el hecho de que el Amor *no puede* hacer otra cosa que extenderse.

Imagínate trascendiendo tu miedo a tu propia supervivencia porque, a medida que consideras tu cuerpo-mente, ahora ves que ya no estás identificado como tal cuerpo-mente; pues esas cosas en realidad ahora se han convertido en instrumentos para ser utilizados por el Amor que yace en la Mente de Dios; y, entonces, tú vives, aunque no ya como tú mismo, sino como el Cristo que mora *en tanto que* tú. *Esta es una experiencia muy real, que se puede vivir.* Es decir, no es solo filosofía, no es solo un concepto y nunca puede ser un dogma. Se da pues una especie de *traducción mística* en la profundidad del alma, una traducción que es, en Verdad, meramente un *desplazamiento* del lugar donde percibes que está el sentido y la fuente para tu identidad. Y esa energía, la energía que se requiere para trasladarte desde la miope autocontracción en la que te has identificado con las pequeñas gotas de espuma que salen de la punta de la ola, vapuleado por un poder que parece estar fuera de ti, hacia una sensación de identificación con la Silenciosa Profundidad del Océano que está presente por todas partes y que parece no conocer comienzo ni fin... la mismísima energía que te llevará desde la punta de la ola a la Profundidad del Océano... que es la *energía del deseo.*

Porque te digo con claridad que si el Padre no hubiera deseado extender Amor, tú nunca hubieras podido surgir a la existencia. Tu propio sentido de discernimiento del yo es el resultado, es el efecto, del Amor... un amor que es el mismísimo Amor que ha concebido el sol y la luna, y todas las estrellas y cada dimensión de la Creación. Ese mismo Amor, que deseó la extensión para ese Amor, es la propia Fuente de la cual tú has nacido. El modo en que ahora te reconoces a ti mismo, ese ser, es el *efecto del deseo de Dios de extender Amor.*

Por lo tanto, cuando algún día de estos alguien te pregunte "oh, ¿quién eres?", por favor, no les digas un nombre. No digas:

Bien, sí, nací en una cierta localidad de cierta parte del planeta.

No les digas que eres un Demócrata o un Republicano, o comunista, ateo o católico. Diles la Verdad:

¿Quién soy? Soy la extensión del Amor en la forma. Nunca he nacido y nunca probaré la muerte. Soy infinito y eterno. Resplandezco como lo hace un haz de luz solar. Soy el efecto del Amor de Dios. Y estoy ante ti para amarte.

Ahora bien, ¡*esto* hará que se levanten algunas cejas! Y también transformará tu mundo. Porque es el momento de dejar de buscar a Cristo fuera y comenzar a decidirse a asumir la responsabilidad de ser Cristo encarnado. ¡*El deseo lo es todo*!

Date un momento justo ahora. Permite que el cuerpo se relaje e imagina que pudieras pasar de ser el *actor* en la obra de tu vida a ser el *director* y el *productor*. Y te sientas en tu laboratorio, tu estudio, y te ves editando la historia de tu vida. Estás mirando todos tus pequeños clips de película. Ves el momento en que naciste, luego el tiempo en que ibas a tu escuela infantil, luego el día en el que te enamoraste o en el que decidiste ir al cine por primera vez, o cuando ibas a la escuela superior, o cuando trabajabas, o cuando tuviste un trabajo y otro y otro más, o el momento en que cambiaste de localidad física. Y mira bien a ver si no es verdad que en cada acción que hayas realizado alguna vez, en cada decisión que hayas tomado alguna vez, y tras intentar analizarlas todas por igual, ¿no subyace siempre la energía del *deseo*?

Pues en Verdad ni siquiera te levantas del sillón para ir a la despensa si no tienes el deseo de comer. Hay algo que te llama hacia un campo de acción, a una expresión de acción. Eso es el deseo. Nadie entra en una relación íntima sin la energía del deseo. Pues... acaso dos personas se han mirado alguna vez y se han dicho:

No siento ningún deseo en absoluto, pero vamos a casarnos, tener hijos y fundar una familia.

¡Deseo! El deseo es esa energía que hace que todas las olas de creación nazcan de la profundidad del océano mismo. Y no obstante, ¿quién de entre vosotros no se ha sentido en *conflicto* con el deseo? ¿A quién no se le ha enseñado que el deseo es el mal? ¿A quién no se le ha dicho que, si quiere ser alguien grande, no desee? ¿A quién no se le ha enseñado que el deseo de cierto confort material es, de cierta forma, un obstáculo en el camino espiritual? Mira bien en tu alma a ver si esto no es cierto. ¿Acaso no has temido a veces al brote del deseo en ti? Pues bien, al mirar hacia vuestro plano veo que hay muchos que se han visto paralizados de miedo por tan solo desear tomarse un tarro de helado. Tanto miedo tenían que, si cedían ante ese deseo, entonces algo en el helado les provocaba una hinchazón en el cuerpo y una parada cerebral; ¡mmm! ¡mmm!

Y, para quienes de entre vosotros se encuentren en una relación íntima —lo que llamáis matrimonio, o un compromiso de algún tipo (parece haber muchos niveles de compromiso en vuestro mundo, cada cual con su propia definición)—: ¿Cuántos no habéis tenido la creencia, enseñada por el mundo, de que si sentís una cierta energía de deseo brotando desde vuestro interior al mirar a alguien que no sea vuestro compañero, entonces habéis pecado de cierta manera contra Dios? Entonces, ¿cuántos de entre vosotros no conocéis la experiencia de intentar gobernar diez mil caballos, estando completamente seguros de que, si cedíais en sentir deseo, entonces todos se desbocarían... y que así fracasaría el intento de mantener la vida estructurada, rígida y predecible —lo que expresas diciendo que "todo se fue al carajo"–? ¡Mmm!

Y no obstante, te digo...:¿existirías si Dios hubiera temido el deseo de crear y de extender amor para formarte, dándote al mismo tiempo una infinita libertad de elección? Sin deseo, mira a tu alrededor... no solo no verías nada, sino que no habría nada con lo que poder ver. *Todo* es *efecto* del deseo.

Entonces comienza a entender que el deseo no es malo. *No* es algo a ser temido, sino a *ser* dominado. El dominio, la maestría, no es control. Porque el control, la necesidad de control, es un efecto de la energía del miedo, y no del Amor. La maestría del deseo llega cuando reconoces que estás a *salvo* al sentir cualquier tipo de onda de deseo que pueda atravesar tu consciencia, porque *tú* decides si actuarás a partir de ella o no —decides si la llevarás al campo de la manifestación—. El *poder de elección* es lo único que nunca te puede ser quitado. Ya lo has dominado perfectamente, porque nada de lo que hayas experimentado alguna vez ha llegado hasta ti sin tu decisión de permitir que entre en el campo de la manifestación.

Comienza entonces a sentir que el deseo es algo que brota de esa profundidad más allá de ti mismo, y que puede ser contemplado con perfecta inocencia y con el asombro de un niño; y que ese mismo acto de cambiar de actitud, de permitir y darle la bienvenida al deseo, no es algo que te vaya a desviar del camino del despertar, sino que de hecho te llevará de forma vertical, por así decirlo, hacia el Corazón de Dios.

Pues si alguna vez vas a crear tal y como Dios crea, necesitarás sanar tus percepciones conflictivas sobre el deseo. Necesitarás trascender esa energía de miedo.

Hay muchos que me invocan y rezan. No hay ni un solo momento, en vuestro marco temporal, en el que no haya muchas personas, en vuestro plano, en algún lado del planeta, que me estén rezando y que quieran llenar sus corazones de Cristo. Y, no obstante, al mismo tiempo están muertos de miedo ante una energía que *necesita* moverse, porque han sido enseñados a temer, a suprimir, el deseo.

El deseo es como el Líquido de la Vida que se mueve a través del tallo de la rosa y que permite que los pétalos resplandezcan con un glorioso color. Y cuando bloqueas el flujo del deseo los pétalos no pueden ser nutridos. Y la muerte comienza a darse: muerte del corazón, del alma... una cualidad de estar desvitalizado.

Si caminaras por una de las calles de vuestras ciudades mirando realmente a los ojos de cada persona que te encontraras (y todo el mundo que escucha estas palabras ha tenido esta experiencia), ¿no reconocerías que la muerte parece haber anidado ya en las mentes de muchos que viven: muerte de los sueños, de la esperanza, muerte de la valía, del espíritu de juego, del verdadero poder... muerte de la unión con su Fuente y Creador?

La sanación requiere estar dispuesto a *sentir deseo*, a verlo como bueno, a verlo como santo. ¿Significará esto que si sientes un deseo, ya nunca va a verse desfigurado por los patrones egoicos de tu mente? Desde luego que no. Siempre existe la posibilidad de que el deseo sea desfigurado para satisfacer las necesidades de la mente egoica en ti. Pero ten por seguro que, si lo hace, entonces, ¿quién lo hizo? ¡Tú! Siempre, en tu interior, ya reconoces que el deseo es bueno, pero lo suprimes. Siempre, cuando el deseo surge, esas veces en que has permitido que se desfigure y que sirva a las metas del ego, ten por seguro que sabías perfectamente bien lo que estabas haciendo, y que eras tú el que tomaba las decisiones.

Has aprendido, por lo tanto, a temerle al deseo, pues este miedo es el efecto de *temerte a ti mismo*. Y esto es lo que te paraliza. Esto es lo que corta el flujo creativo. Esto es lo que conduce a todo eso que tu mundo reconoce como una multitud de malestares psicológicos –una indisposición a confiar en el propio yo, una indisposición a amarse a sí mismo, la creencia de que el deseo que corre por tu ser es algo malo y oscuro–. Si pudieras arrojar todo deseo fuera de tu ser, entonces, podrías mantenerte con el control y le gustarías a todo el mundo, ya que te habrías adaptado a la pequeñez y a la inferioridad que tan adoradas son en la consciencia humana.

Escucha bien, ahora, el siguiente axioma que nos gustaría darte:

La única relación que tiene algún valor en realidad es tu relación con Dios, tu Fuente creativa, la profundidad del océano.

Y rápidamente la mente dirá:

¿Y qué pasa con mi compañero, con mis padres, con mis hijos, con el presidente de los Estados Unidos, con el jefe de la oficina de correos?

¡Mmm! Como ejemplos se te ocurrirán un millón de relaciones que seguramente tengan una gran importancia. Mas la *única* que tiene *valor* es tu relación con Dios. Porque cuando ella está alineada, todas tus creaciones, todas tus elecciones en tus relaciones y tus elecciones sobre cómo vas a ser en ellas...

todo eso... fluirá sin esfuerzo desde ese alineamiento. Por tanto, busca primero el Reino, y todas esas cosas te vendrán por añadidura. No intentes crear una rosa empezando por los pétalos, sino que nutre las raíces, y la flor tendrá que florecer.

Para estar en una *relación correcta* con tu Creador, es absolutamente necesario corregir tu percepción y tu relación con la energía del deseo. Y eso comienza al dejar que se vaya el juicio que has hecho de él, en cualquiera de sus formas.

Porque, de nuevo, solo puedes estar en Amor o en miedo. Solo puedes estar en inocencia o en juicio. El amor y la inocencia son del Reino. El miedo y el juicio son de la ilusión.

Aprende entonces, mediante una simple práctica, a *interrumpir los patrones* que has aprendido de este mundo ilusorio, de tal modo que sueltes tu juicio contra la energía del deseo. Esto será diferente para cada uno de vosotros dependiendo de dónde comience cada cual. Pero para darte un ejercicio muy simple, cuando te levantas por la mañana y has plantado tus pies firmemente sobre el suelo, date un respiro y pregúntate esta cuestión:

¿Qué quiero ahora mismo?

En ese mismo momento la mente dirá:

Bien, estoy demasiado ocupado para saber lo que quiero, tengo que ir a trabajar. Tengo que servir a alguien más. Estoy aquí para satisfacer al mundo. No tengo tiempo para preguntarme lo que quiero.

Recuerda que lo que decretas, *es*, y todo pensamiento que tengas en la mente se verá reflejado en la naturaleza de tu experiencia.

Así es que date un respiro y pregunta:

¿Qué quiero?

Y entonces simplemente date un minuto para observar lo que sea que aparezca en la mente, o incluso lo que se siente en el cuerpo. ¡Oh! ¡Dios me libre! ¡Quizá quieras tener sexo! ¡Oh! ¡Entonces sabrás ya con toda seguridad que no eres un ser "espiritual"! Puedes querer darte una ducha caliente. Puedes querer un vaso de zumo o de agua. Puedes querer cantar, estirarte o respirar. Puedes querer girarte y mirar a tu amante o compañero que aún duerme en la cama. O puedes querer levantarte y deslizarte hacia la habitación de los niños para mirar cómo duermen. Puedes querer sentarte y leer el periódico. Pero la cuestión aquí está en darse cuenta de que, al preguntar una cuestión así, hay algo que responderá en ti. Y cuando llegue esa respuesta, date cuenta de que viene con un sentimiento asociado, con una cualidad que hace que tus células canten, aunque solo sea un poquito. Esa es la energía, el elixir de la Vida, llamado deseo.

En este único minuto, no necesitas ponerte a actuar, sino simplemente observa:

Ah, ¿qué quiero? Darme una ducha caliente.

El sentimiento del pensamiento, o el pensamiento que emite el sentimiento en el cuerpo, "quiero darme una ducha caliente", es transportado por el elixir del deseo. Y el deseo viene de una profundidad de tu ser que, de nuevo te digo, descansa justo al lado del Rostro de Dios. ¿Y no sería el caso que, si siguieras ese deseo que brota de tu corazón, *sintiéndolo, acogiéndolo*, podrías aprender y descubrir qué es lo que el Océano desea expresar a través de la ola que tú eres? Y si juzgas el deseo, ¿no podrías estar cortando así el flujo creativo que la Mente de Dios desea expresar?

Desde luego que ese es el problema. Has anudado la manguera con un nudo hecho de juicios conflictivos. Y la idea, ahora, es comenzar —de una manera simple— a darte permiso para *sentir deseo*, a permitirlo incluso en las células de tu cuerpo, a observarlo, notarlo, a reunirse con él.

He aquí algo que es muy común en tu mundo (sé honesto contigo mismo): ¿Cuántas veces has sentido el deseo de ser rico? Se supone que esto no es algo de lo que se hable mucho o que se haga muy público:

Tío, ¡esta mañana me desperté imaginando que tenía tantas monedas de oro que podía comprar todo el planeta! ¡Oh! "El dinero es la raíz de todo mal". No puedo pensar así. Bien, mejor me mantendré ocupado e iré a la oficina a trabajar, aunque secretamente pienso en mi interior resentido que en realidad ahí no me pagan todo lo que mi alma se merece. Pero haré como si todo fuera bien. Oh, ¿dinero? No. Estoy muy bien. Realmente tengo lo suficiente, y... no, no, realmente estoy muy bien.

Y entonces, cuando vuelves a casa, conduciendo, y un Mercedes Benz te adelanta rápidamente, no puedes dejar de pensar:

Dios, desearía poder tener uno de esos. Oh, ¡Dios! No puedo pensar eso, así que conduciré mi viejo Volkswagen por esta carretera, pues estoy siendo una persona muy buena y muy espiritual.

Sed honestos con vosotros mismos: ¿Cuántas veces habéis sentido brotar de vuestro interior el deseo de ser ricos? ¿Qué hay que os haya provocado *tenerle miedo* a ese deseo? ¿Qué ha hecho que anudarais la manguera de tal modo que tratarais de bloquearla para que ese deseo no llegara a la manifestación? Quizás, cuando eras un niño, fuiste a una catedral y allí había alguien con un largo vestido, subido a una plataforma. Y allí, como todo parecía ser tan hermoso, él seguramente debía estar hablando con mucha autoridad. Y como esta catedral está repleta de todo un conjunto de pequeñas mentes que viven todas en su propio nivel de miedo, cuando esa voz habló y dijo, "el dinero es la raíz de todo mal", pensaste:

Oh, bien, esa es la verdad. Oh, sí. Esa es la verdad. Oh sí, Oh, Dios, mejor temerle al dinero

¡Mmm!

Os digo, solo tenéis *una Autoridad,* y nunca está en ninguna oficina o iglesia, organización o individuo. ¡Tu Autoridad es la Voz que habla por

Dios y que mora en tu corazón y en tu mente! Dios no está limitado y no requiere que sus Criaturas lo estén. Pues si quisieras recibir todo lo que Dios te quiere dar, entonces decidirías levantarte y ser la ola más grande que puedas ser. Porque solo haciendo eso *honras* a tu Creador.

Así es que podrías decir que Dios es como un jardinero sabio que constantemente trata de hacer crecer bellas rosas. Sabe *exactamente* cuánto abono poner en el suelo. Sabe cómo hacer para que esos nutrientes suban desde el suelo por las raíces hasta el corazón del tallo de la flor, para imprimirle un color radiante de tal modo que todo el mundo que mire se vea tocado por el misterio de la belleza. Y Dios se sorprende:

> *Bien, es interesante. Esas rosas que he creado parecen tener mente propia. A medida que el elixir que intento darles sube por los tallos, ellas se atan a sí mismas con pequeños nudos, y solo les llega un poco de ese elixir; así que los pétalos nunca florecen plenamente.*

¿Has tenido alguna vez la sensación de que estás poniendo más energía en permanecer contraído que en *permitir la expansión*?

El deseo es creación. Por tanto, *lo que* deseas es de la mayor importancia. Si quieres tomar ese pequeño ejercicio que te hemos dado y comenzar a ponerlo en práctica, de una manera muy simple, y de una manera calmada, comenzarás a ponerte en contacto de nuevo con la inocencia y la belleza del movimiento del deseo. Puedes deleitarte en él. Cuando tengas un pensamiento sexual, un deseo sexual, ¿por qué no simplemente estar con él? ¿Por qué no notar lo que provoca que suceda en el cuerpo? ¿Cómo cambia tu respiración? ¿Va el corazón más rápido? Sé honesto contigo mismo, ¿no esboza una sonrisa en tu cara? ¿Qué pasa si decides *acoger honestamente* ese efecto como algo *perfectamente inocente y hermoso*? ¿Cómo podría cambiar tu día si no *reprimieras el discernimiento* del deseo sexual? Notarás que no estamos diciendo que debas ir por la calle agarrándote a todo cuerpo que pase cerca de ti. Decimos que te permitas el abrazo viviente de la energía que precisamente esté moviéndose por todo tu ser.

¿Por qué es importante esto? Si has decidido que hay ciertas energías que son demoníacas, malas, que tienen el poder de desviarte de tu unión con Dios, entonces ya has decidido que hay algo que está *más allá* del alcance de tu poder. Y eso es lo que te desempodera. Y así, tomas una energía inocente y la conviertes en un monstruo que debe ser temido a cualquier precio.

Mas os aseguro que la transformación mística que os lleva desde sentiros como una desempoderada gota de espuma en el filo de la ola, hasta la sensación de libertad y de vida empoderada que fluye de la Mente de Dios a través de vosotros... y para expresar solo bellas creaciones llenas de majestad, de poder y de milagros... lo que te lleva de A a B... es estar dispuesto a cambiar de actitud para observar las mismísimas energías que se mueven a través de la mente y del cuerpo, y no para temerlas, sino para contemplarlas con inocencia y maravilla. Y esta es la fuente de todos los mitos que han sido narrados en todas las culturas: El caballero que somete al dragón, besando a la bestia salvaje en la mejilla, convirtiéndola así en un amoroso, amoroso compañero. Vuestros monstruos son lo que teméis y reprimís debido a los juicios que habéis aprendido en el mundo. Y el mundo es solo la negación o rechazo del Reino. Es justo lo opuesto a la Verdad.

Así, ves, si estás sentado en una de tus catedrales y todo el mundo está diciendo:

Oh, claro, la sexualidad, ¡algo muy malo! Te alejará de Dios.

Entonces de inmediato debes darte cuenta de que si todos aquí le temen a la sexualidad, en realidad debe ser Divina, y así:

Quizás haría bien en acogerla, amarla, dominarla, y no temerla.

Si alguien te dice:

El dinero es la raíz de todo mal,

y luego extiende la mano y dice:

¿Podrías por favor hacer una donación a nuestra organización?

¿no es esto acaso una expresión de conflicto? Y no obstante, tal conflicto inunda las religiones y los dogmas de vuestro mundo:

No desees el dinero. No desees riqueza. Por otra parte, para mantener esta emisora de radio necesitamos realmente que hagas una donación.

¿Qué están tratando de enseñarte? ¿Qué están negando?

Sexo y dinero. Cosas muy básicas, ¿no? Representan energías que fluyen desde la Mente de Dios, que quieren expresarse con alegría y poder ilimitados, y que no están dispuestas a conformarse con limitaciones de ningún tipo.

Cuando la Tierra fue concebida por la Santa Mente de Dios y tomó su propia forma y se convirtió en una entidad igual que tú, Dios no dijo:

Bien, este es un planeta muy bello, pero solo puedo tener un sistema solar, solo uno, justo a la medida de esta Tierra.

No, sino que, más bien, desde el gozo, Dios permitió que se dieran más y más sistemas solares, el nacimiento de miles de soles a cada instante... como campos en los que esas bellas joyas que son los planetas pudieran girar. ¡*Eso* es verdadera creación! ¿Y qué cualidad de sistema solar habrás decidido permitir *tú* que exista, para que pueda girar, vivir y expresarse ese planeta que es tu propia cualidad de ser consciente?

¡Ah, deseo! El deseo lo es todo. Y de nuevo, el simple ejercicio que te hemos dado comenzará a liberar los bloqueos internos, y redescubrirás la *inocencia del deseo*. Y entonces, puedes comenzar a desarrollarte en él, a tomarte unos breves instantes para aprender a vivir deliberadamente.

¿Qué quiero realmente?

Porque, ves, como tu mente brilla como un rayo de luz solar desde la Mente de Dios, cuando uses tu consciencia para relajarte en la inocencia de la cuestión, "¿qué es lo que *realmente* quiero?", "¿qué hay en mi corazón que sigue *llamándome*, que me sigue *impulsando*?", te llegarán imágenes, sentimientos. Y os digo que estos serán expresiones –y hablaremos con los símbolos que entendéis en vuestro mundo—... expresiones de lo que Dios quiere traer *a través* de ti:

Oh, cada vez que miro en mi corazón, y cada vez que me permito sentirlo, lo que realmente quiero es... rodear a la gente con mis brazos. Quiero permitir que la gente sepa lo mucho que les amo.

¿Por qué temer tal deseo?

Es tan abrumador... No sé cómo sería aceptado.

¿A quién le importa si serás aceptado? Lo que importa es cómo te aceptas tú *a ti mismo*.

¿Qué pasa si sintiendo ese deseo comienzan a llegarte nuevas imágenes? Y entonces, repentinamente te das cuenta de que... "lo que quiero hacer es unirme al Cuerpo de Paz[22] ", por ejemplo. Quizá sea el caso de que la auténtica vía, la manera a través de la cual aprendes a recibir el gran gozo de permitir que tu Amor vaya al mundo, es justo esa decisión de ir y colocarte en un sistema solar donde puedas girar con tu propio planeta y apuntarte a esa organización. Pero, si le temes al deseo, ¿cómo vas a poder alguna vez reconocer esas cosas?

Oh, ¡cuando me pongo en contacto con mi corazón y cuando me permito a mí mismo sentir...!

¿Qué sucede al hacerte esa pregunta?

Quiero tener tanta riqueza... ¡Oh! Y veo el pensamiento que dice que: "oh, ¡no! La riqueza es mala". Pero lo que quiero hacer es... quiero ser capaz de llegar a cada niño hambriento del planeta y alimentarlo. Por eso quiero ser rico.

¿No podría ser que el deseo de alimentar al mundo fuera el deseo de Dios de expresarse a través de ti para utilizarte de tal manera que se efectúe una transformación en tu planeta? ¿Puedes ver que al bloquear el sentimiento del deseo podrías estar precisamente bloqueándote a ti mismo el poder escuchar aquello por lo que has implorado una y otra vez?

Padre, revélame Tu propósito para mí.

Sientes el deseo y dices:

¡Vaya! Pero primero... Padre... lo siento... antes tengo que librarme de este deseo.

El deseo en el corazón es donde descubrirás la línea telefónica que te enlaza con la Voluntad de Dios que querría ser expresada a través de ti. Y si no confías en el deseo estás literalmente diciendo que has decidido no confiar en tu Creador. Mmm... cosa esta que es digna de ser recapacitada. Sanando el conflicto en torno al deseo, ahora que sabes lo que verdaderamente es, aprendes a ser *paciente* contigo mismo.

Y ahora vamos con algo que nos sirve a modo de segundo ejercicio; y sugerimos que crees una estructura en la cual esto pueda ser practicado y que se ajuste a tu propia vida. De nuevo, al principio no te llevará más de cinco, diez o quince minutos, y quizá tres o cuatro veces por semana. Finalmente lo harás todo el tiempo, porque estarás creando deliberadamente. Durante solo diez o quince minutos aparta tu mundo. Recuerda que no necesitas hacer nada y que por lo tanto el mundo puede esperar.

Relaja el cuerpo y cierra los ojos. Y puede resultar de gran beneficio permitir que la respiración se haga muy profunda y rítmica; relaja el sistema nervioso y seduce al controlador en tu mente, a ese crítico que decide qué pensamientos están bien y cuáles no. Por cierto, que ese crítico nunca es algo que tú hayas creado. Es algo que permites que viva en tu mente y que fue fabricado por un conjunto de otras mentes temerosas, padres y profesores.

A medida que relajas el cuerpo y la mente, pregúntate:

¿Qué es lo que quiero realmente?

Y observa las imágenes que surjan, sin juicio. Observa los sentimientos en el cuerpo, y permite que esto dure solo un minuto o dos. Entonces detente, abre los ojos, y escribe todo lo que puedas recordar.

Vi la imagen de tener cuarenta y siete compañeros sexuales.
Vi una imagen de monedas doradas cayendo sobre mí de modo que tuve
que abrir un paraguas por encima de mi cabeza.
Vi enormes frascos de helado.
Me vi a mí mismo en un barco en el océano.

Lo que sea que aparezca, escríbelo.

Noto que mi estómago se tensa.
Pensaba que me iba a hacer pis en los pantalones.

Lo que sea, escríbelo.

Entonces, toma una profunda respiración, relájate de nuevo, y repite el proceso. Coloca la mano de modo que descanse sobre el corazón. Respira hacia dentro de él unas pocas veces, y entonces pregunta:

¿Qué deseo realmente?

Y de nuevo permite que el proceso se dé tal como surja. Hazlo durante un periodo de diez o quince minutos, de manera que lo repitas al menos seis o siete veces, escribiendo.

Toma ese trozo de papel, que quizás forme parte de un "diario", como podrías llamarlo... y guárdalo hasta el siguiente periodo de ejercicio; y entonces, repite el proceso de nuevo. Y cuando lo hayas hecho siete veces, cuando tengas las siete hojas de papel de cada proceso, entonces y solo entonces, comienza a mirar atrás, a todas las cosas que surgieron. Y pregúntate:

¿Qué parece estar repitiéndose?

Puedes quizá notar que:

Bueno, tres veces quise una enorme tarrina de helado, pero entonces ese deseo parecía difuminarse.
Dos veces tuve el deseo de tener cuarenta y siete amantes, pero ahora me doy cuenta de que en realidad solo quiero uno.

Sea lo que sea, observa el patrón, percibe el hilo que parece atravesar de arriba a abajo los periodos de ejercicio. Entonces, imagina que ese hilo es ese enlace energético que se anuda por un lado al pedazo de espuma en el filo de la ola, y que por el otro está anclado en la Profundidad del Océano. Y entonces considera que quizás, si te permitieras moverte por ese hilo, si comenzaras a poner tu energía ahí, si comenzaras a aclarar los obstáculos en tu consciencia que bloquean que ese deseo pueda ser vivido coherentemente, haciendo eso... podrías llevarte a ti mismo desde la gota de espuma en el filo de la ola hasta el Corazón de Dios. Y que, a lo largo del camino, todo lo que no fuera Amor llegaría hasta ti para que pudieras soltarlo. Y que, durante el proceso, podrías pasar a través de una *metamorfosis* que culminaría en ser la *encarnación viva del Poder de Cristo* —para que tu alma pueda *constatar y actualizar esa realización* que siempre ha buscado—. ¡Mmm! Esto es algo como para tragar bien saliva.

Pues ves, la razón de que te hayas decidido astutamente a engañarte a ti mismo para poder bloquear la energía del deseo, es que el alma sabe que, si siguieras ese hilo *con un compromiso total e incondicional*, se vería embarcada en el camino del que hablábamos en una hora anterior, el camino puesto ante ti por Dios, que sabe cómo llevarte a casa.

Y si llegaras al hogar, significaría que tendrías que dejar de ser un *buscador*. Y tendrías que convertirte en alguien que ha sido *encontrado*. Y tendrías que levantarte por encima de la masa. Tendrías que abandonar toda tu identificación con la pequeñez. Tendrías que abandonar la necesidad de que los demás te aprueben. Abandonarías el nido de la locura. Habrías resurgido y ocupado tu verdadero lugar a la diestra de Dios. ¿No es ese el temor más profundo que tienes... el de realmente ser la Verdad de quien tú eres: *Cristo Encarnado*?

Ahora bien, el deseo puede ser muy divertido. Idealmente, una vez que hayas practicado esto por tu cuenta, pide a tu compañero o a un amigo cercano (incluso puedes querer enseñarles estas cosas que lees o escuchas en esta Vía), pídele... si estaría dispuesto a embarcarse en este proceso contigo, de tal modo que, quizás una vez por semana, puedas sentarte con él y decir:

¿Qué encontraste esta semana?
Bien, ¡aquí va...!

Se llama *desnudarse* ante a un amigo. Se llama hacerse *vulnerable* con otro, *encontrar a otro niño para jugar en el Reino*, de tal modo que puedas salir al patio de recreo fuera del mundo adulto que dice:

El deseo es malo. Chicos... tened cuidado.

Y comienzas a contemplar lo que es verdadero y real desde un lugar de inocencia. Y comienzas a crear por ti mismo un *grupo de apoyo*. Y ese grupo quizás pueda crecer hasta tres o cuatro amigos – o incluso diez o veinte– en el cual todos están comprometidos a ponerse en contacto con lo que realmente está en ellos, entendiendo el principio de que el *deseo es el hilo que enlaza tu alma con el Corazón de Dios*. Y Dios solo quiere extender, a través de ti, aquello que expresa Amor en el mundo. Esto es lo que se llama Creación.

Quizás es un proyecto que vale la pena. Pues cuando no te posicionas en la actitud de permitir la acogida del deseo, solo queda otra alternativa: Vivir en *modo de mera supervivencia*. Y cuando eliges la energía de la mera supervivencia el *mundo* es tu amo. Ante él te verás obligado a inclinarte una y otra vez, y otra y otra... ¡vida tras vida, tras vida! Serás un *esclavo* de la locura que parece gobernar este mundo. Y nunca conocerás la *paz*. Y nunca conocerás la *dicha. Y nunca vendrás al hogar.* ¡Así de simple! Porque no fuiste creado para marchitarte y morirte en la vid. *Fuiste hecho para producir buen fruto en cantidad.*

Permite que las raíces sean regadas por el deseo, por encima de todas las cosas, para así convertirte en la realización de lo que Dios tenía en Mente cuando Él respiró en ti el Aliento de la Vida. Y permite que ese Aliento sea recibido a cada momento. Llegarás a comprobar que la única cuestión – *la única*– por la que necesitas preocuparte es esta:

¿Qué cantidad de Dios estoy dispuesto a recibir y a permitir que sea expresado a través de mí?

Esto se llama separar el grano de la paja. La paja son los pensamientos del mundo que te hacen creer en la pequeñez. Y eso solo puede derivar en tu sufrimiento perpetuo. El grano es el alimento que da Vida, porque está lleno del Amor de Dios.

Entonces, no le temas al deseo, sino que desea *abrazar* el deseo. Tócalo, siéntelo, conócelo, danza con él, canta con él, míralo con *inocencia*. *Siéntelo plenamente*. Y entonces aprende a discernir, con los métodos que te hemos dado, lo que verdaderamente es el deseo: Ese hilo que está atravesando con su brillo todos tus días. Y entonces decide permitir que ese deseo informe tus elecciones, para que así puedas crear una vida que sirva a la realización de ese hilo de deseo.

Ves, yo tuve que hacer lo mismo. Pues comencé a notar que había un hilo de deseo en mi corazón que trataba de crear alguna forma de demostración que fuera tan abrumadora que, a *cualquiera* que pusiera su atención en ella se le recordara que hay algo mucho más grande en la vida que vivir para sobrevivir, y sobrevivir solo para vivir. E incluso cuando yo era joven comencé a tener atisbos –que al principio solo eran momentáneos–. Algo me estaba impeliendo, me impulsaba. Mas, según aprendía a confiar en el deseo, las imágenes se volvían más y más claras. Y me veía a mí mismo en colinas, rodeado de multitudes. Y me maravillaba por las palabras que salían de mi boca en esos momentos de revelación, cuando era todavía solo un adolescente. Vi atisbos e imágenes de ser amado por millones. Vi imágenes y cosas que no podía ni comprender porque eran literalmente imágenes de lo que *ahora* estoy haciendo. Y, ¿cómo habría podido yo, un adolescente viviendo en la Judea de hace dos mil años, hallar la manera de comprender el uso de las tecnologías de vuestro mundo moderno, con las cuales comunicar Amor? No tenía sentido para mí. Pero aun así, decidí confiar en ello.

Una parte de ese hilo fue el reconocimiento de que la muerte no es real. Y así, por lo tanto, debía ser capaz de crear una demostración que lo probara. Ahora, piensa en ello por un momento. Si ese pensamiento fuera a nacer en ti y si intentaras compartirlo con el mundo, ¿no te llamarían loco al osar pensar un pensamiento tan disonante con respecto a todo lo que el mundo cree? Mas, como yo seguí el *hilo del deseo*, comencé a darme cuenta de que seguía *hablándome* a mí, día tras día, y semana tras semana. Y quería crecer; quería ser nutrido.

Así es que finalmente decidí:

Voy a permitir que ese hilo sea nutrido.
Y voy a descubrir adónde me lleva y de qué trata todo esto.

Y adonde me llevó fue a la maestría de la vida y la muerte, al dominio de la sanación, de la consciencia. Me llevó al dominio de mí mismo. Me llevó al hogar, a mi propio Ser Crístico.

Y como seguí ese hilo, hoy puedo hablar contigo. Muchos de vosotros apreciáis lo que he hecho porque me veis como un portavoz de la Verdad. ¿No ha llegado el momento de que *vosotros* sigáis vuestros *propios* hilos y os convirtáis, igualmente, en portavoces de la realidad? Porque así como tú has sido enviado hacia *mí*, habrá muchos enviados a *ti* a medida que pasas de ser un *buscador* a ser un *"encontrador"*. Pues al ocupar tu lugar correcto, te conviertes en un vehículo a través del cual la Voz que habla por Dios toca creativamente las vidas de una innumerable cantidad de personas con las que puede que tú jamás tengas un encuentro físico.

Fuiste concebido para ser grande. Fuiste concebido para la grandeza, para brillar con tal Luz en este mundo que el mundo recuerde que la Luz es la verdad, y la oscuridad es ilusión. Sé, por tanto, aquello que eres. Y *tú eres la Luz del mundo*. Y me deleitaré al marchar contigo. Porque si puedo unirme a este, mi querido hermano, para crear esta comunicación, también puedo unirme con quienquiera que elija marchar hacia su propio ser crístico. Y el hilo a seguir es el *hilo del deseo*.

Por tanto, comienza a mirar hacia la energía del deseo en ti —a separar el grano de la paja— mediante el aprendizaje de, primero, sentirlo solo un minuto, sin juzgarlo..., y luego *profundizando* en ese proceso. Y te aseguro que llegará un punto en el que con cada respiración que tengas entrarás en contacto con la energía del deseo. Y esa es la única Voz a la que darás autoridad.

Y no serás capaz de seguirle el ritmo a la amorosa creación que quiere expresarse a través de ti. Y te maravillarás con los amigos que llegarán a tu vida, o con los cambios en tu sistema solar, donde gira vuestro planeta. Te maravillarás y te preguntarás cómo puede estar pasando todo esto. Y finalmente descubrirás que no eres el *fabricante y el ejecutor* de tu vida, sino que Dios quiere guiar y hacer Vida a través de ti.

Y entonces conocerás la Verdad que te hace libre,

> *Por mí mismo, no hago nada. Pero mi Padre, a través de mí, hace todas las cosas, y es muy bueno.*

Mantente por tanto en paz. Y *desea a gusto*. Porque cuando sientes deseo estás regando tus raíces con la energía de la misma Vida. ¡*Confía en ello*! ¡*Abrázalo*! Y permite que los pétalos de la rosa *florezcan* en tu *Santo Ser*.

Os amamos, y estamos con vosotros. Si solo pudierais ver cuánta ayuda iluminada os rodea en cualquier momento, nunca volveríais a permitir que el miedo a perderos en vuestro deseo saliera victorioso en vuestra mente. Y caminaríais con audacia. Y a cambio, todas las cosas se transformarían en nuevas.

¿Cuánto Amor de Dios estáis dispuestos a recibir?

Y con esto, cerramos diciendo:

Amén.

Lección 5

Ahora, comenzamos.

Queridos amigos, saludos para vosotros. Venimos aquí en esta hora a continuar este camino que fabrica la estructura, la carretera, por así decirlo, mediante la cual podéis aprender a marchar por *La Vía del Corazón* y a dominarla.

Una *vía*, una *manera*, en la vida, significa haber elegido, de entre todas las posibilidades, aquella que permanecerá siendo la que os habéis comprometido a seguir, el camino al cual dedicáis toda vuestra atención aplicándoos en la voluntad de seguirlo. Y de la misma manera que cuando hacéis un viaje por vuestra Tierra, al comprometeros a hacer el viaje os servís de experiencias que no podrían llegar a vosotros de ninguna otra manera.

Cuando vais a la universidad para estudiar una carrera o un grado, y aunque comencéis con una cierta idea de lo que puede contener o brindaros esa experiencia, ¿no es cierto que las relaciones que se dan por el camino, o el conocimiento que se revela ante vosotros, e incluso el resultado tras obtener el grado, siempre parece ser diferente y mucho más rico que lo que podríais haber imaginado cuando comenzasteis vuestro camino?

Por lo tanto, entiende bien que *La Vía del Corazón* requiere estar dispuesto al *compromiso.* Y el compromiso no es más que una decisión deliberada de que algo va a ser de un cierto modo. Y, así como ocurre con todos los aspectos de la experiencia que habéis conocido desde siempre, cuando todo vuestro ser se ve involucrado en la voluntad de tomar una decisión, no hay literalmente nada que pueda evitar que logréis vuestra meta cuando todo vuestro ser está involucrado en la voluntad de tomar una decisión. Tened por seguro entonces que siempre que creáis que no habéis tenido éxito o que no habéis llevado a buen término alguna decisión alimentada por el deseo, se debió simplemente a que no estabais *plenamente comprometidos* –lo cual significa que decidisteis cambiar de opinión. Y, al *cambiar de opinión*, literalmente cambiáis lo que experimentáis en el mundo, o en el sistema solar en el cual vuestro *yo* da vueltas.

Entonces, *La Vía del Corazón* requiere ciertamente de la decisión de un compromiso. Y tened por seguro, os digo, que cuando os comprometáis plenamente a descubrir *La Vía del Corazón,* descubriréis una manera de estar en el mundo que no es de él. Descubriréis una manera de caminar por la vida en la cual experimentáis ser elevados por algo que parece estar siempre más allá de vosotros, aunque esté dentro, como el centro y la esencia de vuestro mismo ser. Vuestro camino no será comprensible para el mundo. Vuestro camino no será comprensible ni para vosotros. Estaréis viviendo desde el misterio –desplazándoos de misterio en misterio–, elevados y transportados por algo que os da satisfacción y realización en lo más profundo de vuestra alma, mucho más allá que cualquier cosa que ahora podáis imaginar.

¿Así es que merece entonces la pena comprometerse con *La Vía del Corazón*? ¡Sí! *La Vía del Corazón* culmina con el reconocimiento de que no vives la Vida en absoluto, sino, más bien, *la Vida está viviéndote*. Una de las características es el desarrollo del testigo –una cualidad de consciencia, una manera de ser, en la cual pareces ser testigo de cada cosa que surge y que fluye a través de ti y alrededor de ti, desde un lugar de calma absoluta.

La calma no significa falta de actividad. Significa *no apegarse a la actividad*, ya sea el surgir y la remisión de un cáncer en el cuerpo, o el surgir y la desaparición de relaciones, o el surgimiento y la desaparición del sistema solar. Descubrirás que hay un lugar dentro de ti desde donde puedes observar todas las cosas con una ecuanimidad perfecta, con perfecta aceptación y perfecto Amor.

Pues al dominar *La Vía del Corazón* descubrirás que *nada es inaceptable para ti*. Y solo lo aceptado puede ser trascendido. Descubrirás una manera de ser en la que ya nada puede obligarte a nada, ni siquiera el deseo de conocer a Dios *te obligará a nada* nunca más, pues la necesidad de ello ha sido satisfecha.

Entonces, surge una manera de estar en el mundo que ciertamente no es de él, pues no sentirás inquietud, y ninguna necesidad de dirigir tu viaje. No surgirán preguntas. Estarás en paz. Y en esa paz, el Aliento de Dios se moverá a través de ti. Y te convertirás en algo que es como el viento, no sabiendo de dónde vienes o adónde estás yendo, pero habitando en perfecta confianza y descanso. Y el mundo puede que no te reconozca, pero tu Padre te reconocerá y *tú* conocerás a tu Dios.

Con *La Vía del Corazón,* la percepción más primordial y fundamental que parece avivar la consciencia humana ordinaria ha sido finalmente trascendida. La percepción de un creador y ejecutor que está separado ha sido disuelta, y una vez más entenderás la intensidad y la profundidad de los simples términos de esta afirmación:

Por mí mismo, no hago nada;
mas, a través de mí, el Padre hace todas las cosas.

Descansar en esa percepción significa que has llegado a constatar que el yo, el ser que tú eres, es meramente un canal a través del cual el Misterio se vive a Sí Mismo, a través del cual mana el Amor. Constatarás que no hay nada que pue da ser ganado o perdido en este mundo. Sabrás lo que significa reconocer que literalmente no tienes que ir a ningún sitio, y que no tienes que conseguir nada. Te harás espacioso y vacío.

Y no obstante, paradójicamente, mientras el cuerpo dure, te parecerás a cualquier otra persona. Te levantarás por la mañana y cepillarás tus dientes. Cuando el cuerpo tenga hambre, lo alimentarás. Te reirás con tus amigos. Bostezarás cuando el cuerpo esté algo cansado. Y, no obstante, en todo eso, habrá una cualidad de *discernimiento* —llamada el *testigo*— que simplemente está observándolo todo, esperando a ser movido por el viento del Espíritu. Y, aunque otros puedan no verlo, virtualmente todo lo que pronuncies transmitirá la vibración de la Verdad.

No sabes cómo trabajará el Espíritu a través de ti, ni te importará. Porque, como ves, cuando no hay hacedor, creador o director, ya no te importará. Eso es lo que significa vivir como el viento, porque el viento no se preocupa por dónde está o por el lugar hacia donde va. Es movido por alguna fuente misteriosa que no puede ser *localizada* en absoluto. Y no obstante sopla, y según sopla, se experimentan sus efectos.

Imagina entonces una vida en la que todo lo que haces no es *para* ti mismo. Imagina una manera de vivir en la que lo que tú haces no es *para* nadie más. Imagina una manera de vivir en la que la creatividad, viviente, fluye desde una Fuente tan profunda dentro de ti y alrededor de ti que no hay lenguaje ni dogma que pueda contenerla —una Fuerza y una Fuente que sabe cómo expresarse a Sí Misma a través de ti de tal modo que está constante y solamente sirviendo a la Reconciliación, al despertar de toda la Creación a la Verdad de la presencia de Dios—.

La Vía del Corazón, entonces, ciertamente se despliega, por así decirlo, a lo largo de un cierto camino. Y en esta hora, abordaremos las etapas de este camino en un sentido general. Y hablaremos de las características más importantes a ser cultivadas a lo largo del camino.

Primero, *el deseo lo es todo*, y sin él ninguna cosa puede surgir. Por tanto *lo que* tú deseas es ciertamente de la mayor importancia. Desea, pues, una perfecta unión con Dios. Desea, pues, ser Cristo Encarnado. Desea ser entonces todo aquello para lo que tu Creador te ha creado, incluso si no tienes ni idea de lo que ello podría ser. Pues cuando albergas deseo dentro de tu ser, y cuando atraviesas el proceso de ser capaz de dominar la energía del deseo (y, de nuevo, dominio no significa control)... cuando hayas dominado la energía del deseo anclándola siempre en el deseo de ser tal y como has sido creado para ser, entonces, ciertamente, toda tu vida y todos los deseos subsiguientes o subsidiarios llegarán a servir a ese gran deseo.

Cuando alcances ese estado de ser, *nada te resultará imposible*. ¿Y por qué? Porque no eres tú quien lo hace. Eres meramente una parte del hilo en un tapiz cósmico que está siendo tejido por el Creador de todo en la Creación, y solamente Él sabe cómo tejer el tapiz de una nueva era, de un nuevo paradigma, de una sanación de este plano y de la humanidad. Y así, la primera etapa es, ciertamente, la del deseo. Y solo sintiendo deseo, y no suprimiéndolo, puedes verdaderamente comenzar a moverte hacia el estado de maestría en el cual la energía del deseo sirva ya siempre a la Voluntad Superior, que es la Voluntad de Dios para ti. Y, tal y como te hemos dicho antes, cuando tu voluntad esté alineada con la de Dios, descubrirás que la Voluntad de Dios *para ti* es que seas genuinamente feliz, de la cabeza a los pies —satisfecho, realizado, en paz, con poder, capaz, responsable—.

El deseo, en el tiempo, se cultiva mediante la *intención*. Pues como ves, has usado el tiempo para enseñarte a ti mismo cómo distraerte con todos los pensamientos y percepciones que conforman esta sopa cósmica que llamas "tu mundo". Y todo lo que has conocido es la frustración de tener un deseo, y, entonces, tan pronto como sales por la puerta, un amigo te detiene y te dice:

Vamos a la playa.

Y al final nunca podías ir a clase, aunque lo que deseabas era obtener el grado. Has cultivado el arte de ser seducido por la distracción. Por tanto, es necesario utilizar el tiempo para *cultivar la intención*, pues sin ella el deseo no puede convertirse en la lente cristalina, en el haz de láser, con el que puedas atravesar toda la porquería de este mundo de tal manera que pueda fluir una nueva creación a través de ti.

La intención no es lo mismo que albergar un compromiso voluntarioso y fuertemente egoico de hacer que algo suceda. Porque *La Vía del Corazón* reconoce que no has sabido cómo lograr la realización que buscas en el nivel del alma, por la simple razón de que si lo supieras, ya la habrías logrado. En *La Vía del Corazón* la intención no significa matarte a trabajar y nunca tener un "no" por respuesta. Más bien significa que, en tus procesos de pensamiento, cultivas el arte de *recordar* para qué estás realmente aquí. Si estás aquí es para recordar que eres el pensamiento de Amor en la forma. Estás aquí para recordar que tú eres Uno con Dios. Estás aquí para recordar que eso que he llamado *Abba,* el Padre, aunque tenga muchos nombres, es la fuente de tu única realidad. Y que tú estarás viviendo en la realidad solo en el grado en que Aquel esté viviendo a través de ti.

Por tanto, la intención, en *La Vía del Corazón*, significa utilizar el tiempo de cada día para enfocar tu atención en el *deseo* de ser Cristo Encarnado. La intención es esa energía, o ese uso de la mente, que crea (mediante una práctica consistente) el canal, por así decirlo, a través del cual el deseo comienza a descender y reeducar al cuerpo emocional, e incluso a la estructura celular del cuerpo físico, y a todas las vías secundarias de pensamiento que tienen lugar en el intelecto —de manera tal que todo lo involucrado en tu ser resulta integrado, y trabaje conjuntamente enfocándose en la realización de ese único *gran deseo*, el de aceptar tu función en este mundo. Y tu función es la de sanar tu sensación de estar separado de Dios.

¿Cómo aplicar entonces la intención? Cada día, pues, y al igual que has usado el tiempo para enseñarte cómo ser fácilmente distraído, solo necesitas plantearte una cuestión, diariamente:

¿Qué es lo que deseo más?
¿Qué estoy haciendo en este planeta?
¿En qué estoy comprometido?

Estas últimas son solo otras maneras de plantear la cuestión fundamental. Y a medida que te mantienes practicando, la respuesta se volverá más y más clara. Pues, como ves, la pregunta es lo que predispone, estimula, da nacimiento, a la respuesta. Pues el Universo está siempre respondiendo a tus preguntas. Y, cuando preguntas de forma poco clara, obtienes respuestas poco claras. Por lo tanto, hazte *cristalinamente claro* en tu intención y recuérdatela *diariamente*:

Mi intención es usar el tiempo constructivamente para reaprender lo que significa habitar en el Reino del Cielo y cumplir con mi función. Y mi función es la sanación. Y la sanación requiere la presencia de Cristo, porque solo Cristo puede expresar el Amor que da vida a la sanación.

El deseo y la *intención* —y en el campo temporal estas etapas se despliegan a medida que se madura en La Vía del Corazón—, el deseo y la intención, son cruciales.

La tercera etapa del proceso por el cual la mente es plenamente corregida y regresa al hogar, es la del *permiso*. Pues el mundo egoico no te enseña a permitir, sino a *esforzarte*. *Tú* debes ser el creador y el ejecutor. *Tú* debes encontrar la manera de manipular o controlar tu entorno para que se ajuste a la imagen que albergas en tu mente. Y todo eso es adecuado y bueno, y hay muchos seres que aprenden ciertas lecciones valiosas siguiendo el camino de ciertos profesores que os enseñarán que podéis crear lo que sea que queráis. Y eso parece ser una gran cosa hasta que te das cuenta de que ya es lo que has estado haciendo todo el tiempo. Estás siempre creando exactamente lo que tú dispones que sea –y no es ni una gran cosa ni un secreto–.

Pero habrá quienes te enseñen que:

Bien, simplemente dirígete a tu mente, pregúntate qué es lo que quieres, y cuando veas la imagen de ese Mercedes, entonces simplemente realiza todos estos pequeños trucos mágicos y verás cómo muy pronto acabarás con un Mercedes.

El problema con eso es que, aunque puede ser una etapa útil, el *intelecto*, la parte mundana de tu mente, solo puede desear lo que ha sido *programado* para desear.

La parte mundana de tu mente dice:

Bien, tengo que transportar mi cuerpo por este plano. Los automóviles lo hacen. El mundo me dice que un Mercedes es una gran manera de hacerlo, y por lo tanto crearé el deseo de querer uno.

Y cuando manifiestas el Mercedes, te engañas a ti mismo al pensar que has hecho un gran progreso cuando de hecho todo lo que has hecho es lo que siempre has hecho. Has elegido cómo será tu experiencia y la has manifestado. No hay nada nuevo en ello, aunque, al hacerlo, puedes comenzar a recobrar la confianza en tu capacidad de manifestar.

Pero en *La Vía del Corazón* se trata de algo más. El permiso, en este camino, significa que comienzas a ver tu vida de forma diferente. No se trata del esfuerzo en conseguir salir de la escuela superior para crear una carrera con la cual puedas crear monedas doradas, con las que puedas crear la casa apropiada en el ambiente apropiado, de tal modo que tu ego se sienta "exitoso" y, por tanto, "merecedor" de Amor. Sé honesto contigo mismo, ¿no está tu mundo construido sobre estas premisas?:

Si tan solo pudiera conseguir que mi vida pareciera exitosa en mi entorno, entonces, sería aceptado, y entonces podría amarme a mí mismo, al menos un poquito. E incluso podría hacer que otros me amaran.

No es así en absoluto. *La Vía del Corazón* comienza con el reconocimiento de que *ya* eres amado por la única Fuente que importa, de que has venido con un propósito muy elevado que puede hacerse manifiesto *a* la manera del mundo, pero que no es *del* mundo.

El permiso es, entonces, el cultivo de una manera de contemplar los eventos de tu vida no como obstáculos interpuestos entre tú y lo que tú quieres, sino como peldaños que te presentan la bendición de las lecciones requeridas para sanar los obstáculos —no hacia el éxito, sino hacia la presencia del Amor en tanto que la fuente y la base de tu ser. En la etapa del permiso, entonces, comenzamos a cultivar la aceptación de todo lo que hay en nuestra experiencia. Comenzamos a ver que, como hemos asumido el compromiso de despertar y de encarnar solo a Cristo, el Universo ya está *conspirando* para traernos a nuestras vidas la gente y los eventos, minuto a minuto, que mejor nos puedan dar *exactamente* aquello que más necesitamos aprender o aquello de lo que más necesitamos cobrar consciencia.

Y así, se nos envían mensajeros. Un mensajero puede venir bajo la forma de alguien de quien te enamoras, habiendo algo que aprender de ello. Podría ser que estuvieras bloqueándote el sentimiento de Amor por otra gente, y que ahora, finalmente, llega el estallido que derriba la puerta y ya no puedes sino sentir ese sentimiento. El mensajero podría ser alguien que llega como el grano de arena en la perla que provoca una fricción dentro ti que te saca de tu sueño, y te das cuenta de que has estado operando desde algunos patrones muy disfuncionales, y que has tenido que encontrar un mejor agarre, por así decirlo, para captar la Verdad de quien tú eres. Puede ser que necesites aprender a expresar mejor tus sentimientos. Puede ser que necesites una mayor aceptación de tu propia creatividad. Te llegará algo, a través de tus mensajeros, que hará que finalmente seas responsable y honesto sobre dónde te encuentras.

Por ejemplo, si piensas:

Bien, nunca más me enfadaré. Después de todo, soy una persona muy espiritual. Simplemente me saldré del seminario, pues ya lo sé todo. Así que sí, simplemente viviré en éxtasis divino.

Y comienzan a suceder cosas. Quizás... mmm... —usaremos esto como ejemplo— quizás una pareja gay se vaya a vivir a tu vecindario, y entonces descubres que tienes unas percepciones muy arraigadas que dicen que hay algo equivocado en esa orientación sexual. Son mensajeros, enviados a ti por el Universo, para empujarte a mirar más adentro.

El permiso es entonces el cultivo de una cualidad de discernimiento en la que descansas al reconocer que tu *vida* ya no es tuya *propia*, para tú poderla dirigir y controlar, sino que más bien se la devuelves a la Fuente de tu propio ser, a esa profundidad de sabiduría en lo más profundo del océano que sabe la mejor manera de brindarte lo que se requiere para sacar la porquería de tu consciencia, y así poder soltarla.

El permiso cultiva la confianza. El permiso es la manera en que la intención y el deseo llegan a trabajar cada vez más plenamente en la tercera dimensión de tu experiencia —el campo temporal. El permiso es una sumisión, pero no es una sumisión ingenua. El permiso cambia tu percepción del mundo que ves a tu alrededor.

Comienzas a darte cuenta de que realmente no vives en un mundo real, en absoluto. Vives en un mundo de vibraciones y energías que opera por la Ley de la Atracción, por resonancia. Y comienzas a estar dispuesto a permitir que ciertas cosas salgan de tu vida, incluso familia y amigos, *confiando* en que, debido a tu deseo e intención, lo que se desvanece en tu vida debe estar bien así, ya que será reemplazado por nuevos patrones vibratorios que llegan en forma de mensajeros —eventos, lugares, personas y cosas— que pueden llevarte por la espiral ascendente del despertar.

El permiso conlleva abrir paso a las etapas iniciales del cultivo de la *humildad* y el reconocimiento de que finalmente debes *someterte* a algo más allá del intelecto y del control de la parte egoica de la mente —ya que el creador y el ejecutor que ha intentado hacerlo todo es algo finalmente reconocido como inadecuado—.

Al madurar en esas tres etapas, descansas en la etapa final, la de la *rendición*. Y esto significa que ya no hay inquietud. La rendición significa que sabes, a través de cada fibra de tu ser, que no hay nadie aquí viviendo una vida, sino que se trata de la *Vida* fluyendo a través del cuerpo-mente, de la personalidad, en tanto que esta dure. Ahora es donde se ve culminada o completada la transformación mística. Es ahora cuando entiendes el significado de la enseñanza:

Vivo, pero no soy yo, sino Cristo quien mora como yo mismo.

La rendición es una etapa cuyo cimiento es la paz perfecta, pero no para la pasividad, no para la inactividad, sino incluso para una *mayor* actividad.

Te encuentras a ti mismo, mientras estás en el mundo, cada vez más ocupado, con cada vez más cosas que hacer. Incluso te vuelves alguien más responsable. Y finalmente llegas a ver que, como *eres* Cristo, eres responsable de toda la Creación. Y no puedes tener un solo pensamiento sin perturbar a la más lejana de las estrellas. Es de esa responsabilidad de la que has dimitido encogiéndote e intentando contenerte a ti mismo en un diminuto pedazo miope de espuma, y todo porque has *temido* ser responsable de la totalidad.

Pero *La Vía del Corazón* corrige tu percepción, en la cual llegas a reconocer que tu mayor alegría, tu mayor realización está en la plena y deliberada aceptación de la responsabilidad por toda la Creación. ¿Por qué? Porque repentinamente constatas que no eres el creador y ejecutor, y que puedes aceptar la responsabilidad por cada cosa y por todo, porque *todo el poder del Cielo y de la Tierra está hecho para fluir a través de ti para manifestar el Amor de Dios.* Así, dicho brevemente, está en manos de Dios, no en las tuyas. Luego entonces:

Que no se haga mi voluntad, sino la Tuya.

¿Comienza esto a tener sentido para ti? ¿Ves cómo cambia el modo en que has sido enseñado a interpretar mis enseñanzas?

El deseo, la intención, el permiso, la rendición –pero una rendición hacia una manera de ser que el mundo nunca puede reconocer. Es rendirte a una manera de ser en la que puede que nunca recibas eso que llamas en tu mundo un *Óscar* por tu actuación. Pero es una manera de ser en la cual tu consciencia se abre totalmente a tu unión con toda la Creación. Y hablarás con una hoja conforme cae del árbol. Verás el alma del gatito que cuidas. Y hablarás con ángeles y maestros. Te verás involucrado en reuniones en las salas superiores cósmicas de conferencias.

Y sabrás que el cuerpo-mente que una vez pensabas que era tuyo, es poco más que un recurso temporal de enseñanza, una *herramienta* a ser tomada y utilizada bajo la dirección de Dios, y a ser dejada de lado cuando su utilidad termine. Así es que incluso cuando llegue el tiempo de atravesar esa transición que conoces como muerte, nada perturbará tu paz. Y, cuando el cuerpo *muere*, eso simplemente significa que tu atención comienza a liberarse por sí misma de él –igual que cuando la mano de un carpintero es liberada de manejar el martillo, y este simplemente se deja sobre la mesa y el carpintero se va a cenar olvidándose de él. Serás capaz de observar incluso el proceso que tu mundo llama muerte con total ecuanimidad y dicha.

Verás a tu espíritu desprendiéndose del cuerpo. Observarás que este se desmorona en lo sin vida, de tal modo que toda tu atención se enfoque en una dimensión completamente nueva, en una dimensión que es tan vasta que serás capaz de mirar hacia el plano de la Tierra de una manera no muy diferente a como podrías mirar una piedrita en la palma de tu mano, y, en un rápido vistazo, verlo todo sobre ella sin que haya nada que se oculte a tu mirada.

Responsabilidad. Soy alguien que ha elegido asumir la responsabilidad por la piedrita llamada Tierra y por toda la vida que mora ahí. Tú también conocerás cómo es esa energía y la realidad de rodear con tus dedos todo el sistema solar y convertirte, digamos, en el Dios o el Salvador de esa dimensión. Y todo comienza al elegir tomar la responsabilidad por tu piedra, tu dominio, tu sistema solar, tu dimensión personal. Y eso, de nuevo, comienza al decir:

Yo, y solo yo, soy la fuente de lo que experimento y percibo. No soy una víctima del mundo que veo. Y todo lo que experimento lo he invocado hacia mí, lisa y llanamente —sin excusas, sin "y si...", sin "peros". Es como es.

Y se irá tu inmadurez, tu resistencia, para entonces simplemente ser responsable de tu experiencia.

Así pues, *La Vía del Corazón* cultiva entonces la madurez del deseo, de la intención, del permiso y de la rendición. Y no hay ninguna característica de mayor importancia que esa que ya hemos mencionado, la de la *humildad*. No esa humildad fingida que se enseña en ciertas religiones del mundo, sino una *genuina*. Pues la humildad no significa que, cuando te encuentras ante un grupo de gente aplaudiéndote, vas y dices:

Oh, ¡uf! no tenéis por qué hacer esto, no es para tanto.

De modo que puedas parecerles humilde cuando interiormente estás diciendo:

Oh, Dios, ¡se siente tan bien! Aplaudid un poco más alto, un poco más. Pero esto no os lo diré.

¿Reconoces este tipo de humildad? ¿No es este el tipo de humildad que te enseñaron en la escuela? Mmm. Se te decía que no te golpearas el pecho, diciendo:

¡Sí! ¡Gracias! Sabéis, creo que realmente estoy haciendo bien esto ahora.

Se te enseñó que eso no estaba bien.

La humildad genuina fluye del reconocimiento bien asentado de que tú no puedes salvarte a ti mismo, de que eres creado y no Creador, de que eres efecto y no causa (en un sentido absoluto), de que algo llamado

Vida no es tuyo, de que hay *algo* que está más allá de tu capacidad de controlar y comprender intelectualmente. Y si ese algo decidiera alguna vez dejar de amarte [*chasquido de dedos*], dejarías de existir, pues sin importar cómo de hondo te encuentres dentro de la profundidad de Dios, y sin importar lo profundos que sean tu discernimiento y tu consciencia de la unión con Dios, lo que Dios es, estará siempre más allá de tu creciente capacidad de entender a Dios. Es como un Océano de Profundidad Infinita. Y cuando te das cuenta de que, esforzándote tanto como podrías hacerlo, tu yo, tu pequeño yo, nunca podría abarcar esa Fuente, descansarás en la humildad, la *humildad genuina*.

Y, ¿por qué esto importa tanto? Porque –y subraya bien estas palabras–, porque, conforme progresas por el camino de *La Vía del Corazón*, conforme disuelves y debilitas los grilletes de tu mente, conforme se sanan y se resuelven los conflictos interiores, conforme comienzas a aceptar la abundancia que el Padre te quiere otorgar en todos los niveles de la vida y todos los niveles del sentimiento y de la percepción, coforme comienzas a degustar la magnificencia y la grandeza que fluirían a través de ti, descubres que los "enemigos" se hacen más sutiles. Cada niño ve a sus padres, en cierta etapa, como sus enemigos, ¿no es así?

¿Qué quieres decir con que no puedo sacar el automóvil esta noche? ¿Qué significa eso de que tenga que estar en casa a las 10:00 de la noche?

Los padres se convierten en enemigos.

Pero este es un nivel muy inmaduro y elemental. Conforme avanzas cada vez más hacia la maestría, serás enormemente tentado a creer que ya está lograda. Te verás enormemente tentado a creer que:

Yo ya puedo hacer esto. Las oraciones que solía hacer cuando comenzaba, ya no necesito esos ejercicios simples de consciencia que utilizaba cuando comenzaba mi camino. He dominado eso.

Siempre que escuches una voz en ti mismo diciendo, "conseguido", debes estar seguro de que no es así, y que estás en peligro de perder lo adquirido.

La humildad es el reconocimiento de que cuanto más te dirijas hacia la maestría, más existirá el deseo de disciplina y vigilancia. La disciplina no significa hacer algo duro que no te gusta hacer. La disciplina es como la habilidad de un artista que la cultiva y la refina simplemente desde el profundo deseo y deleite de crear más bellamente, y eso es todo. Disciplinar un músculo es lo que hace un atleta para que este trabaje incluso más bellamente que el día anterior, y desde el puro deleite de extender una mayor belleza al mundo.

Por lo tanto, la disciplina que se requiere para la mente es la de reconocer que, mientras el cuerpo dure y de hecho tú permanezcas existiendo, las creaciones de consciencia que son desemejantes al Amor han creado todo un conjunto de patrones vibratorios que simplemente estarán encantados de empujarte hacia abajo. Es el reconocimiento de que puede ser un deleite repetir conscientemente la decisión de enseñar solo Amor, y elegir selectivamente los patrones vibratorios en tu consciencia, siendo admitidos en ella solo los que reflejen la Verdad, la belleza y la valía de quien tú eres.

El juicio no puede reflejar esa Luz. La ira y el odio no pueden hacerlo. El miedo y la paranoia, el miedo al rechazo, el miedo a las opiniones de otros —tales vibraciones nunca pueden reflejar la majestuosidad, la grandeza, la magnificencia de tu Ser. Por lo tanto, entiende bien que la humildad es algo *absolutamente esencial*. Pues, paradójicamente, conforme la grandeza es expresada a través de ti, todavía tendrás la tentación de permitir que las energías egoicas establezcan su hogar en tu mente. Y la voz del ego dirá:

Tío, realmente estás hecho todo un maestro, ¿lo ves? Realmente te mereces toda esta adulación. ¿Por qué no te quedas el diez por ciento para ti mismo?

Un maestro acepta el Amor ofrecido, la gratitud ofrecida por aquellos a quienes sus enseñanzas han tocado, y ofrece todo eso a Dios, reconociendo que solas, todas esas cosas, no podrían haber sido hechas. Yo también aprendí a ser tentado. Y cuando aquellos enfermos que llegaban hasta mí encontraban la sanación en mi presencia, era muy tentador decir:

Sí, mira lo que he hecho. Realmente me lo he ganado. Estuve cuarenta días y cuarenta noches en el desierto. He ido a la India y al Tíbet. He estado en Inglaterra. Estudié con todos los maestros de Egipto. Sí, realmente merezco ser considerado un sanador y un profesor.

Pero mediante la humildad aprendí a recordar la simplicidad de que, por mí mismo, no puedo hacer nada. Cultivé en mí mismo el arte de ser siempre un *estudiante del Amor*, y no el *profesor* del Amor, que cree que ya lo ha conseguido solamente por tener muchas letras detrás de su nombre. Así es que, como ves, a medida que progresas y que permites que fluya más abundancia del Amor de Dios a través de ti, ves que comienzas a levantarte por encima de la multitud, y ves que comienzas a atraer a aquellos que quieren la Luz. Y conforme esto sucede, *debes practicar la disciplina y la vigilancia recordando siempre la humildad, hasta que te encuentres recordándola con cada respiración.*

¿Y por qué? Si estás viviendo en este mundo y sientes que nadie te busca, que nadie te toma como autoridad, solo hay una razón. Te has resistido a la Verdad de tu ser, y a través de la negación has alejado la Luz de Dios debido a tu miedo, debido a tu bien arraigado miedo a parecer diferente del resto de los demás. Y el mundo te querría enseñar a ser un esclavo de modo que encajes en él y no arrugues las plumas de nadie[23]. Pero a medida que te llenas de poder, la manera en que vas a reconocer que eso es lo que está sucediendo es al ver que cierta gente no te querrá. Les pondrás nerviosos solo por caminar por la misma habitación, porque *la oscuridad aborrece la Luz*. Es así de simple.

La humildad es absolutamente esencial. A través del portal de la humildad, la Luz del Poder puede ser encendida a través de ti, y cada vez con un mayor voltaje. Y si ese voltaje no parece estar fluyendo a través de tu mente, mira bien para ver si estás recordando la humildad y entregándote a ella. Porque la Luz de Dios solo puede brillar a través de ti en el grado en que estés dispuesto a tomar responsabilidad por ella, lo cual implica entregar los frutos de regreso a su Fuente, y no reclamarlos como los tuyos propios. Y cuando no reclamas *nada* para ti mismo, *todas* las cosas pueden fluir a través de ti. Y el Espíritu Santo puede reunir millones de seres en muchos planos para que lleguen hasta ti, porque sabe que no distorsionarás el Amor de Dios usurpando la posición de Dios, poniéndote tú mismo en el trono.

La humildad es una característica principal a cultivar. Por tanto, cuando reces, ciertamente pide grandeza. Permite que el Padre sepa que estás preparado para que encarne la plenitud del Cristo, y simplemente mantente en la promesa de recordar para siempre que tú no eres el creador y el ejecutor. Eres meramente quien ha llegado a reconocer que solo el Amor de Dios puede llenarte a ti como alma. Solo la realización de tu propósito de ser un *canal para el Amor* puede brindarte el éxito que realmente buscas. Cuando estés plenamente comprometido a eso, antes que a pensar en las opiniones de los demás, entonces, ese Poder puede comenzar a moverse a través de ti.

Cuando estés dispuesto a soltar el mundo, el Cielo vendrá para reemplazarlo. Cuando estés dispuesto a soltar tu necesidad de grandeza egoica, la verdadera grandeza comenzará a derramarse a través de ti. Hay una paradoja en el Espíritu. Aprende a discernirla. Hazte un maestro en ella. Y nunca descuides la necesidad de disciplina, apoyándote en el cimiento de la humildad. Ves, esto es lo que ha provocado que le temas a la energía del deseo, pues en el pasado (y eso puede estar muy lejos), has decidido averiguar cómo sería permitir que todo ese poder fuera reclamado como el tuyo propio –para ser usado al servicio de la voz del ego-. Y de eso es de lo que tienes miedo. Pero si cultivas esas etapas y las transitas con humildad, nunca necesitarás temer el mal uso del deseo.

Por lo tanto, en tus oraciones, recuerda tan a menudo como puedas que lo que tú decretas, *es*. Así es que habla claramente contigo mismo:

Fuente, Creador, Dios, Diosa, Todo Lo Que Es, Abba, estoy preparado para ser lo que Tú me has creado para ser. Elijo recordar que soy efecto y no causa. Que se haga Tu Voluntad, sabiendo que Ella es mi plena felicidad. Revela entonces esa vía a través de la cual puede ser conocida dicha felicidad. Porque mi manera nunca ha funcionado, pero la Tuya siempre lo hace.

Entonces recuerda cada día la energía del *agradecimiento*. Es adecuado y bueno agradecerse y apreciarse, unos a otros. Pero, en la privacidad de tu propia meditación y oración, aprecia y agradece cómo el poder de esa Fuente de Amor que he llamado Abba o Dios, está viviendo y moviéndose y respirando para traerte la gente, los libros, los profesores, las experiencias, que están desplegando suavemente el capullo del ego alrededor de ti, despertándote a la Verdad, y la belleza, y la majestad, y a la magnificencia y la grandeza que la Vida, en Sí Misma, es –y que quiere respirar a través de ti tan mágica y poderosamente como lo hace con una tormenta atronadora, o con una hoja en un árbol, o con el brillo en los ojos de un recién nacido–.

Esa Vida es lo que tú eres. Esa Vida es la presencia del Amor de Dios, la Profundidad del Océano brotando en las Olas de la Creación. Permite por tanto que la Vida sola sea tu guía en todas las cosas, y descansa en agradecimiento ante el Misterio Infinito que la Vida es, y di *sí* a ello. Di *sí* a la *Vida*, para que puedas estar dispuesto a permitir que su clara plenitud te traspase y te lleve a una mayor profundidad de entendimiento y comprehensión de todo lo que Dios es. Y, ciertamente, si percibes adecuadamente la humildad, permanecer en la consciencia de la humildad divina es la más dulce de las experiencias que alguna vez puedas tener.

Muchos entonces os acordáis de mí y decís:

¡Oh! Allá donde está Yeshua, allí sí que me gustaría estar. Piensas un pensamiento y ya estás con alguien. Piensas en algo, y ya estás en ese universo. Nunca tienes que parpadear porque no tienes ojos.

Te aseguro que yo habito en una frecuencia vibratoria con muchos, muchos otros seres, cuya consciencia *nunca vacila* ni un solo *instante* en estar en un profundo *agradecimiento y humildad* ante el Misterio de Todo Lo Que Dios Es –el gran deleite de saber que vivimos, pero que no vivimos nosotros, sino nuestro Creador, que vive *en tanto que nosotros*–. La única diferencia entre ser un maestro y ser un estudiante es que el maestro ha dominado el arte de ser siempre un estudiante. Piensa sobre ello.

El deseo, la intención, el permiso, la rendición –¿qué es lo que *realmente* quieres? ¿Estás dispuesto a sentirlo, y permitir que ese *hilo de deseo* te lleve a casa? ¿Puedes recordar usar el tiempo constructivamente enfocando tu intención, recordándote para qué estás aquí realmente? No estás aquí para sobrevivir, estás aquí para *vivir* como la Verdad de quien tú eres.

El permiso: no una aceptación pasiva de las cosas tal y como son, sino un reconocimiento de que algo muy bello está en marcha. Hay una Inteligencia, un Amor que te conoce mejor que tú mismo, y que te está presentando, minuto a minuto, joyas, gemas, lecciones y bendiciones... entretejiendo el tapiz de tu vida, sin que nada suceda por accidente.

La rendición: el cultivo del reconocimiento de que tu felicidad solo puede encontrarse al someter tu voluntad a la de Dios. Porque la tuya ha sido la de estar en conflicto, lucha y limitación. La Voluntad del Padre es que vivas sin conflicto, en paz, con alegría, realización y felicidad —eso que se llama éxtasis—.

La humildad: si alguna vez te preguntas cómo anclar tu discernimiento en la humildad, detén lo que estés haciendo y pregúntate esto:

¿Yo me creé a mí mismo?

Sabrás muy bien que la respuesta es:

No, ni siquiera sé cuándo fui creado. Algo me concibió. ¿Qué es?

Eso te conducirá muy rápidamente a la humildad. ¿Sabes cómo concebir una estrella? ¡No! ¿Sabes cómo hacer que surja una hoja de un árbol? ¡No! ¿Incluso sabes cómo levantar tu mano de tu regazo? ¡No! ¿Qué es lo que sabes entonces? ¡Nada! Permítete entender que no sabes nada. Y en ese estado de *divina ignorancia*, descansarás en una humildad que finalmente le permite a tu Creador moverse a través de ti y revelarte todas las cosas.

Así, queridos amigos, *La Vía del Corazón* es esa vía que corrige la percepción y te brinda una *mentalidad correcta*, de tal modo que ya no seas el creador, el ejecutor y el director. Tus opiniones te parecerán algo absolutamente insignificante. Y desde un grandioso vacío descubrirás una paz perfecta. Y la Vida te llevará sobre Sus alas. Y a través de ti, la Vida expresará, cada vez en una mayor dimensionalidad, el exquisito e infinito Amor, Poder y Creatividad que Dios es, hasta que jures que Dios es todo lo que hay. Y no encontrarás ni rastro de ti mismo en ningún lugar. Si la iluminación es el final de la separación, ¿cómo puede haber un creador y ejecutor? ¿Puede la ola dirigirse a sí misma? El ego es el intento de hacer eso, y siempre fracasa.

La paz sea entonces con vosotros siempre. Permite que la paz inunde vuestro ser en todo momento. Y reconoced que estáis a salvo en el Amor de Dios que surge de esa gran Fuente de misterio, que querría moverse a través de vosotros con cada respiración que tenéis y con cada palabra que decís, hasta que solo escuchéis ese ímpetu de la guía que mana desde lo más profundo de tu ser como una Suave Voz en la que confiáis completamente. Y conoceréis la libertad que buscáis.

Y con esto, nosotros, ciertamente, os dejamos por ahora. Aunque no vamos a ningún lado, ya que vosotros ya estáis donde nosotros estamos. Confiad en esto. Reconoced esto. Contad con esto. Y explorad *La Vía del Corazón*. Y con esa exploración, llegaréis a conocer la Verdad del Amor.

Estad por tanto en paz, queridos amigos.

Amén.

Lección 6

Ahora, comenzamos.

Y ciertamente, una vez más, a vosotros os saludo, queridos y santos amigos. *Ciertamente, a vosotros os saludo, queridos y santos amigos.* Si entendierais el significado de este saludo, si comprendierais cada término en toda su *profundidad,* ya sabríais todo lo que hay que saber. Y estaríais bien preparados para extender el Amor de Dios, para siempre.

"Ciertamente", significa que no hay más opciones. *"Saludos para vosotros"*, son saludos a quien fue creado del Padre, antes de todas las cosas, pues me inclino ante tu resplandor. ¡Saludos para ti, *"querida"* y santa Criatura de Dios! Ciertamente, amada de Dios. Ciertamente, amada por cada molécula en tu universo físico. Ciertamente amada por tu Santa Madre, esta preciosa Tierra. Ciertamente amada por cualquier cosa que imagines que existió alguna vez o que pueda existir alguna vez, y que se ha extendido a sí misma desde el Corazón y la Mente de Dios. Eres el Amado, pura y simplemente. Y de nuevo, no hay otra opción.

"Santo", ya que eres pleno, y no porque te hayas ganado esa santidad, sino porque ella es la Verdad desde la cual te extendiste para siempre; pues estás hecho a imagen de Dios, ya que brotas de la Mente de Dios. Eres la santidad *misma* cada vez que dejas a un lado la tentación de soñar un sueño inútil, y caminas por esta Tierra como el Cristo.

Querido y santo *"amigo"*. Un amigo no es alguien inferior a mí mismo. Un amigo es alguien que camina en perfecta igualdad, con el más grande de los maestros, sea quien sea quien concibas que ese maestro es. Un amigo, un amigo es alguien que elige mirar a otro para ver ahí solo la Faz de Cristo. Y no hay nadie en esta habitación, ni habrá ciertamente nunca nadie que escuche estas palabras, que no me haya mirado ya a *mí* y que no haya visto la Faz de Cristo adentro. E igualmente, yo te miro a *ti* y te digo "amigo".

Pues cuando te miro, no veo esos sueños pasajeros que pareces creer que son tan duraderos. Solo veo el resplandor de aquello que mi Padre ha extendido desde el Amor. Solo veo aquello que no tiene ni comienzo ni fin. Y veo solo aquello que no conoce nacimiento ni muerte. Veo solo lo ilimitado. Solo veo eso, cuya Luz ya está extendida por todas las dimensiones y por todos los universos.

Veo solo a mi hermano y a mi hermana. No veo ni rastro de desigualdad entre nosotros. Y además, también reconozco que a ti, en tu sueño, te parece como si yo estuviera un poquito más avanzado que tú. Y a veces, en vuestros corazones, existe el anhelo de seguirme. *Y si tan solo pudieras prestarle atención* a ese *anhelo,* si pudieras hacer que ese anhelo fuera algo *primordial* en todo momento, tu propio deseo te llevaría plenamente adonde yo estoy. Y te reirías al descubrir que no te has movido ni un centímetro, al ver que donde yo estoy es donde tú estás, y donde tú estás es en la eternidad, y no en el tiempo; y que donde tú estás es en el lugar de tu nacimiento: la Mente de Dios. Esta es la única cosa cierta, y cierta para siempre. Es la única realidad que posees genuinamente. Por tanto, ciertamente, te llamo *amigo.* Pues compruebo con claridad que tú eres como yo soy, y por tanto, *ciertamente, a vosotros os saludo, queridos y santos amigos.*

Así que ahora podríamos detenernos. No hay nada más que decir. Y no obstante la mente echa a correr, ¿no es así? Y además echa a correr desde la misma realidad que te acabo de describir como la tuya propia. La mente echa a correr desde esa fuente, como un rayo de luz solar saliendo del sol. Mas, en realidad, nunca abandona su Fuente. Y el mismo poder con el cual pareces poder distraerte, con un pensamiento momentáneo de miedo, es el mismo poder mediante el cual *despertarás* a tu propia llamada.

En Verdad, existe un lugar dentro de ti que ya sabe el día y la hora. Tú ya sabes cuándo estarás preparado para decidirte a vivir la decisión de despertar en Dios, de ser solo la presencia del Amor. *Y el amor abraza todas las cosas, permite todas las cosas, confía en todas las cosas, trasciende todas las cosas.* El amor nunca es posesivo. El amor nunca teme. El amor es simplemente Amor. El amor no puede brillar de forma especial sobre nadie en ningún momento. Pues el especialismo, en sí mismo, es una contracción, es la tentativa de tomar el Amor y hacerlo brillar solo sobre un objeto, solo sobre una persona, solo sobre un ser, solo en un universo.

Por lo tanto, siempre que reconozcas que has aislado alguna cosa, o a alguien, y has dicho, "tienen un gran valor", puedes estar seguro de que en absoluto estás *en el Amor*, sino en el miedo. Y por tanto, si ese ser fuera a abandonarte, ¿dónde te quedarías? Pero, si estás en el Amor, como un pez en el mar, todos los seres pueden surgir y pasar, y los bendices en su caminar. Y recuerdas que resides donde Dios te ha colocado. Y Dios te ha colocado en Su Corazón. Y cuando elijas ser *solo* la presencia del Amor, incluso el sueño de pérdida se disolverá de tu consciencia como la bruma en el bosque ante el sol de la mañana.

Ciertamente, queridos amigos, el Amor realmente espera vuestra bienvenida. Y no obstante, no podéis darle la bienvenida al Amor esperando que os sea traído a vosotros por algún otro, ni siquiera por *mí*. No podéis darle la bienvenida corriendo de un lado para otro intentando crear un entorno en el cual creéis que vuestras preferencias se verán satisfechas. No podéis darle la bienvenida al Amor cuando esa bienvenida está relacionada o asociada con alguna cosa fenoménica, con cualquier cosa que haya sido concebida en el tiempo. Al Amor solo se le puede dar la bienvenida allá donde el Amor realmente reside. Y el Amor reside en ti, como el Núcleo y la Fuente de tu mismo ser.

Por lo tanto, si quisieras conocer el Amor, conócete a ti *Mismo*, a tu *Yo*. Abraza la Verdad sobre ello y la Verdad te hará libre. Entonces, ciertamente, el Amor fluirá *a través* de ti. Y como la gran luz solar que viene a nutrir a esta amada Tierra vuestra, el Amor que fluye a través de ti se verá *libre de trabas*. No encontrará ningún obstáculo. Y contemplarás a quienquiera que se halle frente a ti reconociendo que te ha sido enviado por el Padre, que ha sido guiado hacia ti por el Espíritu Santo, pues a través de ti el Amor le puede ser dado bajo una forma que comienza a tocar ese espacio de su despertar. Por eso es por lo que no eres sino el servidor del Amor. ¡Eso es todo lo que la Vida es!

Cuando elijas rendirte, abandonar el juego, abandonar el sueño de intentar resistir la Verdad que es cierta sobre ti siempre, te harás un mero canal, un mero conducto. Ya no serás más un buscador, pues habrás decidido que has *encontrado*. Y, entregando el más pequeño vestigio de la demente posibilidad de contracción que te aparta de la Verdad, cuando hayas entregado eso, el Amor fluirá a través de ti. Pero date cuenta de que si fluye *a través* de ti, primero debe fluir *hacia* ti. Por lo tanto, busca siempre *recibir* para poder *dar*. Pues, ¿qué puedes darle a otro si todavía no te lo has dado a ti mismo?

¿A cuántos de vosotros se os ha enseñado a intentar amar, a intentar hacer lo "correcto", lo "bueno"?... sea lo que sea que se suponga que eso signifique. Y, no obstante, ¿cuántas veces os habéis dicho, en vuestra cámara secreta, "no soy digno"? Y entonces, te preguntas por qué tus tentativas de unión en Amor con otros nunca parecen ser lo suficientemente satisfactorias, nunca parecen llenar la copa lo suficiente, nunca parecen suscitar toda la alegría que crees que podrías encontrar ahí. Porque ciertamente, escucha bien, tu trabajo, si lo quieres llamar así, no es buscar y encontrar el Amor, sino meramente dirigirte hacia dentro para poder desvelar todo obstáculo que hayas interpuesto ante su presencia, y ofrecer ese obstáculo al gran disolvente de los sueños, a la gracia del Espíritu Santo.

Te he dicho muchas veces que el mayor de los regalos que puedes ofrecer es este: llegar plenamente al reconocimiento de que, en todo intento que has probado para resistirte a ser la presencia del Cristo, has *fracasado miserablemente*; todos te han fallado miserablemente. Y, sin importar cuántas veces te hayas intentado convencer de que no eres digno, el universo encuentra una manera de amarte. Sin importar cuántas veces hayas intentado enclaustrarte a ti mismo en el espacio y el volumen de un cuerpo, no has tenido éxito. Y en la muerte, has recordado y te las has visto con el *esplendor de tu ilimitación*. Por tanto, ciertamente, el mayor de los regalos que le puedes dar a otro es ser alguien que haya prescindido de la necesidad de insistir en la demencia del miedo.

La ausencia de miedo es la primera característica de la maestría. Y en la maestría no se trata de tener un gran poder para conseguir que ocurran cosas. La maestría es solo el reconocimiento de que lo que es verdad es siempre verdad, y que no hay otra elección. El libre albedrío no significa que tengas derecho a creer que puedes tener éxito en ser distinto de lo que Dios te creó para ser. Tener libre albedrío no significa que puedas elegir no seguir el plan de estudios que la Vida te ofrece en cada momento. Solo significa que sí tienes el derecho a posponerlo para otro día más. Y, cada vez que lo pospones, caes dormido en tu sufrimiento.

Pero cuando eliges seguir el único plan de estudios que importa, cuando eliges usar el poder de tu libre albedrío para decir:

Ahora, desde este momento, ya no toleraré más el error en mí mismo. No más juegos, no más sueños. Me comprometo a ser solo la presencia del amor, pues esa es la Verdad de quien yo soy. No importa lo que digan otros que aún se resisten a tal decisión.

...entonces, ciertamente, todas las cosas en el Cielo y en la Tierra se moverán para apoyarte, para guiarte hacia la persona correcta, el lugar adecuado, el libro correcto, el amanecer correcto, la pradera adecuada, para poder asistirte en la labor de retirar las cadenas de los obstáculos interpuestos ante la presencia del Amor, los obstáculos que has creado como ídolos y como sustitutos del Amor. Y por eso es por lo que cuando realmente rezas desde las profundidades de tu alma, "Padre, llévame a casa", puedes estar seguro de que, desde ese momento, será bueno para ti confiar en cada pequeño detalle que se despliegue. Pues, aunque no lo veas, aquellos que llamarías *ángeles* –amigos que simplemente no tienen cuerpos– corren de un lado a otro apresurándose ante tu orden:

Sí, acepto vuestra presencia en mi vida. Entrego todo este asunto. Ahora, cada momento, lo dedico a la sanación y a despertarme de esta sensación ilusoria de separación de Dios, esa que una vez yo creé en el error.

¡Amor! ¿De cuántas maneras lo has buscado? ¡Mmm! ¿Podrías contarlas? ¡Mmm! ¿Estarías dispuesto a contar cada granito de arena en las playas de tu planeta? Pues ten por seguro que todas y cada una de las almas ya han intentado buscar el Amor de todas esas maneras, si no más. Lo has buscado en las millones de formas que tú *ya sabes* que *no podrías encontrarlo*. Y todo porque querías perpetuar el intento demente de tratar de separarte a ti mismo de Dios. Y eso es tan fútil como si un rayo de sol intentara separarse a sí mismo del sol.

Ciertamente, queridos amigos, solo hay una cuestión a responder:

¿Qué estoy eligiendo en este momento?
¿A qué le he entregado el dominio sobre mi vida: a qué percepción, a qué pensamiento, a qué sentimiento? (ya que el sentimiento meramente fluye del pensamiento o la percepción que hayas elegido).
¿Qué comportamiento, qué acción estoy eligiendo en este momento? ¿Eso expresa la realidad de mi ser?
¿Estoy ocupado extendiendo Amor, o bien intentando agarrarme con miedo a lo que creo que puede dármelo de tal modo que no lo pierda?

Mira bien, entonces, a tus padres, tu familia, tus compañeros, tus amigos. Ninguno de ellos—*ninguno de ellos*– tiene el poder de traerte el Amor hacia ti. Así que, ¿qué es lo que estás intentando sacar de ellos? ¿Por qué insistes tanto en que otro debería ajustarse a lo que crees que tú necesitas? Es fútil, es cien por cien fútil, es extremadamente, es absolutamente fútil *buscar* el Amor en la relación con algo o alguien.

Es, sin embargo, muy apropiado *extender* el Amor en cada relación, con cada cosa y con cada cual. Pero la extensión de ese Amor requiere que hayas despertado a la Verdad de que la *única* relación que tiene valor es la relación entre tú, como alma, y el Padre, o Dios, como tu Creador.

Imagina que una bombilla de luz, en una de tus lámparas, mirara hacia fuera desde sus pequeños filamentos y dijera:

¡Mmm! Vale, espero que la persona que acaba de entrar por la puerta sea la correcta. Si solo pudiera llegar hasta ahí y tomarla, quizá mi propia luz podría encenderse.

Mmm. ¿No es mucho más fácil simplemente tomar el cable y meterlo en el enchufe correcto? ¿Cuántas veces has insistido en intentar meterlo en el lugar incorrecto? ¿Mmm?

Bien, ese no funcionó. Vamos a ver con este otro cuerpo, intentaré con esta persona, esta carrera. Mmm. Y al no sacarle tampoco demasiado jugo a eso... entonces... ¡Ah! Bien, sí había un poco de jugo.

Y entonces te quedas hambriento porque no te está dando suficiente jugo, o bien, sí que te lo dio ayer, pero no hoy, así que todo debe ser por *su* culpa. ¡Mmm!

Solo hay un pequeño enchufe donde puedas meter tu cable. Solo hay uno que se ajuste, y es el único que está operativo como para poder brindarte las Fluyentes y Vivientes Aguas de la Gracia. Y ese enchufe está solamente dentro de tu Corazón —no el físico, sino aquel que es simbolizado por el corazón físico: *el núcleo mismo de tu ser*—.

Pero, ¿cuántas veces al día miras a ver si el cable está enchufado ahí? ¿Cuántas veces recuerdas preguntarte a ti mismo:

Mi compromiso, ¿es con el Amor, o con el miedo?

El miedo es el arte de desconectar tu cable del único enchufe que verdaderamente te satisfaría, y te hace corretear para intentar enchufarte a alguna cosa más o a alguien más. Y te pido que consideres solo esta cuestión al contemplar toda tu experiencia: ¿ha funcionado alguna vez? ¿Puede alguna vez funcionar?

Imagina que aprietas los dedos contra tu mano tratando de contener el agua que fluye por la palma de tu mano. ¿Con cuánta te quedas? ¿No se escapa por mucho que los aprietes? Encuentra pequeños agujeros y se va. Abres tu mano y no queda suficiente como para poder siquiera humedecer la lengua. Y no obstante, eso es lo que estabas haciendo cada vez que mirabas a otro —padre, pariente, amigo, compañero, profesor o lo que sea—, o cada vez que has contemplado un objeto físico y te has intentado enchufar ahí para extraer el jugo que creías necesitar, eso es lo que estabas haciendo. Y, literalmente, acababas exprimiendo la mismísima vida de la relación, expulsándola.

Mas, en Verdad, cuando buscas primero el Reino y enchufas tu cable en el enchufe dentro de tu corazón, cuando recuerdas que tú y tu Padre sois Uno, que solo el Amor es real y que nada más importa... entonces, quizá sientas algo, algo que quizá te esté diciendo esto: "pero..., pero..., pero... pero...". Y esto no es más que el eco de un viejo hábito. Y ese hábito no puede seguir vivo a menos que *tú* lo alimentes.

Por lo tanto, alimenta el único hábito que sí importa: el de recordar que la Verdad es verdad siempre, pase lo que pase ante tus ojos físicos, y, por tanto, ante tu mente. En todas las idas y venidas, nacimientos y muertes, en todo surgir y pasar de universo tras universo tras universo, en medio de un pinchazo o de una repentina tormenta, nada –*nada*– tiene valor excepto tu relación con tu Creador.

Cuando has experimentado, en relación con cualquiera o con cualquier cosa, un momento de éxtasis, un momento de esa paz que siempre sobrepasa todo entendimiento, un momento de realización tan dulce y tan sublime que ninguna palabra podría ni rozarlo, y mucho menos expresarlo, lo que has experimentado es solo el fluir del Amor de Dios a través de ti. No era algo provocado por esa persona o cosa. Fue provocado porque, por solo un momento, te saliste de tu drama, de tu sueño, y permitiste que la Verdad fuera vivida.

Entonces, por supuesto, te engañaste a ti mismo:

Dios, ¡fue tan dulce! Ha sido lo mejor que haya probado alguna vez. Debe haber procedido de ti, así que ¡ven aquí! ¡Te necesito!

Si alguna vez creíste que necesitabas algo o a alguien, ten por seguro que en ese momento estabas viviendo en el engaño.

Todo lo que necesitas es Amor. El Amor satisface todas las cosas. El Amor abraza todo. El amor sana todas las cosas y el Amor transforma todas las cosas. Por tanto, ciertamente, recuerda bien que tú, y solo tú, puedes convertirte en la causa, por así decirlo, de tu realización, de tu paz, de tu consumación del tiempo. Y esto requiere que tú no hagas nada salvo recordar establecer la conexión con tu Creador.

¿No es cierto que lo que deseas más que nada es el Amor? ¿No es cierto que intentas, o al menos esperas, que cada relación, sin importar lo breve que sea, sin importar su forma, que cada caminar, que cada proyecto... te permita experimentar la paz? ¿No es cierto que tú, que te encuentras transitoriamente en un cuerpo dentro del tiempo, no es cierto que las más grandiosas experiencias que has conocido han sido aquellas que parecían inundar las mismísimas células de tu cuerpo con Amor, con un sublime éxtasis y con paz?

Acepta esa Verdad: que por encima de todo deseas *la experiencia viviente del Amor*. Y entonces recuerda que nada de lo que haces te puede brindar ese Amor. Nada de lo que hagas puede mantener el Amor bajo la forma que hayas elegido. Nada de lo que hagas —*nada de lo que hagas*— puede hacer que el Amor se muestre de acuerdo a tus exigencias.

Mas, soltando el drama, soltando el sueño, eligiendo recordar la Verdad que siempre es verdad, regresando al Reino adentro, incluso antes de cada inspiración, y recordándote a ti mismo decirle a tu Creador:

Solo quiero aquello que es verdad siempre. El amor es lo que quiero.
Amor es lo que Tú eres. Amor es lo que recibo. Amor es lo que yo soy.
Yo y mi Padre somos Uno.

Con esto, y solo con esto, descubrirás lo que buscas.

Y entonces te conviertes en alguien libre para caminar por esta Tierra, para estar en ella, pero sin ser de ella en absoluto. Y aunque tus amigos te miren y todavía contemplen a un hombre o a una mujer que parece actuar de forma parecida a ellos, no obstante, aunque ellos no lo vean, Cristo está con ellos. Y algo en ellos hará que les atraigas. No estarán seguros de lo que es. ¿La forma de tu cuerpo? ¡Mmm! ¿El resplandor de tus ojos? No es eso. Sienten la cualidad del *Amor*.

¿Puedes imaginarte caminando por esta Tierra, por este mismo planeta en el que os encontráis, y sin importar dónde estés, sentirte como si cada retazo de nube y cada brizna de hierba, y todas las cosas buenas del Cielo y la Tierra estuvieran ya contigo, albergadas en la esfera de tu semblante? ¿Te puedes imaginar caminando sobre la Tierra y sintiendo que la Luz de la más lejana de las estrellas que brilla durante la noche ya está dentro de ti, y que toda la Creación se viera albergada en las palmas de tus manos? ¿Habría todavía algún modo de poder convencerte a ti mismo de que hay algo que te falta, algo que necesitas, y de que la inquietud que sientes debe ser aceptada?

En Verdad, eres como alguien a quien le ha sido entregado un tesoro perfecto, una joya que no tiene precio. Pero la has colocado en tu bolsillo y has olvidado que la tienes. Y así, vas por ahí intentando rebuscar en los bolsillos de todos los demás. Y has intentado seducir a algunos para que te entreguen su ropa para con ello intentar poseer la joya que esperas que esté en sus bolsillos. Pero la gran Verdad es que no puedes poseer el Amor hasta que lo liberes. No puedes dirigirte hacia la relación sagrada con nada ni con nadie si no abandonas toda traza de necesitar poseerlo.

Cuando tu único deseo sea el Amor, estarás dispuesto a liberar a todos para apoyarles en sus propias travesías, sin importar las que sean, o lo que se requiera. Y además, nunca sentirás que tu Amor vacila. Y si surge una punzada de tristeza porque reconoces que dos cuerpos en el espacio van a separarse ahora para marcharse a diferentes partes del planeta, conforme surge eso, lo reconocerás como el efecto de una percepción errónea. Y te dirigirás adentro, al lugar donde todas las mentes están unidas. Y recordarás que tu satisfacción no reside en *ganarte* el Amor de otro, sino en *darle* Amor a todos.

S,i ciertamente, quieres reconocer que la Verdad te hace libre, presta atención a cada palabra que está siendo compartida. Y si quieres probar el dulce néctar de la perfecta libertad, comprométete a reemplazar cada percepción errónea que alguna vez hayas tenido, todo pensamiento que hayas tenido de cualquiera y de cualquier cosa, para dejar de lado esas cosas y comprometer la totalidad de tu energía a la simple pero vigilante práctica de recordar la Verdad,incluso antes de cada inspiración:

¡Vivo! Pero no yo, sino que el Cristo mora en mí. Por lo tanto, entrego y me rindo a la Verdad que siempre es verdad. Pues mi satisfacción solo procede de permitir que Cristo sea entregado al mundo.

Y así, ves, la Verdad es muy simple. No es para nada compleja. Quítate de en medio, permite que el Amor viva a través de ti. Y de repente reconocerás que ciertamente se te han dado todas las cosas buenas, para toda la eternidad. Reconocerás que la Gracia es la realidad. Reconocerás que la vida sin esfuerzo es la forma de Vida en el Reino. Pero sin esfuerzo no significa que no sientas, pues estás en una dimensión de sentimiento. Sin esfuerzo no significa que no descubras, que no profundices en tu capacidad de ser una encarnación viviente del Amor. No significa que no te desafíes a ti mismo para poder aprender a expresar Amor de tal manera que pueda ser escuchada por algún otro. Sin esfuerzo solo significa que abandonas la resistencia ante lo que el Amor requiere en cada momento.

Sin esfuerzo es la manera del Reino. En el mundo, sin esfuerzo significa que permites que caiga el muro que has construido entre tú mismo y el resto de la Creación. Ya no te resistes a la *viva experiencia de la relación*, cualquiera que sea esta –la relación con una nube, con otra persona, la relación con un perro o un gato, o con –lo que llamarías– tu 15 de abril[24], o cuando le escribes a tu gran gobierno y le mandas un cheque. Mmm. ¿Y por qué no lo envuelves con lo que llamas papel de regalo y ribetes, y se lo envías con mucho Amor? ¡Mmm!

Cuando hayas aprendido a liberar las barreras, los muros entre tú mismo y lo que esté frente a ti; cuando abras la puerta de lo que muchos llamaríais *chakras* y simplemente permitas que el Amor sea vivido a través de ti; cuando mires a otro, a una situación, a alguna cosa, y comprendas que nada en este mundo tiene el poder de herirte, que nada en este mundo tiene el poder de quitarte nada, *si recuerdas extender Amor...,* entonces, ¡eres libre! Y has trascendido el nacimiento y la muerte. El buscador deja de existir, y solo Cristo camina por esta Tierra. Y si realmente estás comprometido a mirar adentro y a desvelar todos y cada uno de los obstáculos que alguna vez hayas colocado ante la presencia del Amor, ¿por qué te resistes a *sentir* esas cosas? Pues es cierto aquello que se te ha explicado, cuando se te ha dicho que justo al otro lado se encuentra ese mismo Amor que buscas.

No niegues entonces el papel del *sentimiento* en esta dimensión, ya que ¡el *sentimiento lo es todo!* No puedes ni siquiera reconocer la presencia de Dios a menos que la sientas. No puedes pensar sobre la presencia de Dios. No puedes insistir con empeño en alguna creencia sobre la presencia de Dios. Eso no puede ser, no llenará tu copa. El sentimiento llena tu copa. ¡El sentimiento – *desenfrenado, desbloqueado, no obstruido*– es la puerta de entrada a ese Amor que te hace libre!

Por tanto, cuando dices, "no quiero sentir esto", ten por seguro que lo que realmente estás diciendo es:

Sí, sí. La puerta de entrada al Reino del Cielo está justo ante mí, ¡pero si crees que voy a abrirla estás listo! No vale la pena hacerlo, de ningún modo. Lo que sí que merece la pena es proteger el sustituto que he fabricado.

Y a eso lo he llamado "el ego", el falso yo, lo que una vez te describí como un ratoncito, o una mosquita, da lo mismo, gritándole al espacio, en un pequeño mosqueo:

¡Eso! Oh, eso es con lo que estoy comprometido. Y voy a proteger esto. ¿Abandonar el Cielo para proteger esta cosita inútil? ¡Oh, sí, claro! ¡Cómo podías creer que no iba a hacer este sacrificio! ¿Qué es el Cielo de todas maneras? Un asunto nada más que de montones y montones de amor. ¡Mmm! Un montón de gente corriendo en éxtasis, algunos sin cuerpos, pasando el rato en la ilimitación, sin miedo, en absoluta satisfacción. ¿Quién necesita eso? Oh, pero este, mi pequeño mosqueo... ¡Oh! ¡Voy a hacer que brille!

Hay tanta sabiduría que contemplar en tus dichos tan divertidos, en tu música y tus cosas... ¿Cuántas veces has intentado hacer que ese mosqueo brille? ¡Mmm!

Todo el mundo lo nota, está brillando. Por favor, date cuenta de lo grande que soy. Estoy haciendo que brille. Escucha mi lloriqueo y mis quejas (y perdón por la expresión: eso que llamas "puteo"), el lamento, la gran tristeza. ¡Oh! ¡Qué grande es mi mosqueo!

Mientras tanto, el Amor de Dios fluye a través de una multitud de universos y crea –para siempre– incluso nuevos universos. Y el Amor de Dios ni siquiera nota el mosqueo, para nada. Nadie le presta ninguna atención. Tus amigos, en tu entorno, no quieren prestarle atención, aunque a veces les arrincones y no tengan otro remedio. Pero, aquellos que no tenemos cuerpos, ¿en serio piensas realmente que perdemos nuestra preciosa eternidad tomándonos *seriamente* tu tentativa de hacer brillar tu mosqueo? Ciertamente, como te Amamos, te damos el espacio y honramos el libre albedrío que utilizas para ser todo lo pequeño y miserable que desees. Y esperaremos hasta que elijas venir una vez más al esplendor en el que realmente resides. Nunca te retiraremos nuestro Amor. Simplemente, miramos a través de tu línea de vida, porque lo que *nosotros* deseamos amar es el *Cristo* que mora en ti.

¿En qué día del calendario y en qué hora decidirás *amarte a ti mismo* tal y como el Padre te ha amado en un principio? Para verdaderamente –para *verdaderamente*– y de una vez por todas, ¡tomar la decisión de *vivir!* Porque hasta que decidas todo *con* la Mente de Cristo, y *para* la Mente de Cristo, y para siempre *desde* la Mente de Cristo, ¡*la vida no habrá comenzado todavía*!

> *¡Oh Dios mío! Esto es un poco como un puñetazo, ¿no? Considera todas esas experiencias que he tenido, Yeshua. ¿Cómo puedes decirme que no he vivido? ¿Por qué tuve ese drama, y luego ese otro, y luego ese otro más? ¿No recuerdas, diecisiete vidas pasadas atrás, cuando hice aquello...y luego lo otro de más allá? Salí adelante tras ello, y he salido adelante con esto otro. He vivido.*

No, has *soñado.*

¿Y si te despiertas una mañana y te das cuenta de que has tenido toda la noche unos sueños en los que recibías distinciones y trofeos, y lo que sea, de parte del mundo? Y entonces vas, y dices:

> *Eso fue muy real. Los trofeos deben estar ahí en la mesa de la cocina.*

Al despertar, cuando te sientas y pones tus pies sobre el suelo, dices:

> *¡Ah! Sacudiré mi cabeza un poco. Solo estaba soñando.*

Pero mientras soñabas sentías que era muy real. Y de esta cualidad es de lo que estoy hablando aquí.

Y si deseas tomarte esto como una afrenta, todo está perfectamente bien. Eso no va a perturbar mi paz en absoluto. Solo en el momento en que decidas plenamente venir a la Vida como la presencia del Cristo, como la presencia del Amor, para *reconocer* que cada momento de tu experiencia es algo plenamente autocreado, y no por otro motivo que porque lo has elegido desde la libertad perfecta e infinita de tu Ser Ilimitado; solo cuando contemples todas las cosas sin juicio, a través de los ojos del perdón, cuando decidas encarnar solo la realidad del Amor, sin importar lo que nadie más esté haciendo, ¡*solo entonces, habrá empezado la Vida*!

Hasta esta fecha de tu calendario solo ha habido un puñado de seres que han *vivido realmente la Vida* en este plano, un puñado muy pequeño. ¡Hay muchos de nosotros que simplemente se quedarían absolutamente *encantados* si *tú* te unieras al club! Y te permitiré saber un pequeño secreto: hasta que no lo hagas, no te gradúas. Nunca abandonarás este plano, lleno de ese conflicto y ese sufrimiento que parece albergar, hasta que no hayas vivido la experiencia de caminar plenamente por esta Tierra como el *pensamiento de Amor en la forma*, sin ninguna otra lealtad que no sea la del Amor. Nunca abandonarás este plano. Nunca aceptarás tu cruz y me seguirás. Darás vueltas una y otra vez, y otra vez, solo para ser confrontado por la misma necesidad de decidirte *plenamente por el Amor*.

Y finalmente mirarás al Cielo y dirás:

Padre, pongámonos manos a la obra. Ya se ha derrochado bastante tiempo. Se fue, está bien, no importa. [se oye "¡plas!", un palmoteo] ¡Ahora! Estoy comprometido con el Amor. Tráeme lo que sea que tenga que experimentar para poder extraer, de la profundidad —de los lugares donde lo he escondido dentro de mí—, cada obstáculo que deba aún ser disuelto por la Luz de la Gracia del Amor Perfecto. Y haré todo lo que pueda, desde mi lado de la valla, para poder abrirme a esos lugares, para sentir esos lugares, para abrazar esos lugares, para amarlos, para reclamarlos como totalmente autocreados.
Y libraré de culpas a mis padres, y a mi familia, y liberaré a mi tatarataratarataratabuelo de la culpa. Y libraré a Adán y Eva de la culpa, y al gobierno. Y me amaré a mí mismo lo suficiente como para sanar mi separación de Dios.
Y seré lo suficientemente humilde como para reconocer que, si estoy

teniendo una experiencia, y como sé que he hecho el compromiso de sanar, entonces Tú, ciertamente, preciado Padre, me has brindado todas las cosas adecuadas. Porque este momento de experiencia puede ser visto con los ojos que reconocen que no es sino un peldaño más hacia la Paz Perfecta que busco.

Mi vida ya no es mía, porque no sé cómo corregir ese único error fundamental. Pero puedo rendirme a sentir cada momento plenamente mientras elijo siempre el Amor. Y el Amor disolverá el dolor que he acarreado debido a que yo insistía en intentar separarme a mí mismo de la Fuente de mi ser.

Este, mi pequeño mosqueo, está descansando. Porque lo único que puede brillar es el Cristo.

Pues Cristo, el Hijo de Dios, la descendencia de Dios, es la única creación de Dios. El resto es atribuible a ti. Incluso el tiempo y el espacio son tuyos. *Tú*, la Verdad de ti, es la única creación de tu Creador. Porque *tú eres Amor*, y Dios crea solo aquello que es semejante a Sí Mismo. Y *Dios es solo Amor*.

Muchos creéis que estáis en un camino espiritual. Sabréis si es cierto eso por vuestra disposición a *sentir* y a *experimentar plenamente lo que esté justo frente a vosotros*, momento a momento. ¡Uf! Así que si tienes enemistad con otro, si tienes un conflicto con alguien y te quedas en tu silla y decides hacer lo que llamas oración o meditación para poder cambiar lo que sientes, y te levantas más tarde y dices, "mira, me siento mucho mejor ahora", pero ese asunto no ha sido resuelto todavía con el otro, entonces nada ha cambiado. Por lo tanto, acude a ver al otro. Abre tu corazón, comparte, resuelve. Si has ofendido a otro, pídele su perdón. Si lo has juzgado, admítelo. Pide su perdón. Solo así puedes sanar realmente el lugar de conflicto interno.

Queridos amigos, la esencia del mensaje de esta hora es muy simple:

¿Dónde estás tú *ahora*? Estás dispuesto a permitirte ver todo lo que existe a tu alrededor y dentro de ti como la puerta de entrada al Reino del Cielo, que espera solamente que reconozcas su presencia y la abras? ¿Estás dispuesto a estar realmente justo donde estés –*plenamente, justo donde estés*–? Y la mente dice:

Vale, desde luego. Estoy en un camino espiritual.

Ten por seguro que si miras bien en tus sentimientos y encuentras cualquier rastro de resistencia, no habrás tomado todavía el compromiso necesario que te da el *poder* de abrir esa puerta.

El *sentimiento* es el mensaje de esta hora. Pues solo a través del sentimiento es como realmente despiertas. Los conceptos e ideas pueden comenzar a conducir a la mente a creer que hay algo ahí fuera que es fascinante, o puede que incluso mejor que lo que estabas haciendo antes. Pero los conceptos y las ideas no abren por sí mismos la puerta. Son símbolos, y eso es todo. Y un símbolo no puede saciar tu sed. Solo en el nivel del *sentimiento* genuino es donde puedes una vez más conocer la presencia del Dios que mora en ti, alrededor de ti, y a través de ti, incluso ahora.

Siente aquello que has creado como sustituto de la Verdad. Asúmelo, míralo, y déjalo que se vaya. Aprende que, a pesar de la elección que puedas haber hecho en el pasado, una vez que hayas abrazado eso, una vez que lo hayas sentido, te quedarás en una perfecta inocencia e impregnado del poder de elegir de nuevo... para *sentir,* para aprender una vez más a sentir la gloriosa calidez omnipresente del Reino del Cielo.

Nada de lo que hagáis en el tiempo puede igualarse en importancia a lo que hemos compartido en esta hora. Nada de lo que hagas en el campo temporal se puede comparar ni remotamente al increíble regalo que te está esperando. Por lo tanto, ciertamente, *usa el tiempo constructivamente decidiendo amar, para que el Amor pueda enseñarte sobre Sí Mismo.* Y ciertamente, queridos y santos amigos, cuando hayáis hecho esto, os encontraréis a vosotros mismos traducidos, por así decirlo, en una forma que de ningún modo podría verse contenida en el espacio y el volumen de un cuerpo físico.

Y contemplaréis toda esta dimensión meramente como un instrumento transitorio de aprendizaje. Y la dejaréis de lado, como un niño deja de lado un juguete que se le ha quedado pequeño. Pero lo haréis con una *profunda apreciación y amor* por ese juguete con el que habéis jugado durante tanto tiempo. Y llevaréis con vosotros una profunda sensación de gratitud por todo lo que esta dimensión física os ha brindado. No habrá ni una molécula de tu ser, por así decirlo, dentro de ti, que vaya a sentir ningún resentimiento, ninguna nostalgia, ninguna ira... ningún arrepentimiento por nada. Y todo en tu experiencia se habrá convertido en algo plenamente aceptable para ti. Porque fue con esa experiencia como finalmente fuiste conducido a querer solo la Verdad. ¡Mmm!

¡Así es! Desde este día en adelante nunca más serás capaz de convencerte a ti mismo de que es cierto que todos tus intentos de permanecer distraído del mundo o adaptado al mundo están consiguiendo realmente algo. Y vas a ver cómo tu mente comienza a sumergirse en los hábitos inconscientes que has creado para intentar esconder aquello que todavía debe ser sentido. Y reconocerás perfectamente bien cuándo simplemente te estás engañando a ti mismo. Y comenzarás a sonreír y dirás:

Oh, sí, mmm, mmm, mmm. Ahí voy de nuevo. Podría también apartar eso. Podría plantar bien firmes mis pies en el suelo, ¡y realmente vivir con pasión por la Verdad del Reino del Cielo!

Por lo tanto, por ahora, queridos amigos, permaneced, por todo ello, en paz. Dijimos que este año, en esta *Vía del corazón*, íbamos ciertamente a hablaros más directamente aún, e incluso más contundentemente. Porque llega rápidamente el momento en que este planeta ya no será capaz de tolerar más invitados descuidados que no estén dispuestos a vibrar en la frecuencia de ser a la cual este planeta se está preparando para dirigirse. ¡Mmm! Por lo tanto, que no os sorprenda regresar un día a casa y descubrir que el propietario ha cambiado las cerraduras y no tenéis un lugar donde recostar vuestra cabeza. Más bien, convertíos en encarnación viva del Amor, y viajad con vuestra Santa Madre hacia una dimensión completamente nueva de ser. Y nunca os olvidéis de cantar, de reír, de danzar y de jugar por el camino.

Estad en paz por ende, queridos y santos amigos.

La paz sea entonces con vosotros.

Amén.

Lección 6. Preguntas y respuestas

Pregunta: ¿cómo puedo integrar el trabajo de respiración y las técnicas que estoy aprendiendo esta semana, con tus lecciones en el *Curso de milagros*?

Respuesta: querido amigo, la pregunta procede de una cualidad mental que percibe separación entre ambas cosas. Porque solo lo que se percibe como *separado* debe ser *integrado*. Reconoce bien entonces que Un Curso de Milagros es un recurso de aprendizaje que se dirige hacia una meta específica, a un desenlace concreto. Ese desenlace o meta es el restablecimiento de la paz. La paz comienza a ser restablecida en la mente cuando esta se convence de que existe una manera de percibir, una manera de orientarse ella misma en su experiencia, que brinda una recompensa mayor que la que antes se ha conocido.

Un Curso de Milagros fue dado inicialmente a dos personas que habían pedido desde lo más profundo de su ser (aunque no eran conscientes de ello entonces) que se les mostrara una manera diferente de percibir las cosas. Un maestro sabio aprende primero el lenguaje del estudiante. Y aquellas dos personas, las que entonces plantearon esa cuestión, tenían una orientación que era mental, es decir, cuyo mecanismo primordial a la hora de experimentar se encontraba en el nivel de la mente, o intelecto. Por tanto, la herramienta de enseñanza necesitaba ser transmitida de una manera que resultara aceptable para ellos en tanto que estudiantes.

De forma secundaria, y como desde luego bien sabéis, el mensaje esencial que yo buscaba brindarles a través de ese recurso de enseñanza es igualmente aplicable a cualquiera que pueda verse atraído a seguir su estudio. Y no obstante, el *Curso* no busca responder a todas las preguntas que ciertamente se va a plantear un maestro de Dios. Está diseñado solo para restablecer la paz en la mente, y para cultivar en esa mente la voluntad de pedir guía a quien he llamado el *Confortador*, o Espíritu Santo, más que a permanecer sujeta a sus propios recursos a la hora de tomar decisiones. Esto abre el camino para que la mente pueda ser guiada aún más profundamente hacia lo que se requiere para restablecerse plenamente como encarnación del Amor.

Lo que aquí habéis llamado "trabajo de respiración" es meramente un peldaño posterior. Aquellos que quieren afirmar que el *Curso de milagros* es un recurso completo de enseñanza por sí mismo, están en lo correcto si entienden que les fue dado a quienes estaban profundamente inmersos en procesos intelectuales, y que en ese sentido el curso tiene una meta específica y autosuficiente. Quienes quieren afirmarse en la visión de que el *Curso de milagros* es una herramienta de aprendizaje completa por sí misma, si entienden esto en el sentido de que ya no hay nada más que explorar, nada más en lo que profundizar y nada más en lo que convertirse, no están en lo correcto. Contémplalo entonces como un *recurso de enseñanza*, con una *meta concreta,* que fue dado de una manera tal que resultara aceptable para quienes habían aprendido a habitar principalmente en el nivel de la mente que está involucrado en la conceptualización.

Respondo así a tu pregunta porque el cuerpo, en sí mismo, no está fuera de la Mente. Surge de dentro de la Mente. Y puede,s por lo tanto observarlo para entender que lo que surge en él atestigua sobre los efectos de los pensamientos que están realmente ocurriendo dentro de la Mente, o que han tenido lugar en el pasado y que no han sido corregidos o cambiados. La Mente tiene un alcance mucho mayor. La Mente lo es todo, tal y como el término es usado en ese recurso de enseñanza. Y siempre debería escribirse con mayúsculas. La Mente también incluye el sentimiento. La Mente incluye al cuerpo mismo. Porque de entrada no podría ni siquiera existir el ámbito físico si la Mente no lo hubiera considerado antes con su pensamiento, su imaginación.

Cuando eliges, por lo tanto, permitirte respirar, reconoce que lo haces desde el *poder de decidir*, es decir, desde el *poder de la Mente para elegir* algo con lo cual tú vas a crear el efecto de permitir que ese aspecto de la Mente conocido como "cuerpo" también reciba iluminación. Para integrar *Un Curso de Milagros* con lo que estás llamando "trabajo de respiración", y con lo que he llamado antes en esta hora "una manera de sentir", y con lo que ciertamente hemos llamado todo este año *La Vía del Corazón,* solo se requiere de la continua y *pequeña disposición* a entregar todas y cada una de las percepciones limitadas acerca de lo que la Vida es, acerca de lo que el despertar es, acerca de lo que el Amor es, acerca de lo que la sanación es, y de tal modo que el Espíritu Santo pueda guiarte hacia la Verdad de todas las cosas.

Pues, ciertamente, querido amigo, entiende bien que lo que hemos compartido antes te pertenece profundamente. Es decir, que cuando desde lo más profundo de tu ser te has comprometido totalmente a despertar de cada última traza de separación con respecto a Dios, cuando estás verdaderamente comprometido, no a buscar el Amor, sino a encontrar todos los obstáculos que has creado dentro de ti y que bloquean el reconocimiento de la presencia del Amor, entonces, ciertamente, aquello hacia lo que te veas atraído, todo aquello por lo que te decidas, en términos de las experiencias que invoques hacia ti mismo, todas esas cosas..., son respuestas a tu oración. Pues igual que mi *Curso de milagros* llegó a tu vida, como bien sabes, a resultas de tu propio anhelo de profundizar tu relación con Dios, así, también te has encontrado viajando hacia una diminuta mota de polvo en medio de un gran cuerpo de agua –

¡para respirar!–

Es una extensión y proviene de la guía del Confortador, del Espíritu Santo. Por tanto, la integración es simple. No decidas por tu cuenta; entrega las decisiones al Espíritu Santo. Y entonces, toma aquello hacia lo que Él te haya guiado y hazlo parte de tu vida. Y confía, con fe, en que todas esas cosas no dejan de tener propósito. Pide solo que cada aspecto, que cada diminuta esquina de tu Mente, se vea tan iluminada, tan sanada, que ya solo habite el Cristo donde todavía parece estar el cuerpo.

Pregunta: ¿puedes hablar sobre la necesidad, o falta de necesidad, de trabajar directamente con el lado oscuro, tanto en el plano físico como el astral?

Respuesta: sí, puedo hacerlo [*Pausa*]

Pregunta: ¿lo harás?

Respuesta: esa es otra cuestión.

Ciertamente, querido amigo, primero visualiza bien y comprende ese lugar en ti que quiere dibujar una línea y decidir sobre qué es *luz* y qué es *oscuridad*. Porque recuerda que el sufrimiento procede de una mente dividida, de una mente que ve conflicto, división, separación. Si es cierto que solo el Amor sana —y te aseguro que lo es— ¿puedes contemplar eso que has llamado oscuridad y descubrir la luz dentro de ella al hacer que brille la luz sobre ella? ¿Hay fuerzas oscuras en el ámbito de la experiencia, en el ámbito de la Creación, tal y como la conoces? Sí, pero con esto no quiero decir que exista una fuerza separada de ti, o separada del alcance del Amor de Dios, que tenga el poder de dirigir, de influenciar, o de controlarte a ti de ninguna manera. La oscuridad... a medida que este viaje en el que te encuentras comience a terminar, llegarás a considerar esa oscuridad como nada más que una parte de tu propio ser que ha sido desatendida y no amada. Pues cuando amas lo que ha sido percibido como oscuridad, la reclamas como parte de ti mismo. Y al amarla, la transformas. Y el poder que le has dado al separarla de ti, regresa a ti, donde realmente habita.

¿Hay una diferencia entre lo que podría llamarse "oscuridad" dentro del ámbito en el que vives, te mueves y tienes a tu ser habitando aparentemente como un cuerpo, en el espacio y el tiempo..., y la "oscuridad" de lo que llamas los ámbitos astrales? ¡No! Todo existe justo donde tú estás. Porque tú ya habitas tan completamente en esos otros ámbitos como igual de completamente estás asentado en el suelo de esta dimensión. Si un ámbito astral es fabricado como tal, es solo porque has retirado tu consciencia de ahí, y has buscado restringirla a la dimensión física. Por tanto, el hecho de salirse del cuerpo podría parecer algo que se hace en otra dimensión, en esa que a veces has elegido llamar "reino astral", y donde habría cosas que se ocultan de tu visión. Pero no están ocultas en absoluto. Solo son inaccesibles si utilizas el sistema de los ojos físicos. Pero si empleas el ojo interior, nada está oculto.

Así que lo astral y las energías que habitan ahí no son por tanto algo distinto de lo que ya habita en tu propia consciencia, tu propia mente. ¿Y cuál es la manera de trabajar y tratar con esas fuerzas oscuras? En donde tú estás, en tu experiencia de la tercera dimensión como cuerpo-mente, solo se requiere que mires amorosamente a tu hermano o tu hermana, que les *toques*, por así decirlo, con tu conversación, con tu sonrisa, con las puntas de tus dedos, con las palabras que digas, de tal modo que el Amor sea extendido y el perdón dado.

Entonces, la estrategia —por así decirlo— con respecto a todas esas variadas fuerzas y seres que parecen residir en esos ámbitos invisibles llamados por muchos "el astral"... la estrategia es exactamente la misma. Es una y la misma cosa, porque solo el Amor puede sanar.

Piensa bien en lo que te he dado hoy con esta respuesta. Contémplala profundamente. En tres semanas, teniendo en cuenta el momento actual por el que está pasando tu mente, comenzarás a tener algunas revelaciones bastante interesantes. En tu mente vas a sentir literalmente lo que podríamos llamar un recableado, cambiando hacia todo un nuevo nivel de percepción, de comprensión, y de capacidades naturales. Pues todo eso que parece estar oculto en los ámbitos astrales... va a comenzar a dirigirse hacia un estado en que lo vas a ver tan claramente como ves tu mano delante de la cara. ¡Feliz viaje!

Pregunta: ¿cómo puedo ver la diferencia entre los viejos hábitos que el ego tiene a la hora de sentir, y los sentimientos que necesitan ser sentidos completamente?

Respuesta: primero, mi querido amigo, ¿hay alguna diferencia? Tu experiencia siempre es una experiencia del presente, y está en el presente. Porque lo que surge no es pasado, es ahora. ¿Es un patrón viejo del ego? Quizá. Si hay una sensación de constricción, de resistencia, de juicio de sí mismo o de otro, ten por seguro que lo que ha surgido para dominar temporalmente tu atención es un patrón egoico, ya que el ego es por definición esa constricción, apartada del Amor. Y por tanto su resultado es la pérdida de la paz.

Mira bien entonces, y reconoce simplemente:

¿Qué está surgiendo en este momento?
¿Estoy dispuesto a mirarlo, a sentirlo, a abrazarlo?

Y a medida que percibes y observas, comienzas a reconocer:

¿Estoy dispuesto, todavía, no obstante, a respirar?
¡Porque *la respiración es Vida!*

Siente, entonces, lo que estás verdaderamente sintiendo. *Observa* qué es lo que verdaderamente está presente en la mente. De este modo, tomas tus manos y haces espacio en ellas para acoger lo que sea que haya en ese momento. Y habiendo hecho eso, entonces reconoces esta gran Verdad:

Puedo elegir de nuevo.
Y puedo elegir paz en vez de esto.

Ahora bien, el "esto" no es tanto la imagen de lo que podrías llamar un recuerdo o un sentimiento, o lo que esté pasando. El "esto" habla de tu *juicio*, de tu *percepción* de lo que está surgiendo. *Tú puedes elegir paz en vez de la percepción que te roba tu paz.* ¡Y *ese* es el lugar de poder infinito y perfecto para literalmente transformar tu vida!

Querido amigo, el pasado no existe en ningún momento. Si la Mente está provocando, trayendo, una imagen o un pensamiento que parecen ser reminiscentes del pasado por tu propio decreto, ten por seguro que lo hacen en este *momento presente*, que es el único lugar donde puede haber experiencia y creación. Entonces, el pasado solo puede existir para ti si tú lo recreas ahora. Esta "recreación" no quiere decir la creación de esas imágenes o descripciones que surgen en la mente como lo que llamas "recuerdos", aunque en realidad sean experiencias muy presentes. Aquí estamos hablando de la experiencia que tú *creaste* cuando esa misma imagen apareció en tu experiencia en un marco temporal diferente. Tu experiencia nunca está provocada por lo que surge en tu campo de discernimiento. Tu experiencia —escucha bien—, tu *experiencia* está en cómo tú has elegido *reaccionar* en el *campo emocional y mental* a un *evento neutro* que haya surgido. Todos los eventos son *neutros. La reacción ante ellos es lo que genera experiencia.*

Cuando los clavos fueron clavados atravesando mis manos, se trataba de un *evento completamente neutro*, aunque, por cierto, muchos amigos huyeron de ahí. No *parecía* ser tan neutro, pero lo era para *mí*. Por lo tanto, entiende, querido amigo, que cualesquiera que sean los eventos que *alguna vez* se hayan desplegado en el ámbito de tu experiencia, *todos y cada uno de ellos, fueron perfectamente neutros hasta que tú respondiste con la reacción que estuvieras eligiendo, y para poder crear con tal reacción una experiencia en el cuerpo emocional, y así poder crear una experiencia de aprendizaje sobre los potenciales de tu propia consciencia.*

El perdón, la sanación, la paz, y el despertar son igualmente *potenciales* en tu propia mente. Lo son igualmente, y además son de hecho más grandes que cualquier otra cosa que hayas experimentado hasta ahora. Por lo tanto, entiende esto, mi querido amigo: nada ha sido *causado* por nada o por nadie que esté fuera de ti mismo. Lo que surge es siempre experiencia presente. Abrázala, mírala, reclámala, aprópiate de ella, siéntela, respira a través de ella, y entonces reconoce que eres libre para elegir de nuevo.

¡Ahí se encuentra el camino estrecho y directo que conduce a la *Vida!* Y tienes un amigo, que actualmente está sin cuerpo, y que no quiere otra cosa que ser testigo de tu *Vivir verdadero.* Y tienes innumerables amigos, con cuerpos, que comparten el mismo deseo.

¡Sé por tanto quien tú eres! ¡Y vive desde el poder que te fue dado, vive desde la libertad en que habitas por siempre –como el Amor que tú eres!

Lección 7

Ahora, comenzamos.

Estoy contigo, siempre. *Estoy contigo, siempre.* Pues mucho antes de que las estrellas nacieran, mucho antes de que surgieran los planetas, mucho antes de que un solo pensamiento físico hubiera emergido en la Mente Divina del Hijo de Dios, fuimos ya creados, juntos e iguales. Y no obstante, esa Creación, la Creación de lo único real, no tiene un punto de partida. Por tanto, como el Padre existe eternamente, así también hemos morado unidos siempre, nos hemos mantenido juntos y nos hemos sostenido unidos en el Amor. Y a través de todo tiempo e incluso por toda la eternidad, permanecemos unidos en la realidad de Quienes somos. Por tanto, no creas que es nada extraordinario que te diga que:

Estoy contigo siempre, incluso hasta el final de esta era.

¿Qué has emprendido *tú* que no sea familiar para *mí*? ¿Qué puedo haber emprendido *yo* que en Verdad no sea ya algo familiar para *ti*? Pues cuando me contemplas y, desde un cierto espacio de profundo reconocimiento interior, dices, para tus adentros, aunque quizá con otras palabras:

¡Mira! Cristo se muestra ante mí.

Cuando albergas un pensamiento sobre mí en la mente, y el cuerpo se ve inundado por una emoción suave, ligera, amable, y reconoces que el santo Hijo de Dios nació, perfeccionado, en tu amigo, en ese tal Yeshua ben Joseph, ¿qué hay en ti que reconoce que esta es la Verdad? ¿Qué parte de tu mente, qué capacidad en tu corazón puede contemplarme y reconocer la Verdad en mí, de tal modo que me ames? Porque claramente os digo que lo mismo ocurre con esa parte de *mi* mente, con esa parte de *mi* corazón que os contempla y que dice:

¡Mirad! El santo Hijo de Dios está ante mí. Y lo amo.

Esa instancia que sabe reconocer, que comprende de inmediato, es la Mente de Cristo, que Se reconoce a Sí Misma en todos y cada uno de nosotros. ¡Y esa Mente de Cristo mora dentro de ti en toda su plenitud, *ahora*! Y, por tanto, como te he dicho muchas veces, nunca dejes de recordar que, "quien lo dice, lo es". Y si quieres mirarme y decir, "querido amigo, gracias", mírate también a ti mismo y di, "querido amigo, gracias". Sí, ciertamente, y permite que la respiración fluya.

¿Cuántos viajes se han emprendido? ¡Mmm! ¿Cuántos instantes de experiencia han transcurrido bajo el puente de tu ser, por así decirlo, antes de que comenzaras a redespertar a la Verdad que siempre es verdad? ¿Cuántos periodos de vida, cuántos mundos, antes de que una Luz comenzara a nacer tan imperceptible en un principio que no era reconocida? Y así, una voz diminuta susurraba, desde un lugar que parecía estar muy apartado de donde tú morabas:

Querido Hijo, ahora estás conmigo. Sigues siendo tal y como te he creado para ser. Por tanto, ten paz. Eres amado.

Y la voz pareció tan lejana, tan débil, que ciertamente no podía ser la tuya. Ciertamente, se trataba tan solo de un momento de fantasía. Y, en medio de alguna de tus travesías, te detuviste. Y, cuando una gota de agua de lluvia cayó y golpeó una hoja, al contemplar con tus ojos esa experiencia [*chasquido de dedos*], sentiste y reconociste que eras una sola cosa con la hoja y la gota, y que, ciertamente, tú *eras* esas cosas. ¿Cuántos instantes de experiencia como ese tuvieron lugar antes de que ese tipo de cualidades comenzaran a emerger en tu consciencia, y lo hicieran como tales ideas, ideas que solo parecían ser minúsculas y locas?

Dios mío, acabo de sentirme en unidad con toda la Creación.
Bien, mejor no le digo a nadie nada sobre esto.

Mmm... y te apagaste.

Pero esos momentos tuvieron lugar más a menudo, quizá todavía de forma fugaz, y, no obstante, ahora de una forma más familiar –era una sensación subyacente a todo el drama, a todo el llanto, a todo el lamento, a todo el resentimiento, a todo el miedo, la lucha, la búsqueda. Y la calmada y minúscula Voz pudo llegar hasta ti y decir:

Querido Hijo, en tu ser, sigues siendo tal y como te he creado para ser.
Eres amado.
Eres plenamente amoroso y plenamente adorable, para siempre.

La minúscula Voz pudo aun así atravesar el estruendo y el jaleo que parecían haber hecho hogar en tu mente. Y ten por seguro que no parecerías estar donde ahora estás si no hubieras ya comenzado a experimentar muchos de esos instantes que expresan la cualidad que acabo de describir para ti, donde verdaderamente escuchas la callada, la pequeña Voz, del Confortador interior.

Por lo tanto, ciertamente, cada uno de vosotros sabe que existe un anhelo interior que ya *no puede ser* negado y que ya *no será* negado... nunca más. *Sabéis*, desde el Cristo dentro de vosotros, que Cristo se ha revuelto despertándose dentro de vosotros, ¡y que está levantándose para tomar su lugar de derecho como el Maestro de vuestra mente y vuestro corazón, y de vuestro cuerpo, y de vuestra respiración, y de vuestros sueños, y de vuestras pasiones! Y cada uno de vosotros sabe que es absolutamente fútil tratar de decidirse por cualquier otra cosa menor. Y si hubiera alguien aquí, en este momento, que real y verdaderamente dude de lo que acabo de decir, que hable.

Y así pues, el silencio es toda la evidencia que requerimos.

Esto no sucede debido a algo que yo haya hecho alguna vez *por* vosotros. Esto sucede porque *debe* suceder. Debe surgir en cada mente creada, sin importar sus travesías, a pesar de sus tentativas de negar lo que es eternamente verdad, en lo que se denomina *la ilusión del sueño de separación*. Debe suceder y es inevitable, pues Cristo *no será* negado. Cristo *no puede* ser negado pues solo Cristo puede expresar lo que es absolutamente verdad.

Solo Cristo puede por tanto informar la estructura celular del cuerpo para que incluso el más simple de los gestos extienda Amor hacia otro que lo contemple. Solo Cristo sabe cómo respirar el aliento que libera todo trauma, todo daño. Solo Cristo entiende el poder del verdadero perdón, que siempre es, por cierto, el perdón de uno mismo, ya que nadie os ha hecho nada malo en ningún momento. Solo Cristo puede llevar una sonrisa a los labios de un cuerpo de tal modo que, cuando otro os contemple y la vea, su corazón se sienta satisfecho. Solo Cristo puede caminar por este mundo sin ser no obstante del mundo. Y solo Cristo puede trascender y transmutar toda creación limitada y temerosa para dar una hermosa flor que se abre regalando su dulce fragancia a toda la Creación. ¿Y no es eso lo que tanto anhelas sentir que atraviesa tu ser? ¿No está viva en ti esa llamada a despertar? ¡Oh, queridos amigos, sabéis que lo está!

Amaos, por tanto, los unos a los otros. Y ama tú, por tanto, al Yo, al Ser que te ha sido dado por el Padre. Aprende a escuchar solo esa Voz, aprende a desear solo esa Voz. Aprende a seguir solo la Voz que reconoce la Verdad que siempre es verdad:

> *Mi Padre y yo somos Uno. Y este mundo no es sino un destello pasajero y un sueño. No tiene ningún valor salvo el que pueda brindarle el Cristo. Solo el Amor es real. Y todo lo demás es la elección de creer momentáneamente en la ilusión.*

Y, oh, ten por seguro que en un mundo ilusorio la ilusión puede parecer tener un gran poder. Pero a ti se te ha dado todo poder. Todo el poder del Cielo y de la Tierra le es dado a la santa Criatura de Dios. Y ese poder mora dentro de ti como la Vida de tu vida, el Aliento de tu aliento, la Verdad de tu verdad, el Ser de tu ser, y la Alegría de tu alegría. Y nunca ha existido una sola creación ilusoria que lo haya podido amenazar alguna vez en Verdad. Y ninguna ilusión puede quitarte la realidad.

Lo único que puede suceder es que utilices ese poder para creer en la pérdida. Y todas las formas de pérdida que percibes mediante los ojos físicos o la mente mundana, no son más que sombras pasajeras de tu insistencia en creer que la pérdida es posible. Todas las formas de contracción conocidas como miedo no son más que modificaciones transitorias del mismísimo poder que te fue dado, un poder que has querido utilizar para ver si era posible convencerte a ti mismo de que algo aparte del Amor era real.

Pero el cuento se acabó. El sueño de separación está acabando. La totalidad de la Creación está ahora experimentando un creciente poder, por así decirlo, un movimiento, un impulso que va necesariamente a llevar a la mente de la cual surge la Creación hacia un nuevo nivel, por así decirlo. Y no es tanto un nivel de evolución como un nivel de *reconocimiento,* un nivel de *recuerdo,* un nivel de *regreso.* Y esa ola de impulso está viva y ya ha surgido en tu corazón y en tu mente. Lo sabes. Deja de negarlo. Deja de cuestionarlo. Deja de buscar signos que te den el visto bueno en el mundo a tu alrededor. *Acéptalo* como un regalo divino de tu Creador. Porque la llamada ya se ha hecho, y aunque muchos oyen, pocos escuchan, y pocos están todavía plenamente dedicados a responder.

Por tanto, permite que tu oración sea siempre:

Que solamente Cristo sea quien habite en y cómo ésta creación que una vez pensé que era yo mismo.
Que solamente Cristo sea quien informe cada pensamiento, cada respiración y cada elección. Que el Amor dirija cada paso.
Que el Amor transforme esta travesía a través del tiempo, para que, en el tiempo, yo pueda realmente conocer la realidad de la eternidad, la santidad, de la paz, la santidad –la santidad– de la intimidad, la alegría del Amor del Padre, antes de cada respiración y ciertamente incluso antes de cada pensamiento que surja en la mente.

Pues cuando reconoces que tú eres la Santidad Misma, ¿cómo podrías alguna vez mirar a tu hermano o hermana y creer que te han hecho algún mal? ¿Cómo podrías alguna vez querer hacer otra cosa que amarles? Esto es, permite que el Amor de Cristo fluya a través de ti tan profunda e intensamente que ellos capten que tú no crees en su ilusión.

Pues, como todas las mentes están unidas, cuando os dais entre vosotros aquello que es verdad –y que es lo único que es verdad –os habéis dado el único regalo de valor. Cuando le das a los demás la Verdad, incluso quizá sin intercambiar una sola palabra, ellos reconocen lo que les ha sido ofrecido, y de nuevo porque todas las mentes están unidas:

Quien tengo delante de mí reconoce la Verdad sobre mí, y está mirando correctamente a través de todas mis tentativas de ser algo inferior a quien yo soy. Por tanto, ahora siento seguridad, ahora me siento a salvo para hacer una nueva elección.

Y ahí es cuando los milagros suceden.

No te esfuerces por sanar este mundo. No hagas nada para montar un show sobre cuánto amas a otro. Abandona el concepto de ser una atareada abeja. Y simplemente *sé* la presencia del Amor, meramente porque *sabes* que ser cualquier otra cosa no tiene absolutamente ningún valor, y que, en Verdad, nunca has tenido éxito siendo otra cosa que no sea la presencia del Amor.

Cada momento cuerdo que has experimentado, cada momento de ilimitación, cada momento de intimidad genuina, cada momento de alegría llena de gracia que alguna vez hayas conocido, en cualquier forma que parezca presentarse o estar encapsulada ante ti, te ha llegado porque has permitido que tu mente se deslice en el Mar de la Paz. Y entonces, meramente has permanecido vacío, sin querer nada, no buscando nada, y en tanto que la sola presencia de lo que tú eres. Y cuando esa cualidad sea cultivada de tal modo que impregne tu consciencia a cada respiración y en cada momento, reconocerás, ciertamente, que el Cristo ha resurgido ese día. Y a cada respiración celebrarás la Pascua de Resurrección.

¿Qué puede surgir entonces para obstruir la Verdad que es siempre verdad? Hay un antiguo bosque en un cierto lugar de tu planeta. Es un bosque en un lugar muy elevado, en un abrupto valle de montaña tan escabroso, que nadie ha estado allí nunca. Y la vida continúa allá en el bosque, sin ser reconocida por las mentes de la humanidad. Entonces, hoy por la mañana, muy adentro del corazón de este bosque, una diminuta brizna de hierba pareció que se levantaba un poco debido a un viento inadvertido. Y a medida que eso ocurría, en solo un instante, pues así de sutil y suave fue este viento, al dar la luz del sol sobre esta brizna, la luz proyectó la más pequeña de las sombras concebibles sobre una roca que estaba justo un poco más allá de la brizna de hierba.

Nadie lo notó. La sombra no tuvo efecto. La roca ni lo notó. Nadie en el planeta lo notó. Nadie en todos los cielos lo notó, excepto yo —que necesitaba algo con lo que poder construir un relato —. Esta diminuta sombra, proyectada por una pequeña brizna de hierba que se contonea momentáneamente mecida por el viento, en algún remoto bosque, no ha tenido, en la práctica, ningún efecto sobre el giro de los planetas, sobre la creación de nuevos soles, y ciertamente ni un solo rastro de efecto sobre lo profundamente que tu Padre te ama.

A esta pequeña sombra es a lo que le has dado poder sobre ti. Y *parece* ser capaz de obstruir la Verdad dentro de ti impidiendo que tú puedas vivirla. Por un momento, le diste poder a esa diminuta sombra. Y en ese mismo momento, nació el miedo. Y el miedo siempre es una contracción que aparta el Amor. Y el miedo te hace más pequeño que la brizna de hierba que, momentáneamente, parece proyectar una sombra, y por tanto parece poder obstruir tu reconocimiento de la calidez de ese sol que *siempre* te baña.

Y cuando te resistes a la sanación —cuando te esfuerzas por llevar a cabo eso que hemos estado observando que haces aquí: aprender a "decir tu verdad"–, cuando te resistes a la sanación de esta manera, ten por seguro que algo ha ocurrido antes de eso. Y se trata de tu decisión de creer que la sombra es todopoderosa, y de creer que si tú sanaras, si crecieras, si cambiaras, si permitieras que Cristo viviera en ti, entonces esa diminuta brizna de hierba y la diminuta sombra que crea por un instante tan fugaz, vendrían, te castigarían y te machacarían.

Y si pudieras realmente interiorizar este cuento y reconocer lo *absolutamente irrisoria* que es tal creencia, nunca más le *temerías* al miedo, nunca más permitirías que el miedo te dominara y dirigiera el curso de tu vida. Ciertamente, aprenderías lo que significa confiar en lo que es concebido en el Corazón. Y te levantarías y seguirías adelante sin miedo —sin más cuentos. Y llevarías a cabo lo que fuera que la creatividad desee expresar a través de ti. Y en todo momento sabrías que por tu cuenta no haces nada, sino que el Padre, a través de ti, puede hacer *cualquier cosa*. Por tanto, ciertamente, ¿qué formas de esa sombra de la brizna de hierba estás permitiendo que operen, dirijan y posean tu alma? ¡Mmm! Una interesante cuestión.

Existen muchas formas de esa sombra, ¿no es así? Existen compañeros, parientes y padres a quienes complacer. Y hay gobiernos ante los cuales inclinar la cabeza. Hay parejas e hijos que van primero. Hay cuentas que pagar. Hay deseos que revisar y mantener en orden. ¡Mmm! Hay actividades, declaraciones y comportamientos realizados por otros, que requieren de al menos siete u ocho horas al día para que los analices y juzgues hasta morir:

Mi... este mundo es agotador. Pero alguien tiene que hacerlo.

¿Y pensabas que era el Amor quien hacía que el mundo girara? Confía en mí, el Amor no da vueltas para ir a ningún lado.

El amor te creó. El amor concibió dentro de ti —en tanto que un individuo, al menos en la danza del tiempo y del espacio— el *poder* de elegir, el *poder* de sentir, el *poder* de conocer, el *poder* de canalizar Luz y Amor, el *poder* de saber que existe algo dentro de ti y que existe *como tú, en tanto que tú...*, ¡eso es lo que ha hecho el Amor! ¿Y acaso el miedo ha creado alguna vez alguna cosa ni remotamente parecida a esta?

Así pues, ¿qué quieres, creación o imitación, la paz o la habilidad para simplemente drogarte a ti mismo con trivialidades? Todo el poder del Cielo y de la Tierra está fluyendo a través de ti con cada respiración, para que tu consciencia atestigüe no ya lo que tú haces como hacedor o ejecutor, sino aquello que lo Divino está haciendo a través de ti en cada momento, para que puedas llegar a maravillarte por la creatividad del Amor, por ese mismísimo Amor que mueve la luna, el sol, y otras estrellas. Ahora bien, ¡este es *un delicioso pasatiempo*!

Y cuando tu vida, esta única Vida (y tú solo tienes una Vida; podrás tener muchos cuerpos, pero tienes una sola Vida), cuando entregues esta única Vida plenamente (lo que se llama aquí "de cabo a rabo"), cuando entregues todo para ser solo la presencia del Amor... Y si vemos algunas telarañas por el camino, vamos a ponernos manos a la obra para barrerlas y apartarlas:

Tengo mejores cosas que hacer, pues toda la Creación está esperando a moverse a través de mí, y quiero ser consciente de ello. Quiero que mi experiencia, que mi viva consciencia, sea extáticamente absorbida en la observación del flujo de Amor a través de este misterio...

...que llamas el cuerpo, y del que te atreves a decir *tu* cuerpo, como si tuvieras algún derecho de posesión sobre él. Entrega el cuerpo a Dios. Dios sabe cómo usarlo, tú no. Cuando estés en ese lugar, el Cielo y la Tierra se moverán para convertirse en tus servidores... pero no lo harán hasta entonces. Si envías un mensaje de conflicto, nadie se moverá para el baile. Y cuando te dirijas hacia ese lugar, y sin otro motivo que eso es lo que *quieres hacer*, lo reconocerás, porque tú *serás* la Verdad que libera todas las cosas.

Así es que ahora ya sabes lo que es la sombra. Quizás disfrutes a veces danzando con ella. La gran pregunta es: ¿estás dispuesto a dejar que ella te dirija, o vas a conducir tú? Cuando tu vida se convierta —y no voy a hablar de la perfección tal y como la consideráis aquí—, cuando tu vida se convierta en esa motivación, esa actitud, esa declaración, esa devoción, entonces, la perfección se hará presente a través de ti. Porque la perfección es la mentalidad milagrosa, en la cual tiene lugar aquello que ahorra tiempo. Y cuando tu vida se convierta en eso, cuando ya no tengas ningún compromiso conflictivo —¿y qué decir de esta palabra, "compromiso"?—, cuando ya no tengas más compromisos conflictivos en tu ser, sabrás exactamente lo que supuso para mí el desenlace de *mi* vida, porque *serás* eso.

Sí, y sé que estás preocupado por lo siguiente:

¿Significará esto que cuando ya esté realmente cerca voy a tener que pasar por mi iniciación final en la crucifixión? Y si tengo que hacerlo, ¿me prometes que al menos esterilizarán los clavos? ¿Podría elegir el día o la hora? No me gusta levantarme muy temprano.

¡Mmm! Ya sabes de qué va la crucifixión. Te la has hecho un millón de veces y de formas mucho peores que un simple clavo atravesando la mano y creando una pequeña punzada de dolor. El infierno no es más que el estado de estar atrancado, atascado, en el proceso de crucificarte a ti Mismo, lo cual no es nada más que la tentativa de asesinar y destrozar lo que Dios ha creado desde el Amor.

Deja de gastar tu energía intentando amar a Dios. Así no lo conseguirás. Deja de gastar tanta energía intentando aprender cómo amar a otro. Así no lo conseguirás. Y, por el amor de _Dios_, por favor abstente de todo intento de hacer creer a alguien que lo amas. ¡Mmm!

Pon toda tu atención en abandonar los patrones de creencia desde los cuales has intentado crucificar al Yo, al Ser, que Dios hizo, y que colocó dentro de ti en tanto que el mismísimo _discernimiento_ de tu existencia. Aprende a _amar_ ese Ser más allá de todas las cosas creadas. Aprende a _nutrir_ a ese Ser. Aprende a _cultivar_ en ese Ser solo aquello que hable de alegría y de Verdad, de tal manera que tus palabras y acciones, y tu misma presencia, eleven siempre al otro, y de manera que cuando otra persona entre en la habitación donde estés sentado, o de pie o moviéndote, pueda sentir cómo le llega un respiro de aire fresco aunque tú no hayas movido ni un dedo.

En la medida en que quede una traza de energía en ti por la cual estás esforzándote en conseguir, a partir de cualquier cosa percibida u objeto alrededor de ti, algo que estás seguro que no tienes ya dentro de ti, entonces, no puedes conocer el amor del Yo, del Ser. Y no puedes experimentar la libertad. _La felicidad es un trabajo interior_[25] . ¡Mmm!

Así que entonces, ¿qué ocurrirá? Digamos que finalmente haces lo correcto, y decides:

> _De acuerdo. ¿Qué está haciendo esa pequeña sombra? ... esa pequeña_
> _brizna de hierba... ¡mmm! Bien, vamos a ocuparnos de esa, y de esa otra,_
> _y de esa, y de esa. ¿Cuántas briznas de hierba y cuántas sombras hay ahí,_
> _en esta cualidad de ser, y que parecen haber cubierto tanto al Ser, al Yo?_

¿Acaso importa? ¡Estás ocupado dando nacimiento al Cristo!

¿Qué sucederá cuando eso realmente ocurra? Primero, y escucha bien, *no existirá nada que sea inaceptable para ti.*

> *Bien, pero, bien..., pero... ¿esto significa que si alguien no es vegetariano, se le seguirá todavía amando? ¡Mmm!*
> *¿Esto significará que si alguien votó a (quién es ese tal —mmm, ese nombre que es como el de un pájaro— Quayle), si fueran a votar a Quayle..., significaría que no están locos, que puedo amarles? ¡Mmm!*
> *¿Significaría que, a alguien que busca el poder y que por ello ha creado una guerra y ha matado a cinco mil mujeres y niños... a este todavía puedo contemplarlo sin que mi Amor se perturbe?*
> *¿Significará que cualquier cosa que surja en este mundo transitorio, ya no constituirá realmente, verdaderamente, literalmente..., ningún problema para mí, ya que nada es inaceptable?*

Así es, sí. Aunque eso no significa que tú lo apruebes, que lo justifiques. Significa que ya no es inaceptable. Pues lo que no puedes aceptar, lo *juzgas*. Y cada juicio es el intento de *asesinar* aquello que hayas decidido que no tiene derecho a existir.

El juicio es lo opuesto al perdón. Vive en el lado de la valla donde está el miedo. El perdón vive en el lado donde está el Amor, y solo el Amor puede sanar este mundo. Imagínate entonces viviendo en un estado de ser en el cual literalmente nada te resulta inaceptable porque reconoces que la Fuente de tu verdadero ser está mucho más allá de las limitaciones de cualquier cosa creada en el espacio y el tiempo —e imagínate que incluso ni la muerte, que ha sido creada desde la contracción conocida como miedo, que incluso ni la muerte... fuera algo inaceptable—.

Cuando hace muchos meses le hablé a este mi querido amigo, quien me permite integrarme con su mente, y le dije, "si eliges confiar en mí, te mostraré la vía a la paz", tuve que esperar su respuesta. No podía hacer nada para quitarle la libertad que se requiere para poder comprometerse plenamente a permitir que Cristo sea concebido allá donde una vez había reinado una ilusión inútil. Y cuando le dije (en tu comprensión del tiempo) bastante tiempo atrás, "te mostraré cómo convertirte en el ser a partir del cual está surgiendo toda la Creación, para que así reconozcas la Verdad que te hace libre", se levantó, dentro de él, el miedo más enraizado o fundamental de todos los miedos posibles. ¿Cuál es? Es el último a superar: el *miedo a la muerte*. Pues cuando te ves confrontado con la Verdad sabes que todo lo que has intentado crear como sustituto de la Verdad, va a morir. Por eso es por lo que se dijo que "lo último a ser vencido será la muerte" –el miedo a la muerte–. La muerte es *permitida* para que Cristo pueda vivir.

No hay nadie en esta habitación –escucha cuidadosamente– no hay *nadie* en esta habitación, y *no habrá nadie en ningún momento que escuche estas palabras,* a quien yo no le haya hecho también esa promesa. Te mostraré la vía hacia la Verdad que es siempre verdad y que te hace libre. Pero *solo tú* puedes tomar la decisión de ofrecer la *totalidad de tu ser* para realizar esa travesía. Y todo lo que se requiere es *esa cierta voluntad* –lo que se dice una "pizquita", en vuestro mundo–.

Una pizca de voluntad es todo lo que te cuesta. Yo ya conozco el camino a casa porque he completado la travesía, y te mostraré ese camino. Con cada palabra que esbozo, en esta forma, así como en otras, mi única intención es la de revelarte el lugar dentro de ti que es la presencia del Amor que buscas.

¿Y qué sucede si eliges comprometerte realmente a considerar y escuchar lo que estoy compartiendo, y regresar a la inocencia de un niño, tal y como entendieras en tu vida lo que eso significa? Ten por seguro que cuando la travesía *hacia* el Reino sea completada, la travesía *dentro* de él comienza de nuevo. Y el éxtasis, la sabiduría, la creatividad, las risas y la hermandad, la familiaridad, la alegría, la serenidad, la paz, que han sido en su mayoría cosas que seguramente habrás considerado solo como sueños imposibles... esas cosas... se convertirán en tu estado más corriente de ser. Y no obstante, ninguna de ellas puede darse mediante ningún poder que pueda moverse a través de *mí*.

Te puedo guiar, y yo puedo mostrarte el camino. Y puedo caminar a tu lado por el camino que hayas elegido. Y a veces lo haré llevándote, pues puedo darte mi fuerza hasta que la tuya sea tan innegable como la mía. Mas al final tú debes *exigir* que yo me aparte de modo que *tus pies* toquen el suelo del Reino del Cielo, y *tú* camines a mi lado con *tus* propias fuerzas, con *tu* certeza. Y en ese día y en esa hora ciertamente verás que eso que tan a menudo te he preguntado, "¿cómo crees que podríamos hacer esto? ¿Qué te gustaría crear conmigo?", me lo estarás preguntando tú a mí. Y entonces, ciertamente, seremos como hermano y hermano, hermana y hermano, amigos, danzando y jugando en el Reino preparado para nosotros por nuestro Padre.

Una pequeña sombra proyectada por una diminuta brizna de hierba es todo lo que parece poder evitar que llegues plenamente adonde yo estoy. Y si te retrasas un poco más, vale, no pasa nada. Pues como ves, no puedes evitar que yo conozca la Verdad sobre ti y que te ame. Y cuando estás *Enamorado*, cuando estás tan sumergido en simplemente amar, ¿no es cierto que no tienes ningún sentido del tiempo? No sientes que ningún efecto pueda perturbar tu paz. Solo estarás —así lo llamas– "meciéndote con la música". Estás amando, y tu plenitud se torna aún más santa.

Por eso, ciertamente, *amaos los unos a los otros tal y como yo os he amado*. Pues el Padre primero me amó a mí para que pudiera mostraros la Verdad de lo que es el Amor, y la realidad de vuestro ser. Y no dejaré de hacer esto, sin importar cuánto elijas retrasarte. Porque el Amor es, ciertamente, paciente y amable. El amor no es engañado, y el Amor no permite el engaño. El amor abraza todas las cosas, confía en todas las cosas, permite todas las cosas, y sabe perfectamente bien adónde está yendo, y nunca abandona esa travesía hasta que cada brizna de hierba es liberada de proyectar sombras, y toda la Creación es devuelta al Corazón de Dios.

Aprende a amar a tu Ser, y grítale esto a este mundo:

¡Yo y mi Padre somos Uno! ¡Ah!
Ese es el suelo desde el cual me muevo, y vivo, y tengo mi ser. ¡Que así sea!

Y recuerda siempre que el Padre contempló Su única Creación y dijo:

¡Mirad, es muy buena!

Y eso tan bueno tiene un nombre, que es tu nombre, y el tuyo, y el tuyo, y el tuyo, y el tuyo, y el tuyo, y el mío. Y ves, ¡está *muy bien*! ¡*Esa Luz es digna de brillar!*

Y así, con esto, el mensaje de esta hora ha sido entregado. Y creo que puedes percibir cuál es. Y no obstante, ante ti se encuentra la puerta. ¿La abrirás con el *poder* de tu elección? Pues lo que experimentes te revelará qué elección has hecho hoy.

Y con eso, queridos y divinos amigos, que la paz sea con vosotros siempre.

Y que la Verdad que siempre es verdad brille en vuestros corazones y mentes a través de todas las eras.

Y recuerda que existe una razón perfectamente válida por la que me mantengo diciendo, una y otra vez:

Siempre estoy contigo.

La paz sea entonces con vosotros, siempre.

Amén

Lección 7. Preguntas y respuestas

Pregunta: si Dios solo quiere que sea feliz y no pide que haga nada en concreto, ¿qué significa ser su servidor? ¿Hay un plan divino para la acción que Dios quisiera que siguiéramos? ¿O bien las acciones nos son dadas basándose plenamente en las autopercepciones momentáneas? ¿Hemos de hacer las cosas aquí de alguna manera particular?

Respuesta: primero, querido amigo, esa no es una pregunta, es un montón de preguntas. Te he dicho muchas veces que el Padre solo te pide que seas feliz. Y si realmente no se te pide que hagas nada, entonces, ¿qué podría quizá significar ser un *servidor de Dios*?

Cuando sirves a otros, actúas, eres de tal modo, que ellos reciben el gozo de saber que les has dado tu plena atención. Ser un *servidor del Padre* significa entonces que finalmente has elegido dejar de lado cualquier otra cosa que distraiga tu atención, y que has enfocado esta atención, en toda su *plenitud* –que es la plenitud de tu ser–, en la Realidad del Amor que el Padre quiere extenderte. Tú sirves a Dios *recibiendo sin cesar* aquello que Dios quiere ofrecerte.

Imagina que vas a trabajar para alguien que fabrica helado de chocolate. Y le dices a tu empleador:

¿Qué quieres que haga?

Y el empleador sonríe y dice:

Este helado que fabrico lo amo tanto, que todo lo que necesitas hacer es comértelo. Te pagaré muy bien si tú quisieras simplemente realizar esa función.

Y lo miras y dices:

Bueno, sucede que también me gusta el helado de chocolate. Y si eso es lo que necesito hacer, ten por seguro que vas a tener el empleado más leal que alguna vez pudieras haber imaginado.

Servir a Dios no es trabajar en el mundo para poder satisfacer alguna concepción que la Mente se haya sacado de la manga sobre lo que significa servirle. Solo significa beber tan intensamente que tu copa esté siempre *rebosante*. No hay sensación de pérdida y por tanto no hay ninguna necesidad de ir *fuera* de nuestro propio ser para poder llenar la copa. Y cuando tu atención está así de dedicada a la Realidad del Amor que mora en ti, tu copa comienza efectivamente a rebosar. Y según rebosa, buscará su propio camino, es decir, hará tal y como haría un río que hubiera rebosado de sus orillas, comenzando a recortar nuevas oquedades, ¿no es así? Y nunca puedes decir, nunca podrías adivinar cuál va a ser la dirección que la nueva corriente va a tomar. Pero llevará el sustento de la Vida y del Amor a todo lo que toque.

Mas si alguna vez el río principal se olvida de su fuente, esas nuevas corrientes dejarán de fluir. Por tanto, no necesitas hacer nada, salvo recibir la Realidad del Amor de Dios en ti. E insisto, al hacerlo, te puede parecer que en el curso de tu vida se te pide abrazar cierto fenómeno que está ocurriendo, que puede ser la sanación de la sombra que una pequeña brizna de hierba está proyectando en eso que crees que es *tu* mente consciente– como algo opuesto a la mente consciente de cualquier otro–, o bien puede ser hacer algo que parece tener que ver con la relación con el mundo, ya sea alimentar a un niño hambriento, o llevar nutrición y atención amorosa a otro ser a través del tacto o de una canción, o plantar una semilla en la tierra, o mandar un correo. Realmente no importa.

Como he dicho tantas veces, cuando *realmente entiendas* que no necesitas hacer nada más que recibir el Amor de Dios sin cesar, te habrás convertido en el perfecto servidor. Y entonces, si sucede que vas a ser un barrendero, simplemente barrerás las calles. Y no tendrás nada más en mente, excepto que tu copa esté rebosante. Y habrá quien pase por delante de ti y diga:

Esta persona es un simple barrendero, pero veo que quiero ir por este camino hacia el trabajo solo para decirle hola. Al hacer esto es como si pusiera la guinda a mi día.

Y quizás se te pida ser el salvador del mundo. Solo la voz que habla por el ego vería alguna diferencia entre ser el salvador del mundo y un barrendero.

Por lo tanto, no te esfuerces por saber qué debes hacer dentro de las formas de este mundo, sino dedícate completamente a estar en amorosa devoción para poder recibir todo lo que Dios quiere derramar sobre ti: un Amor tan magnífico que la Mente ya no pueda siquiera imaginarse que está sin Amor. Y, ciertamente, tu copa rebosará.

He aquí la esencia de tus muchas preguntas, que en realidad son una sola.

Pregunta: ¿cuál es la diferencia entre un compañero del alma y un alma gemela? Por favor, describe la relevancia que pueda tener el hecho de que dos personas entren plenamente en una relación manteniendo su ser único mientras crean sinergia.

Respuesta: no sería apropiado decir que puedes *crear* sinergia, ni tampoco decir que puedes *crear* individualidad genuina. Lo que puedes crear y cultivar es la voluntad de comprometerte plenamente a *permitir* que hasta la última huella u obstáculo interpuestos ante la presencia del Amor sean disueltos en tu interior. La sinergia y la individualidad genuina surgen de tu devoción a estar sin cesar abierto y receptivo al Amor de Dios. Como una flor estalla a partir de una semilla bien plantada, tanto la individualidad como la sinergia en una *relación santa* —que es donde solo puede encontrarse sinergia— esas cosas... surgen de la *recepción* del Amor, de *permitir* el Amor, de la *rememoración* de ese Amor.

¿Cuál es la diferencia entre lo que se llama un compañero del alma y el alma gemela? Primero, la única diferencia es una cuestión de definición. El concepto de alma gemela[26] fue dado por un amigo mío como modo de ayudar a las mentes para entender que existe un aspecto de ellas que está enlazado de forma única y profunda a algo que es ellas mismas, tanto como pueda estarlo ese "yo", ese ser que creen ser, y que se ha convertido en algo fragmentado –ya que lo que estuvo entero se convirtió en algo aparentemente fragmentado, y por tanto la mente se desequilibró–.

La idea era crear una historia en la cual la mente, tan sintonizada como está buscando su satisfacción fuera de sí misma, pudiera al menos comenzar a desear aquello que simboliza el movimiento hacia la plenitud, el enlace conjunto de las energías de hombre y mujer en la consciencia. Y eso por supuesto a riesgo de que algunas mentes pudieran realmente llegar a creer que el descubrir y encontrar su propia alma gemela era algo que requería encontrarse con otra personalidad en otro cuerpo. Y no obstante, como en Realidad esa fragmentación nunca ha ocurrido, no necesitas ir más allá, en Verdad, de tu propio discernimiento, de tu propio ser, para poder descubrir que aquella alma está todavía dentro de ti, y que no puedes estar separado de ella en absoluto.

Bien podría ocurrir que, en el campo temporal, tú, como consciencia, necesitaras tener la experiencia de atraer a alguien que parezca estar en otro cuerpo, y de tal modo que parecéis devenir una unidad juntos. Pero más que una realidad objetiva, esto sería más bien el fruto de *tu* creencia en que tú *eres* el cuerpo. Pues en Realidad la Verdad es una. La separación no existe. Y punto.

¿Y con los compañeros del alma[27] ? Es lo mismo. Podría ser apropiado usar esos términos para describir lo que están experimentando algunas mentes, como un modo de proporcionar una comprensión que les permita relajarse y salir adelante con ello. Es también cierto que, dentro del drama del sueño de separación, hay almas –fragmentos de discernimiento, por así decirlo– que han danzado juntas y jugado juntas, y que nunca han perdido la sensación de unión o de amor entre sí, una con otra. Y por lo tanto, durante un periodo de *tiempo* y de la creación del *especialismo*, aquellas almas que aparentemente son dos, chisporrotean iluminándose una dentro de otra. Reconocen la Verdad en el núcleo de la otra porque nunca la han perdido realmente, aunque puedan haberla perdido con éxito en otras relaciones. Y por tanto es... mmm... ocasionalmente sucede que se requiere que dos almas así, estando en el camino del despertar, se reúnan en el espacio y el tiempo para iluminarse, para reiluminar el compromiso necesario para sanar la sensación de separación y despertar del engaño que supone pensar que alguna vez un yo separado pudiera haber existido realmente.

Esto significa que tú no necesitas a *nadie* para poder estar completo. También significa que cuando descubras esa plenitud dentro de ti, serás libre, si lo deseas, para entrar en relación con cualquier persona que puedas elegir, y que pudiera elegirte. Con suerte, eso surgirá desde un espacio de santidad y libertad, y no de miedo y especialismo. Porque esto último conduce al dolor que deberá ser todavía sanado. Y lo primero conduce a la creatividad constante y al regocijo.

Solo cuando se reúnen dos seres completos, habiendo mirado en el interior y habiendo *comprendido realmente* que *no hay carencia* y por lo tanto *ninguna necesidad*, entonces, el poder de la creatividad puede fluir a través de esa entidad. Y una relación así creada, crea a su vez otra entidad, y da nacimiento a aquello que refleja la Verdad, de modo que esta pueda ser contemplada por otros que moran en el espacio y el tiempo.

Así que no asocies el *especialismo* con el concepto de alma gemela o de compañero del alma. Como mucho recuerda que tu *compañero del alma* es tu Creador, y todos los demás son tus *amigos*.

Pregunta: ¿cómo podemos llevar la luz a los bloqueos inconscientes que nos alejan de manifestar nuestro deseo del corazón?

Respuesta: la respuesta no es tan difícil como podría parecer, pues esos bloqueos son meramente las diversas formas que adquiere la *decisión contra la paz*. Por tanto, mira bien y advierte cómo te *sientes realmente* en cualquier momento dado, que no coincidirá necesariamente con lo que te estás diciendo a ti mismo. ¿Está la paz presente? Si lo está, y algo parece venir a tu atención, puedes estar seguro de que el Espíritu Santo te está pidiendo que le brindes la Luz del Amor a algo que requiere sanación –sin pedirte que lo identifiques como tuyo propio –. Hablábamos de eso la otra noche.

No puedes llevar a la Luz aquello que necesita ser sanado, porque no sabes lo que la sanación realmente es. Aprende a reconocer la auténtica sanación, y aquello que la requiera se presentará ante ti por sí mismo. Y la *verdadera sanación* es la *decisión por la paz* —no la negación del *sentimiento*. Porque la paz es como un océano que abraza a todas las olas que pudieran aparecer. Solo necesitas hacer esta simple cosa:

¿Estoy realmente en paz en este momento?

Si la respuesta es que no, solo necesitas preguntar:

¿Qué es necesario sanar para que la paz pueda ser restaurada?

Y no se te ocultará. ¿Estás dispuesto a poner esto en práctica?

Respuesta: ¡Absolutamente!

Yeshua: Ahora, cuando haces tal declaración, hay algunos de nosotros que, entonces, dicen:

Oh, ¡bien! Te presentaré algún caso de los que tengo en mi pila de expedientes.

Cuando se dieron esas historias escritas sobre mí que dicen que yo cargué con los pecados del mundo, y cuando escuches a maestros o profesores que transmutan los pecados de sus estudiantes, solo piensa en eso como una "pila kármica de expedientes". Y cuando alguien nos dice:

Estoy dispuesto a hacer todo esto. Voy a poner esto en práctica —¡claro que sí!

Ah, ¡bien! Entonces hemos encontrado un posible "empleado". Pero nunca se te dará más de lo que puedas transmutar. Y, por supuesto, ¡siempre puedes abandonar y buscar otra línea de trabajo!

¿Tiene sentido la respuesta?

Respuesta: sí. Gracias.

Yeshua: gracias por preguntar. Con ello se muestra el deseo de una respuesta.

Pregunta: ¿cuál es la interacción que existe entre soltar gradualmente nuestros fuertes apegos, hábitos, compulsiones, adicciones... para poderlos ir cediendo con amabilidad y comprensión, y usar la disciplina y el autocontrol para acabar con esos apegos?

Respuesta: la disciplina no es una rigidez o una resistencia *contra* algo. La disciplina auténtica es meramente un producto, por así decirlo, de la Mente. La *disciplina auténtica* solo requiere que pongas tu atención justamente en lo que es verdad en cualquier momento dado de tu experiencia, sin juicio. La disciplina es la vigilancia del discernimiento, y la decisión de ser la presencia del Amor.

Esta respuesta parece ser simple, breve, y parece estar muy ceñida al tema, pero si quieres contemplarla, incluso hasta el punto de sentarte en meditación y escribirla lentamente, de tal modo que veas las letras de las palabras aparecer lentamente en tu hoja blanca de papel, entonces, al darte permiso para ser paciente, sin prisas, te será revelado cada vez más. Y, no obstante, la esencia ya ha sido ciertamente dada. Disfruta de la disciplina de contemplar la respuesta.

Pregunta: hay dos movimientos religiosos que aprecio y que he visto crecer en los pasados veinte años. Son *El Movimiento Pentecostal* y la *Nueva Era*. ¿Has influido en su crecimiento y su desarrollo? ¿Cómo te sientes sobre ellos ahora? Si tuvieras la oportunidad de dirigirte a ellos, ¿qué mensaje les darías?

Respuesta: primero, he sido una pieza decisiva porque yo ayudo a subvencionar su marketing [risas]. Y os reís, pero lo que digo, lo digo muy literalmente. ¡Mmm! Habría mucha gente, y hay muchos incluso en esta habitación que dirían:

Esos dos movimientos, tan queridos por ti, parecen estar bastante alejados entre sí.

Y esto es importante, porque la forma es siempre algo secundario. La sanación de la separación de Dios, que se acrisola en el perdón auténtico... en la voluntad de permitir que solo el Amor viva donde una vez hubo un pequeño mosquito insistiendo en darse la razón... esto es lo que en verdad importa. De este modo, entonces, un camino que parezca llevarle a uno verdaderamente hacia el reconocimiento de la Verdad y que por tanto le haga libre, es igual a cualquier otro camino, sin importar los "decorados externos" que lo acompañen. Ciertamente, querido amigo, disfruta de lo que haces en cada uno de esos caminos. Aprécialos, y sigue caminando.

Si fuera a reunir a todos aquellos que representan a cada uno de los grupos que has reconocido y que has hecho constar aquí, ¿qué les diría? Lo mismo;

Solo el Amor es Real. Dios es solo Amor. Tú eres la Creación de Dios.

Por tanto, *tu Realidad es el Amor.*

Ahora ve y vive desde ti Mismo, desde tu Yo, para que tu Ser pueda ofrecer Amor a este mundo.

No mires al mañana. Porque el tiempo que importa es el *ahora*, para cualquier mente que se resuelva a ver que así es.

No busques un salvador que llegue de las nubes. Porque estoy contigo siempre. Y yo habito dentro de tu corazón, donde de hecho tú también estás; somos como dos amigos tomándose una taza de té en tu sala de estar.

Y les diría a todos ellos:

No veáis diferencias entre vosotros, sino simplemente la peculiaridad de un camino que atraviesa la Vida, y en el cual el Amor puede ser recordado y vivido. Y si ese camino no fuera suficiente para ellos, sugeriría que se buscaran incluso otro más.

Lección 8

Ahora, comenzamos.

Y como siempre, una vez más, os saludo a vosotros, queridos y santos amigos. Como siempre, vengo a ti como un igual, para permanecer contigo, para caminar contigo, para comunicar contigo desde esa Mente y ese Corazón que eternamente compartimos como Uno Solo, esa Mente que es la única realidad de nuestra Filiación *compartida*, de nuestra existencia compartida. Como siempre, vengo en adelante con alegría y también con humildad. Pues no puedo unirme con nadie a menos que me brinde un espacio en su consciencia y me invite a entrar ahí.

Entonces, entiende bien que cuando vengo a morar contigo, vengo con una humildad nacida del reconocimiento del Gran Misterio que te ha dado tu existencia. Y ese Misterio es el que he llamado *Abba,* Padre. ¿Y por qué? No has surgido a partir de ninguna fuerza mecánica, irreflexiva. Procedes de la Pura Inteligencia. Procedes del Puro Amor. Procedes de una Fuente que está más allá de toda comprensión. Procedes del Esplendor de una Luz tan brillante que el mundo no puede verla ni contenerla. Procedes de Aquello que es lo único eternamente real. Y como procedes de Ello, eres Uno con Ello, siempre.

Esto significa que permaneces en una relación –entre creado y Creador, entre la descendencia, o hijo, y el padre– que es *tan íntima,* que es un enlace *tan profundo,* que no puede ser quebrado en ningún momento. Igual que una ola surgida de un océano no puede ser separada de dicho océano, así también, en todos y cada uno de los momentos de tu experiencia, permaneces en una unión tan *poderosa,* tan *misteriosa,* tan *íntima* e *inmediata*, que la mente no puede comprenderla.

Esta unión, entonces, te conecta como creado con ese Misterio que está más allá de toda comprensión, y que contiene cada gota de sabiduría y de inteligencia necesarias para crear la propia consciencia. Y es la consciencia, el reconocimiento consciente, el poder de la toma de conciencia, el poder de elegir... esto, es lo que realmente eres. Y si esta Fuente, si este Misterio puede concebir este aspecto, que es el aspecto más fundamental de la Creación, ¿no merecerá ser llamado *Abba*, o Padre, Aquel que crea a semejanza de Sí Mismo? ¿Puedes tú entonces comenzar a sentir, a reconocer, no solo como una idea intelectual sino como una *realidad viva*, como una *cualidad de conocimiento*, que, si eres consciente en este momento es porque tú eres Uno con la Fuente de toda la Creación, y que no puedes estar separado de Ella de ningún modo y en ningún momento?

El miedo (y hemos hablado de esto muchas veces) es como una contracción. Y de nuevo, si te imaginaras como una ola que surge del océano y que entonces se dispone a contraerse porque cree que está separada de su fuente, esa contracción literalmente la estrujaría expulsando la vida, el mero fluir del agua, hacia fuera de esa ola. Y ¿cómo sería posible su continuidad cuando su misma fuerza vital ha sido expulsada? ¿No se convertiría entonces en unas meras gotas de agua que se desvanecen ante la mirada, solo para volver a disolverse en el océano mismo? Y así, su esplendor se ha perdido para no volver a ser visto más. Si fuera posible que la ola de tu consciencia realmente expulsara su fuerza vital de sí misma, tú también te desvanecerías como gotitas que regresan al océano para ya no ser recordadas, para nunca más ser vistas.

Pero escucha, y escucha bien: *eso* sería la muerte. Mas en realidad tú estás *vivo, siempre*. E incluso cuando te has identificado a ti mismo con la gran constricción que es el miedo, tus miedos *nunca* han sido capaces de expulsar de ti la gran fuerza vital, la gran realidad, el gran regalo del discernimiento. Nunca has dejado de ser. Nunca hubo un solo instante en que no existieras, y nunca habrá un momento en que dejes de ser.

Eres, por lo tanto, bastante parecido a una ola que hubiera comenzado a surgir de un océano inadvertido. Y eres como la ola que, por así decirlo, gana impulso y se mueve por la superficie del planeta, eres como esa ola que está en continuo movimiento. ¿Y moviéndose hacia dónde? Hacia una extensión perpetua de tu discernimiento, como tal. Hacia una extensión perpetua de lo que sea que elijas recoger a lo largo del camino, y lo que elijas hacer parte de ti Mismo; hacia una extensión perpetua que te conducirá a experimentar los pensamientos que hayas albergado haciéndolos tuyos, o los frutos de esos mismos pensamientos. Por lo tanto, entiende bien que ahora mismo, en este mismo instante vivido, dondequiera que estés, sea lo que sea que estés experimentando, todo eso que ves, todo lo que sientes, todo lo que sabes, todo lo que buscas evitar, todas las cosas que valores o que menosprecies, todo ello, está contenido *en* tu discernimiento. Pues si no lo estuviera, no existiría para ti.

Por tanto, contempla todo aquello que reconozcas en tu discernimiento, en tu consciencia. ¿Cuáles son las cosas que *reconoces* que sabes? ¿Cuáles son las que querrías evitar? ¿Cuáles son los sentimientos que no has explorado? ¿Y cuáles los objetos, la gente, los lugares, los valores por los que luchas, y que parecen estremecer cada célula del cuerpo? ¿Qué es el cuerpo en sí, si no es aquello que surge en tu discernimiento?

Contempla el planeta a tu alrededor. Mira cada objeto de tu habitación. Contempla cada pensamiento que eliges pensar. Contempla las percepciones e ideas que defiendes con tanto ahínco. Contempla los pensamientos, los sentimientos de otros, que te hacen avergonzarte o desear apartarte de ellos. Esas cosas permanecen en ti como el mismo poder o fuerza vital de la ola que ha surgido del océano. Todas esas cosas las has recogido en tu caminar. ¡Y el camino ha sido muy largo y ciertamente variado! Porque si puedes imaginar que nunca dejas de existir, esto significa que has estado siendo como una especie de *ola de discernimiento* que estaría atravesando cada marco temporal, cada sistema planetario, cada dimensión de la creación.

Y a lo largo del camino hay algo que ha permanecido constante. Has estado en *constante relación* con *toda* la Creación. Oh, sí, puedes seleccionar unas pocas personas, unos pocos objetos, un planeta, una dimensión, y enfocar ahí toda tu atención. Mas la atención no es nada más que la decisión de sobre qué vas a enfocar el poder que tu discernimiento tiene para enfocarse. Y parece que has excluido todo lo demás. Y eso es como una *ilusión óptica* de la consciencia. Aunque sea muy cierto que has *seleccionado* aspectos de la Creación sobre los que enfocar tu atención, no obstante, bajo todo ello —en lo profundo de la ola que no puede verse con el ojo físico, que no se ve con lo que llamas tu discernimiento consciente, con tu mente en vigilia– has permanecido en una perfecta comunión con *toda* la Creación.

Estás, por tanto, *en relación* con todas las cosas creadas, y estás con ellas en una comunicación incesante. Imagina ser capaz de mirar el aire de tu planeta y literalmente poder ver las ondas de radio, las ondas de TV, todas las ondas eléctricas que se mantienen sin cesar rebotando por todos los lados en tu planeta. En algo como esto es donde te sumerges a diario. Tu consciencia impregna todo este campo de vibración. Y *tú* eres quien selecciona aquello de lo que vas a ser consciente, lo que vas a invocar en tu experiencia vivida. Y, por tanto, seleccionas lo que va a dejar una *huella* sobre ti.

Imagina entonces un estanque de agua calmada y transparente. Imagina que tiras en él una solitaria piedrita. Y de ahí, tras tirar la piedra, se irradian ondas. Esto es lo que está ocurriendo *constantemente* en el campo de tu ola de discernimiento. Y en tanto que habéis atraído hacia vosotros mismos ciertas personas, lugares, cosas, objetos y, sobre todo, pensamientos, creencias, percepciones, las habéis arrojado como piedritas en el apacible y claro estanque de vuestra vasta y eterna consciencia. Y lo que habéis experimentado son los efectos, o las *ondas*, de esas piedras. Y literalmente ellas se unen con las otras ondas que habéis creado. Y a medida que esas ondas salen y se tocan entre sí, y regresan hacia ti, se forma el *campo de creación* que fabrica tu realidad física tridimensional.

Por lo tanto, nunca estás experimentando otra cosa que no sea lo que has elegido crear a través de tu selección de las piedras que has arrojado en el campo de tu discernimiento. Literalmente nunca experimentas una cosa aislada. No experimentas objetos. Lo que experimentas es el *efecto* de un pensamiento o de una creencia sobre los objetos. Nunca experimentas a otra persona, porque ellos por sí mismos están hechos de toda una red de vibraciones.

Podrías decir que cada persona y cada objeto (por usar tu lenguaje) es realmente un campo de relaciones en sí mismo –único, y aparentemente diferente de ti, mas no obstante una red de relaciones –. Pues ¿qué niño puede ser separado de sus padres, de su marco cultural, de las experiencias únicas que ha tenido al interactuar con las redes de relación que han estado a su alrededor desde el momento de su concepción? ¿Qué gatito puede ser separado y aislado de la matriz de su madre y de su padre? ¿Qué hoja de árbol está separada de la temperatura del aire, de la calidad del agua y de los nutrientes que le llegan desde el propio suelo terrestre? *Todo es una red de relación.* Y todas las redes están en relación con todas las demás, y se hacen más grandes, y más grandes, y más grandes... *ad infinitum*[28] .

Eres entonces una red de relaciones a partir de la cual has seleccionado *ciertas* piedras –ya sean pensamientos, percepciones o experiencias– y las has arrojado en el estanque apacible y claro de tu consciencia, para poder crear aún más ondas. Y entonces has elegido cuáles tendrán más valor para ti. A esas las *encierras* en tu ser, y se convierten en tu *campo emocional.* El campo emocional es el primer nivel de cristalización del cuerpo.

A partir del campo emocional, si vamos una cristalización más allá, se crea la apariencia de una *forma física.* Y esto es lo que zarandeas por el planeta en tu muy transitoria forma tridimensional de atención, mientras que, por todo tu alrededor, y justo bajo el nivel de tu discernimiento consciente diario, permaneces en comunicación con todas las redes de relación en todas las dimensiones de la creación. Es por esta razón por la que te puede llegar repentinamente un pensamiento inspirador y penetrar en tu discernimiento diario cotidiano. Y te preguntas, con sorpresa:

¿De dónde vino ese pensamiento?

O de repente te aparece una imagen en tu mente. Puede ser cualquier cosa –un hombre y una mujer haciendo el amor, un hombre y un hombre haciendo el amor, un niño jugando en un parque, un delfín, una imagen de conflicto o de guerra. ¿De dónde vinieron? Como vives en perfecta comunión y eres como un gran campo de energía en el cual todas las redes de relación reverberan constantemente, realmente tienes acceso a toda la Creación por entero. Y esta totalidad no se limita a lo que está ocurriendo *ahora,* tal y como entiendes el tiempo. Tienes a tu disposición todo aquello que llamarías *pasado* y *futuro.*

Esas cosas están disponibles para ti en todo momento. Y no hay ninguno de vosotros que no haya experimentado esto por sí mismo. Quizás pensaste repentinamente en un amigo, entonces el teléfono sonó, y sabías que era él. Esto no tiene sentido para ti en tu plano causal tridimensional, pero de forma subyacente permaneces en perfecta comunión, aun si tu mente consciente estaba atareada haciendo el desayuno y preguntándose qué acciones comprar o vender, o qué perfume ponerse. Es por eso que, cuando hay una resonancia profunda entre amigos separados por miles de kilómetros, de repente sabes que necesitan que *tú* les llames. Sientes una especie de preocupación. Puede ser que solo se hayan dado un golpe en el dedo gordo del pie, pero recibes la vibración.

Todos vivís esto. Todos lo conocéis. No es ningún secreto. Y hacia lo que me gustaría atraer tu atención es hacia esto.

Una de las piedras que ha sido arrojada en el campo de tu discernimiento (y esto es generalmente cierto para prácticamente todo el mundo que se vea involucrado en esta experiencia tridimensional "física"), una de esas piedras es esta; imagina que la siguiente declaración es arrojada desde muy alto, y que va tomando velocidad hasta que golpea el apacible estanque de tu consciencia, y envía una onda creando una vibración a través de ti. La declaración es simplemente esta:

No me es posible tener un pleno control acerca de qué piedras son arrojadas en mi discernimiento. Estoy a merced del campo vibratorio tendido por las ondas de todos los pensamientos y redes de relación en las cuales nado constantemente.

Esa percepción es *absolutamente cierta*... en tanto que elijas creer en ella. Esa percepción o creencia es *absolutamente irrisoria* e *impotente* tan pronto como elijas reconocer que así es. ¿Cuál es el tema aquí? Simplemente este: si quisieras elegir despertar plenamente, si quisieras no ser solo una ola que ha surgido misteriosamente del océano, si quisieras elegir ser algo más que otra alma que ha surgido de la Mente de Dios y que de cierto modo va como loca estrellándose por todo el universo, es *absolutamente necesario* admitir como propias las piedras que caen en el apacible y claro estanque de tu consciencia, con el pensamiento que dice:

Soy el único que elige los efectos que experimento. Yo y solo yo interpreto todas las relaciones o experiencias neutras. Yo y solo yo le doy el valor a los objetos, a las cosas, a los pensamientos y a los sistemas de creencias. Yo, y solo yo, soy quien literalmente crea mi experiencia, momento a momento.

Esto, como puedes ver, lo cambia todo. Pues ya nunca más te permites sentirte como si meramente fueras la víctima de fuerzas inconscientes. Ya nunca más miras hacia fuera de ti mismo y *criticas o culpas* al otro. Ya nunca más podrá ser proyectada desde ti la energía de la acusación, para ser *vertida* sobre otro. Nunca volverá a imperar la energía del *juicio* en tu Santa Mente. Este pensamiento, esta sola y única piedra, arrojada en el calmo estanque de tu discernimiento, es algo *absolutamente esencial* si es que quieres decidirte a *despertar plenamente*. Y de esto se trata en esta hora.

Pues, aunque puedas escuchar esto que digo muchas veces, aunque escuches muchas veces lo que transmite la vibración de la Verdad, esta puede ser negada tantas veces como sea oída. Puede que no te permitas, o más bien, debería decir, puedes elegir no permitir que se asiente profundamente en tu estanque de discernimiento, de tal modo que pueda afectar a toda gota de agua que conforma esa ola que tú eres. Puedes resistirte, aferrándote a la ilusión de que aún eres una víctima del mundo que ves, de que los eventos tienen algún valor en sí mismos que no procede del que les das tú. Y en tanto que *elijas* rechazar el mundo, no puedes ser liberado.

Porque la mente que elige percibirse a sí misma como una *víctima* de su mundo de experiencia, aunque lo haga en una pequeña medida, se mantiene impotente, se queda en un estado que genera frustración, debilidad, miedo, duda, indignidad, sufrimiento, dolor, dolor emocional en forma de soledad o separación de otros, falta de satisfacción, y finalmente el eco de la creencia de que has sido estrujado tan fuertemente por el miedo, que estás literalmente separado del Océano de la Mente de Dios.

Discernimiento es todo lo que tú tienes y todo lo que tú eres.

De cómo lo uses procede todo aquello que eliges experimentar.

Y de *eso* procede tu decisión acerca de *cómo* vas a experimentar lo que has convocado hacia ti mismo. En Verdad —y por favor, escucha bien— ninguna experiencia que alguna vez hayas tenido te ha definido o te ha identificado. Ninguna experiencia que alguna vez hayas elegido crear, o invocar hacia ti y así valorar tal y como la valoraste, ninguna de ellas, *jamás,* ha conseguido que seas superior o inferior a cualquier otro —incluyéndome a mí, aunque haya muchos que aún necesitan creer que yo estoy muy lejos de ellos —. Ninguna experiencia que hayas tenido alguna vez te ha demostrado que no merezcas ser apoyado, amado, por tu Creador.

Y por lo tanto, permaneces tal y como has sido creado para ser: una ola llena del mismísimo Poder del Mismo Océano; una ola, un alma, una red de relación que surge a partir de la Santa Mente de Dios con el impulso de fluir para siempre, con la libertad de crear decidiendo qué vibraciones permitirás que se asienten y se conviertan en parte una de ti, qué pensamientos defenderás, a qué percepciones te asirás.

Eres, entonces, eternamente creador. Y esto es lo único sobre lo cual no tienes libre elección. Nunca puedes decidir no ser partícipe en el mismísimo misterio de la extensión de la Creación. Pues cuando albergas el pensamiento "rechazo participar en la Creación de Dios", literalmente has creado la percepción, y por tanto la experiencia, de ti mismo como alguien que está afuera o separado de la misma Creación. Has creado la demente emoción de intentar separar la ola del Propio Océano. Y *crearás* la percepción de separación, incluso aunque nada se haya visto afectado realmente.

¿Por qué esto es importante? Porque, ves, el proceso de sanación no es difícil. Solo requiere de tu *disposición a aceptar* que eres el *efecto* del deseo del Creador de crear a semejanza de Sí Mismo, como una ola es el efecto del deseo del Océano de expresarse a Sí Mismo de una nueva manera, una nueva forma, y brindar una cualidad única a cada ola que surja de sus Misteriosas Profundidades.

Rendirse, la entrega, es entonces el proceso por el que finalmente cedes, abandonas la resistencia ante el hecho de tu misma existencia. Dejas de lloriquear por ella. Dejas de lamentarla. Dejas de preocuparte por ella. ¡Tomas la decisión de *ponerte manos a la obra para estar vivo*! Y lo que está vivo en ti va a estarlo para siempre. Y no hay ningún lugar donde esconderse y ningún sitio adonde ir.

Cuando has arrojado esa piedra en la mente:

No soy la víctima del mundo que veo. Soy incesantemente un creador, hecho por mi Creador, y de una sola sustancia junto con Él.

Entonces, ciertamente ocurre que tus asuntos comienzan a tomar un cariz diferente. Comienzas a usar el poder de tu discernimiento para elegir deliberada y selectivamente qué vibraciones, qué redes de relaciones, vas a colocar en tu campo de discernimiento –cuáles van a resonar contigo y cuáles vas a permitir que se disuelvan en tu mente, en tu discernimiento –.

Y si has albergado un pensamiento de pequeñez, uno de pérdida, de impotencia, ahora comienzas a ver que se trataba de algo perfectamente neutro, y que resulta perfectamente seguro contemplar todo aquello que alguna vez hayas creado y experimentado, y decir:

Está muy bien, y ya he acabado con ello. ¿Qué viene ahora? ¿Qué piedras puedo tirar en mi Santa Mente en este mismo instante? ¿Puedo contemplar la experiencia actual que estoy teniendo y ver que no es nada más que el efecto, la onda, de una piedra o de un pensamiento que tiré en mi mente hace tanto, tanto tiempo, que no lo recuerdo? ¿Puedo contemplar esos eventos que se están desplegando a mi alrededor (y si lo hacen en tu cuerpo, créeme, eso también es a tu alrededor, pues tú eres mucho más que el mero cuerpo), puedo ahora comenzar, y estoy dispuesta ahora a arrojar una piedra diferente en la calmada claridad infinita de ese estanque de discernimiento que es lo que vive en torno a mí siempre? ¿Osaré pensar un pensamiento diferente? ¿Osaré arrojar una piedra así en mi consciencia?

Y entonces, ¿qué piedras podrían ser?

Mmm, creo que me convertiré en un salvador del mundo, un Cristo. ¿Cómo sería eso? ¿Qué vibraciones necesitaría dejar fuera de mi vida y a cuáles necesitaría abrirme? ¿Cómo se sentiría? ¿Qué vería al mirar a través del campo de mi discernimiento hacia la Creación? Mmm. Creo que me permitiré ser capaz de entrar en comunión con cualquier otra red de relación, con cualquier alma, con cualquier ser que exista en cualquier plano de Creación. Quizás incluso me permita saber que puedo entrar en comunicación con Yeshua ben Joseph. ¿Cómo de rico puedo ser en esta realidad tridimensional? ¿Cuántas monedas de oro podría crear para podérselas dar a los demás? ¿En cuántos lugares del planeta podría dejarme caer, en el lapso de una breve vida física? ¿A cuántos seres les podría decir "te quiero"? ¿Cómo de grande podría ser mi corazón? ¿Cómo de profundamente podría experimentar la paz?

El campo de posibilidades es tan infinito como tú. Y las que selecciones y elijas son las que crearán la red de relaciones que llamarás tu vida, tu experiencia, e incluso hasta la cualidad de cómo te experimentes en la *transición* erróneamente llamada "muerte", en tu mundo. ¿Llamarías muerte a salir de una habitación y cerrar la puerta tras de ti, pasando a otra? Desde luego que no. Solo dirías:

Estuve ahí; ahora estoy aquí.

Esto es todo lo que realmente ocurre cuando las moléculas que has llamado "tú mismo" se despegan entre sí porque cediste el valor que les dabas, y entonces, sus constituyentes, sus partes, se disuelven, regresando al polvo o campo energético del planeta. Meramente abandonas una habitación y pasas a otra.

A lo que te llamo en esta hora es a esto: estar dispuesto a permitir que la piedra que sea arrojada en tu campo, o *estanque de consciencia*, sea la que lleve la energía de este pensamiento:

¡De ahora en adelante elijo concebir un Cristo, y así aprender lo que Cristo es!

Y tu experiencia se convierte en el despliegue del aprendizaje de lo que Cristo es. Y cuando ese aprendizaje se completa a sí mismo, descubres que lo que has aprendido es lo que has sido creado para ser. Y has hecho un círculo completo. El hijo pródigo, atravesando el campo de todas las posibilidades, ha regresado como el Cristo Despierto, y ha ocupado su lugar legítimo a la derecha del Creador.

¿Qué significa toda esta simbología? Solo significa que finalmente piensas solo con tu *mente correcta*. Piensas como Dios piensa, y Dios piensa amorosamente. Dios piensa infinitamente, atemporalmente, pacientemente, certeramente, y, sobre todo, Dios piensa *juguetonamente*, ¡de forma plenamente juguetona! Cuando sientes que brota desde dentro de ti tal Amor y tal alegría que difícilmente las puedes contener, ¿acaso no comienzas a bailar y mover el cuerpo, y dices:

¡Oh cielos! ¿qué voy a hacer con toda esta energía?

Y llamas a tus amigos y dices:

Vamos a hacer una fiesta, vamos a ver una película, o vamos a celebrar un delicioso festín. ¿A quién le podría escribir una carta? Oh, ¿a quién le podría enviar flores?

¿No te atrapa el deseo de permitir que cierta energía se expanda desde ti para tocar todas las partes de tu creación?

Bien, ¡pues imagínate siendo Dios: infinito, vasto, sin topes, sin fondo, sin derecha ni izquierda... repleto de nada más que de puro, incondicional, radiante Amor! ¿Podrías entonces imaginarte siendo capaz de contenerte a ti mismo, y decir:

Oh, vaya, creo que solo voy a sentarme aquí a hacer esto, y no dejaré que nadie se entere?

¡No! Dios dijo:

¡Que haya luz!

¡Y fue muy bueno! Y contempló toda la Creación, que literalmente significa no solo este planeta sino todo un infinito número de creaciones de dimensión en dimensión en dimensión... y todas las pequeñas redes de relación llamadas "almas" que trajo a la existencia en una fracción de segundo, y dijo:

*¡Mirad aquí! ¡Esto es muy bueno! ¡Esta es Mi obra! Mi dicha. Mi
Amor, y Mi vitalidad han brotado e inundado a Mi Gran Ser dando a
luz a la manifestación de la creación que eres ¡tú!*

Tú, todos y cada uno de vosotros, ¡fabricados de la mismísima sustancia de aquel Amor abrumador y de aquel espíritu juguetón, con el poder de crear infinitamente y así extender la Propia Creación! ¡Eso es quien tú eres! Y en eso te encuentras *ahora*, y de ahora para siempre. Y nunca podrás escapar de ello.

La maestría llega cuando el miedo ha sido completamente disuelto. Y el miedo se disuelve no temiéndolo, no odiándolo, no juzgándolo, sino al contemplarlo con perfecta inocencia, abrazándolo de la misma manera que un científico podría mirar las ondas de una piedrita que hubiera sido arrojada en un estanque de agua para poder ver cómo se crean otras ondas y otras perturbaciones temporales en el campo o superficie del agua.

Conforme miras adentro y notas las cosas que has temido, y cómo el miedo ha limitado tu creatividad, tu alegría, tu espíritu juguetón y tu ser ilimitado, entonces, meramente miras con inocencia y te maravillas diciendo:

*Oh, ya veo cómo la onda ha afectado la creación que llamo "mi vida".
Mmm, ¿me gusta? Ya no. ¡Bien! Creo que me libraré de esto. ¿Con qué
puedo reemplazarlo?*

La maestría es un estado en el que te has aceptado a ti mismo en tanto que un incesante creador, y has asumido completamente la responsabilidad por todo lo que llega al campo de tu consciencia, *sin juzgarlo*, de tal modo que puedas simplemente decidir si ello va a quedarse, o bien si va a disolverse en sus efectos. *La maestría* es estar *sin miedo*... es ya no temerle más al infinito poder creativo de tu perfecta unión con Dios. "¡Yo y mi Padre somos Uno!" es una expresión de maestría.

Y si yo, quien una vez dijo esas palabras hace tanto tiempo —en la experiencia que tienes del tiempo—, si yo puedo mostrarle a quien sea que mire, que la consciencia trasciende las creencias limitadas sobre el cuerpo, sobre la vida y sobre la muerte que el mundo parece tan determinado a defender a toda costa... si puedo demostrar que solo el Amor es real, si puedo mostrar el poder de la comunicación con las mentes que hay por toda la Creación, si puedo dar nacimiento a creaciones al unirme con otras mentes que transitoriamente creen que son solo un cuerpo, y de tal modo que las palabras escritas caen sobre una página y la página se hace parte del libro que se convierte en el que colocáis en vuestra estantería, de modo que vuestro corazón sea tocado justo en el momento preciso... si yo puedo hacer esas cosas, entonces, vosotros también. Y ciertamente, ¡mayores cosas que esas vais a hacer!

Queridos amigos, ¿no es el momento de asumir una completa responsabilidad por la *gran libertad* que os ha sido impartida por *Abba* —Padre, Creador, Fuente de vuestro ser —? ¿No es el momento de comenzar a pasar más tiempo *desvinculándoos* de vuestra enredada mirada, que quiere que creáis que lo que sentís y lo que pensáis es el efecto de todas esas energías y cosas que llegan *hasta* vosotros desde vuestro alrededor, y comenzar a usar el tiempo para decidir qué tipo de piedras vais a arrojar en el *campo de vuestro discernimiento* de forma coherente, día a día, hora a hora, e incluso respiración tras respiración?

Pues son esas cosas las que crean vuestros mañanas, vuestros futuros, y jamás os podéis escapar de la verdad de que estáis y siempre estaréis en el proceso de crear vuestros mañanas. La muerte nunca os separará de ello; la negación no lo cambiará. Y sois libres de decidir qué mañanas tendréis mediante el acto de buscar primero el Reino, lo cual significa descansar en ese silencio interior en el que *sabéis* que sois una ola que ha surgido con un impulso perfecto, desde la profundidad del Océano de la Santa Mente de Dios, y que lo que lleváis con vosotros es el resultado de pensamientos, creencias y percepciones —en tanto que piedras que vosotros habéis arrojado en la ola de vuestro discernimiento —.

Este mismo proceso es lo que te creó, y este mismo proceso es el modo en que tú has creado siempre. Si alguna vez recibiste una educación, ¿cómo fue que acabaste con tu cuerpo en un aula? ¿Alguien te secuestró, te sentó y te dijo, "aquí, debes aprender todas esas cosas aquí"? No fue así. Primero tuviste un pensamiento, una imagen, y la valoraste, y así, atrajiste los medios que te llevaron a vivir la experiencia de recibir la educación que *tú* habías decidido tener.

¿En qué relación has entrado alguna vez donde lo hayas hecho a partir de una falta de discernimiento? Ninguna. Tú tiraste una piedra en la mente que decía:

> *Quiero relacionarme con otro ser, otro cuerpo, otro lugar en el planeta físico.*

Siempre has estado haciéndolo, y siempre has experimentado el fruto o el efecto de la cualidad de vibración de la piedra que ha creado las ondas que se han convertido en tus experiencias. En realidad, entonces, tu experiencia, es decir, tu discernimiento, lo que es verdad sobre ti, no es diferente de lo que es verdad sobre mí.

La única diferencia ha sido la de que yo aprendí a entrenarme a mí mismo, hora tras hora, en tirar solo *piedras ilimitadas*, que enviaran vibraciones de aceptación incondicional, Amor y perdón, y visión incondicional y desenfrenada, y revelación, mientras que tú has elegido hacer eso solo unas *pocas* veces, pues entonces retrocedías corriendo y elegías las piedras de no merecerte las cosas, de limitación, de carencia, de miedo, de pequeñez, y tirabas diez o doce rápidamente ahí. Entonces, volvías a la otra despensa y decías:

> *Mmm, la piedra que dice, "yo y mi Padre somos Uno"*
> *...... oops, ¡ya tengo bastante de eso!*

Y regresabas de nuevo. Así, mientras que yo permanezco en este lado de la valla con,

> *¡Yo y mi Padre somos Uno! ¡Yo y mi Padre somos Uno! Yo soy por siempre una Cualidad de Ser Ilimitada. ¿De cuántos universos podré hoy ser el Salvador?*

Mientras, *tú*:

Eso suena muy bonito. Yo y mi Padre somos Uno. Oh, aquí hay una piedra que dice que mi automóvil necesita romperse hoy.

Mmm.

¡*Esto* es todo lo que hay! ¿En qué lado de la valla te vas a sentar a tirar piedras? ¿De qué *árbol* comerás el fruto? ¿Del árbol del conocimiento del bien y del mal? Mmm. Usa bien esa simbología, pues cuando tiras la piedra en el estanque, es como decir:

> *Bien, creo que tomaré otro pedazo de esta fruta. Oh, pero es tan dulce, está tan buena y es tan perfecta, que sería mejor morder también un poco de alguna que esté podrida, para equilibrar.*

El árbol del bien y del mal, positivo y negativo, ilimitación/limitación, perdón/juicio, amor/miedo – es como tomar una bella flor, y, al ver los pétalos.:

> *Oh, es tan hermosa. Casi no puedo agarrarla, así que creo que me pincharé el dedo con la espina, y me daré la vuelta.*

Nadie jamás te dijo –y tu Creador nunca te insistió en que – comieras del árbol del bien y del mal. Pues todo *buen fruto* te ha sido dado gratuitamente. Y tú siempre eres libre de elegir *qué* fruto comerás.

> *¡Yo y mi Padre somos Uno! Mmm, qué bendita Creación. Me lo he pasado tan bien siendo esta ola... Sí, y veo lo que he llevado conmigo. Vaya, fue divertido, gané unas pocas cosas. Ahora, ¿qué viene ahora? Ilimitación* (¡cloc! [imitando así el sonido de la piedra que cae en el fondo del estanque]), *amor perfecto* (¡cloc!), riqueza (¡cloc!), *la capacidad de sanar* (¡cloc! ¡cloc! ¡cloc!), *oh, sí, veo ahora esa piedrita en la playa, la que he elegido un millón de veces: no merecerme nada* (¡cloc!). *¡Pero ya no más! ¡Acabé contigo! ¡Yo y mi Padre somos Uno! ¡Padre, crea a través de mí lo bueno, lo santo y lo bello, porque esta es la razón de mi ser! ¿Cuán grande puedo devenir en tanto que ola? ¿Cómo de poderosa? ¿Cómo de radiante? ¿Cuánto de Ti podré expresar a través de mí?* (¡cloc!)

Pues recuerda bien que *estás creando tus futuros* ¡AHORA! Y que lo que experimentas nunca te llega desde fuera de ti Mismo. Si te preocupa la falta de monedas de oro... ¡cloc!, y comienzas a atraer las ondas vibratorias que *parecerán* devolverte una imagen hacia ti, y reflejarte la verdad que has elegido creer:

> *Vivo en la carencia y no puedo salir (¡cloc!). Ciertamente que no puedo hablar con Yeshua. No lo merezco. Quizá él hable con Jon Marc [Jayem], que parece que sí se lo merece bastante, pero entonces..., él es especial (¡cloc!).*

Y entonces, las ondas vibratorias que te llegan son ese ruido de fondo que restringe tu capacidad de trascender la tercera dimensión y enchufarte a otras. Así es que incluso si yo te digo a voz en grito:

> *¡Eh! Te estoy hablando. ¡Escucha!*

la mente dice:

> *Eso no es posible, porque he tirado una roca ahí dentro (¡cloc!) que dice que "eso no es posible". Y por lo tanto no oigo nada.*

¿Comienzas a captarlo? ¿Comienzas a *sentir*, en el centro de tu ser, la esencia del mensaje de esta hora? *No te puedes escapar de ser lo que has sido creado para ser.* Y en todos y cada uno de los momentos estás, literalmente, utilizando ese *incesante* e *ilimitado poder* para crear. Y sigues siendo perfectamente libre de crear de nuevo en cualquier momento. Y lo que experimentarás en tus mañanas es solo el efecto de qué piedras estés eligiendo arrojar en el campo de tu discernimiento, en tanto que pensamientos, *ahora*.

Así que la única cuestión es (y con esta completaremos este breve pero importante mensaje, sobre el que vamos a seguir elaborando)... la cuestión es esta:

> *¿Estoy, como ser creativo, hecho a imagen de Dios, dispuesto a elegir deliberada, consciente y activamente ser responsable de los pensamientos, las piedras, que son arrojadas en mi mente en cada momento? Y si la*

respuesta es que sí, ¿qué quiero que sean estas nuevas piedras? ¿Qué cualidades vibratorias invocaré hacia mí mismo y, por tanto, crearé para mis mañanas?

En el momento en que reacciones a lo que crees que está fuera de ti, puedes estar absolutamente seguro de lo siguiente: has elegido escoger esa vieja piedra que decía:

Soy víctima del mundo que veo. Lo que experimento está causado por fuerzas que están fuera de mí. La verdadera falta está en mi madre, mi hermano, mi padre, mi hijo. La verdadera falta está en el gobierno, en el planeta, y en la calidad del aire. La verdadera falta proviene de una fuente exterior a mí, y no tengo otra elección que reaccionar ante ella.

Ante esto yo solo te podría decir:

¿Prefieres tener la razón, o ser feliz?

Por lo tanto, ciertamente, queridos amigos, meditad bien la esencia del mensaje de esta hora. Porque sobre ella comenzaremos a construir a medida que nos dirigimos hacia el final de este año de *La Vía del Corazón*, que no es sino un cimiento desde el cual, quienes así lo deseen, pueden seguir hacia una dimensión mayor, hacia una mayor experiencia del vivir deliberadamente como cocreadores con Dios.

Pero todo esto comienza con la necesidad de ser responsable de *apropiarse* de la Verdad del mensaje de esta hora. Pues sin eso, no puede haber cambio en tu consciencia y, por tanto, en lo que experimentarás en tus mañanas. Así que si hay algo en tu presente que te haga temblar, solo piensa qué te está esperando si una vez más te niegas a elegir esta responsabilidad y el poder que la acompaña.

Y con esto, ciertamente, queridos y santos amigos, recordad que no vengo para traer paz al mundo, sino para agitarlo de tal modo que aquellos seres que lo fabrican puedan descubrir dónde se oculta realmente la verdadera paz: *en ellos mismos*; y dónde está el Cielo: *en ellos mismos*; y dónde vive el Cristo: *en ellos mismos*.

La paz sea entonces con vosotros, siempre.

Amén.

Lección 8. Preguntas y respuestas

Pregunta: durante un periodo de consciencia elevada, fui consciente de una presencia que abarcaba a los individuos. Se me hizo claro que esta presencia realizaba la función de guiar a la persona hacia las experiencias apropiadas. No tengo claro si es esto lo que llamas "Espíritu Santo". Me pareció como una Superalma de la persona. ¿Podrías aclarar algo sobre ella y sobre el Espíritu Santo?

Respuesta: querido amigo, para poder darte una respuesta plena se requeriría cierta complejidad y una gran extensión de tu tiempo. Porque hay muchas cualidades o matices de experiencia dentro de la consciencia que llamarías "consciencia elevada", aunque yo, personalmente, no reconozco lo superior y lo inferior. Solo hay un *darse cuenta de*, un *discernimiento*, que es lo que la consciencia es.

Lo que he llamado *Espíritu Santo* no es una *entidad*. Es una *forma de energía*.

Anteriormente también lo he llamado *mentalidad correcta*, lo que simplemente significa que la mente está operando en alineamiento con la ilimitación, alineada con la Mente de Dios. Por tanto, lo que se requiera a modo de guía o de conocimiento, simplemente fluye, sin trabas. El Espíritu Santo es ese aspecto de la propia Mente de uno mismo, de una misma, que está ciertamente alineado, y que siempre ha estado alineado, con la Mente de Dios. Por lo tanto, sería muy apropiado decir que el Espíritu Santo es como tu Superalma, por así decirlo. Es un aspecto de tu propia cualidad de ser, dado a todos y compartido igualmente por todos. El Confortador, el Espíritu Santo, es mentalidad correcta, visión correcta, alineamiento correcto.

La experiencia que tuviste fue muy válida. No te pusiste a desfigurar lo que estabas experimentando, en absoluto. Solo eras testigo. Sería apropiado decir que estabas ciertamente viendo, percibiendo, sintiendo, lo que podrías llamar "Superalma", un aspecto de tu propia alma. Y no obstante, al mismo tiempo, fue y sigue siendo la presencia del Espíritu Santo, esa parte del Espíritu de ese ser, que ha seguido siempre siendo pleno, total. A menudo, todo eso que se llama "la guía" emana de esa parte de tu propia mentalidad correcta –todos esos pequeños impulsos intuitivos, las imágenes claras y las visiones, o las sensaciones que atraviesan el cuerpo. Ella te parece que te está hablando desde otro lugar solo debido a que aún no has cultivado la cualidad que te permita comprender que ella es más "tú", es más "tú mismo", que el "tú" que creías que eras.

La consciencia elevada... no hay tal cosa. Solo hay rememoración y reconocimiento de lo que siempre es verdad. Sí, puedes reducirte a ti mismo a lo que llamas "consciencia inferior", pero entonces, ¿qué es lo que se presenta? Tenemos consciencia, la elección libre, y el uso de un ilimitado poder para generar experiencias por ti mismo. Eso no me parece que sea algo muy inferior, en absoluto. Es infinito. Solo ocurre que quizás mañana puede que no quieras hacer de nuevo la misma elección. Pero eso no la convierte en algo inferior. Inferior y superior son juicios.

Hay Amor y hay miedo, pero nunca he dicho que el miedo sea *inferior* al Amor. Es meramente una elección. Y *de la elección procede la experiencia.* Y eres libre de recolectar para ti mismo cualquier forma de experiencia que desees –la que exprese Amor o miedo –. Pero, bajo cada una de ellas, el poder de elegir sigue siendo uno solo y el mismo: infinito para siempre, sin detención posible por siempre... dado a ti gratuitamente por un Creador que te ama, y que te ama tanto que te ha sido dada una libertad perfecta.

Pregunta: ¿cómo distinguir entre aquellos aspectos de nuestro ser que necesitan ser sanados, y el simplemente ser, simplemente ser el ser perfecto que ya somos?

Respuesta: no hay diferencias. Cuando en Verdad estés siendo el ser perfecto que tú eres, encontrarás que hay una ausencia de resistencia. La mente que busca tratar de entender lo que debe ser sanado, o la mente que dice:

> *Bien, me está viniendo esta historia, y realmente no creo que eso sea quien yo soy y lo que yo soy, de ninguna manera, así que, ¿por qué no me limito a permanecer en algún reino espiritual?*

Esa mente, está en *resistencia*. Ha perdido su humildad. Ha perdido su perfecta confianza en que el Padre de todas las cosas sabe cómo guiarla al hogar. Y ese hogar es meramente el regreso a un lugar donde te haces disponible para permitir que algo sea extendido a través de ti.

Permitidme compartir con todos vosotros algo bastante importante, y que no ha sido planteado tan claramente como se necesita. A menudo, cuando te llega algo para que lo sanes, es una energía. Y, escúchame bien, aunque parezca que la asocias con alguno de los recuerdos o experiencias que crees que están dentro del muy privado ámbito de tu experiencia, lo que realmente ocurre es que esa energía, que te está llegando para ser sanada, está involucrada o está controlando la vida de otra alma. Y se está presentando en *tu consciencia* porque *tú* estás en una situación donde tienes el *poder* y la *claridad* para comprender que *puede ser sanada*.

Y por eso es que cuando eliges la sanación, cuando no te resistes a lo que viene, cuando constatas que el Amor confía en todas las cosas, abraza todas las cosas, permite todas las cosas y trasciende todas las cosas..., cuando constatas que meramente eres el portador del Amor, entonces ¡no importa lo que llegue!

> *¡Oh! Esto necesita sanación.*

Y tú lo sanas desde un *nivel impersonal*. No te identificas con ello, incluso si crees que está asociado de alguna manera con algo que sí estás muy seguro que ha formado parte de tu propia experiencia pasada.

Si hay ocasiones en que no puedes ni siquiera recordar dónde pusiste las llaves del automóvil, ¿cómo vas a estar seguro de que se trata de algo de tu pasado? Solo sánalo. Porque cuando lo haces, estás siendo la perfección del ser que eres. Estás siendo el Cristo, diciendo:

Ven y deja tus pecados sobre el altar de mi Corazón, y los sanaré por ti.

No importa de dónde venga. No importa quién lo provocó. Todo lo que importa es la sanación. Si viene algo y reconoces que contiene un obstáculo, que es algo que requiere sanación desde la perfección de tu ser, envuélvelo con el Amor de Cristo y sánalo. Y cuando lo haces, elevas a un hermano o una hermana con quien puede que nunca te encuentres físicamente.

Si te comprometes con Cristo, te comprometes a sanar cualquier cosa desemejante al Amor. Intentar imaginarte si se trata de tus asuntos o de los de otro, es un mero entretenimiento. ¿Acaso importa? ¿Acaso hay separación entre tú y todos tus hermanos y hermanas? Asistir a otro a sanar es sanarte tú mismo. Sanarte tú mismo es elevar a otro. Solo hay Amor y miedo. Y al final, en realidad, solo estás sanando el miedo, al brindarle Amor.

Puede parecer que hay muchas mentes e individuos donde el Amor y el miedo parecen luchar entre sí por ganar predominancia. Pero son como olas en la superficie del océano. En este ámbito de experiencia crees que hay muchas mentes separadas. Pero al final "los otros" no son sino aspectos de ti, y tú de los demás. Y solo hay una Criatura de Dios.

Sana pues aquello que se te presente en tu consciencia, y deja de identificarlo como tuyo. Hay Amor, y hay miedo. Y existe la necesidad de sanar, que es el puente entre ambos. ¿Elegirás identificarte como miedo y por tanto rechazar el Amor? ¿O te identificarás como Amor, y te pondrás manos a la obra con ello? Si estás morando en la perfección de tu ser, creo que la respuesta se vuelve autoevidente.

¡Así es! Hay tantos que vienen y me preguntan cosas..., pero yo nunca lo hago. Así que voy a plantear una cuestión:

¿Querrás tú, quien escuchas estas palabras..., estarás tú dispuesto a ser la Luz que brilla sobre este mundo, al convertirte en alguien plenamente comprometido en cada momento y a cada respiración, en la elección de sanar mediante el Amor y el perdón?

Es solo algo para pensar sobre ello..., de rato en rato. La paz sea entonces con vosotros.

Y aquellos que estén escuchando o leyendo estas palabras, y que estén cerca del momento en que van a dejar el cuerpo en la cama y a tener ese preciado "sueño reparador" que tanto necesitan, ¿apoyaréis esta noche la cabeza sobre la almohada y me daréis solo un momento de vuestro tiempo reconociendo que sabéis que no hay distancia entre nosotros, en absoluto, salvo la que represente el ancho del pensamiento que elijáis pensar? Piensa en ello, entonces, y reconoce que estoy contigo. Y, ciertamente, vamos a viajar juntos mientras el cuerpo duerme.

La paz esté siempre con vosotros.

Amén.

Lección 9

Ahora, comenzamos.

Y ciertamente, una vez más, saludos cordiales para vosotros, queridas y santas Criaturas de la Luz Divina. Vengo de nuevo en adelante para morar con vosotros como vuestro hermano, y como vuestro amigo, que os contempla y no ve otra cosa que la Faz de Cristo en vosotros. Y Cristo es el primogénito del Padre, es decir, el único, el unigénito, no fabricado[29] . Cristo es creación de Dios. Cristo es el Santo Hijo de Dios. Cristo es como el rayo de luz solar para el sol, radiando para siempre a partir de la Santa Mente de lo que he llamado *Abba*.

Por tanto, vengo en adelante para morar con vosotros en perfecto gozo, y en perfecta libertad, y en perfecta realidad. Vengo para unirme con esa parte tuya que habita siempre en perfecto conocimiento, en perfecta paz, en perfecta intencionalidad y en perfecta unión con vuestro Creador. No vengo a hablar de cosas que no conozcáis. No vengo a usar palabras que no habiten ya en vosotros. No vengo con una sabiduría que no tengáis ya. No vengo con un Amor más grande que aquel que ya florece en los silenciosos espacios de vuestro propio corazón. *No* vengo a ponerme por encima de vosotros. Solo vengo a caminar como un igual a vuestro lado.

Vengo porque os amo. Vengo porque soy vuestro amigo. Y de todas las cosas que podría elegir hacer –en el ilimitado poder consciente otorgado a mí equitativamente por mi Padre, tal y como te fue dado a ti–, de entre todos los lugares y dimensiones y mundos en que podría residir en este momento, en Verdad, vengo para morar *con vosotros* de esta manera, utilizando juntos un instrumento para la creación, un instrumento de comunicación —que podrías llamar cuerpo— para poder salvar la brecha que os parece que todavía os separa de mí.

En realidad, todas las dimensiones de la Creación se alojan en un espacio mucho más pequeño que la punta de un alfiler. En realidad, todas las dimensiones de la Creación son tan vastas que nunca podrías medirlas. En realidad no hay brecha que me separe de donde vosotros estáis. Y por esto es por lo que no puedo estar más lejos de ti que la distancia de un pensamiento. Pero, oh ciertamente, queridos amigos, el poder de un pensamiento es el poder de crear universos, y, dentro de ellos, crear aún más universos, y dentro de ellos crear un mundo tras otro mundo, tras otro mundo, tras otro mundo.

Y la experiencia que vives es que tu atención parece estar momentáneamente enfocada en ese tu único mundo, donde compartes algunas cosas en común con muchos otros seres. Tienes lo que en tu mundo se llama una *realidad consensuada* —o podríamos decir una *experiencia consensuada*, nacida de una *realidad universal*—. Queridos amigos, así mismo, tal como moráis ahora en vuestro discernimiento, sois creadores del mundo que experimentáis. Y lo hacéis de muchas maneras ordinarias.

Cuando estás frente a alguien, y tan solo por una fracción de segundo alteras la posición del cuerpo a través del cual lo contemplas —tomas una nueva posición, una nueva perspectiva—, en esa misma fracción de segundo, has creado una nueva experiencia para ti mismo. Cuando contemplas a ese amigo y la mente se dirige desde la neutralidad (que es desde donde comienza toda experiencia) hacia este pensamiento:

Oh, he aquí mi amiga María. He aquí mi amigo Saint Germain. He aquí mi amigo Pedro. He aquí mi amiga Joanna. He aquí mi amigo Natanael.

Cualquiera que sea su nombre, al albergar ese pensamiento, ya comienzas de hecho a cambiar la experiencia.

En aquel momento, eres literalmente un creador. Pues cuando nombras cualquier cosa, la defines de acuerdo a los factores que hayas incorporado a ese nombre que empleas. Cuando contemplas un cierto campo de energía que surge del misterio de vuestro planeta Tierra, y dices la palabra "árbol" –[*chasquido de dedos*] así de rápido–, has atraído hacia tu experiencia manifiesta todo aquello que hayas decidido alguna vez sobre lo que irá asociado a ese campo de energía que habéis llamado "árbol". Y de este modo, tu experiencia es completamente única. Nunca se ha dado así antes; nunca será así después. Nada puede repetirse. Y es por esto por lo que la Creación es continuamente nueva

Sí, sí que puedes estar con tu amigo y mirar al árbol, asintiendo, para decir:

Bien, sí, claro, eso es un árbol. Sí, veo las ramas, las hojas.

Pero tan pronto como lo hayas nombrado, habrás atraído hacia ti mismo todas las asociaciones que hayas llevado hasta ti en tu experiencia de ese campo que habéis llamado "árbol". Ten por seguro que aquellos que vuestro mundo llama "ecologistas" y aquellos otros llamados "leñadores", tienen indudablemente una experiencia diferente aunque empleen la misma palabra, "árbol".

¿Cuál es la correcta y cuál la equivocada? No, esto no funciona así. Y en esta hora queremos hablar de otra importante *piedra* que debes arrojar al claro y sereno estanque de tu discernimiento. Es simplemente esta: todas las redes de relación, todos los campos de energía, son *absolutamente neutros*. Lo que crea experiencia es cómo decides que vas a ver o a considerar esa red de relación, ese campo de energía. Y el *efecto* de esa decisión es también algo completamente neutro.

¿Y cómo puede ser esto así? Pues cuando un leñador ve un árbol y considera solamente el provecho que le rendirá, los bosques desaparecen. Y cuando un ecologista lo ve, el árbol permanece, y los vigorosos búhos y otras aves tendrán un lugar para hacer su hogar. Y ciertamente, ¿no estamos aquí para perpetuar la misma realidad, la misma experiencia que todos los humanos han tenido? ¿No se sufre una pérdida cuando el bosque desaparece? Escucha bien y cuidadosamente: *todos los eventos son neutros. Tú eres* quien les da su valor.

Ahora bien, ¿significa esto que uno debe convertirse en alguien de corazón frío, inconsciente, y ciego ante sus propias acciones? Desde luego que no, pues parte del despertar conlleva el poder constatar la interconexión de uno mismo con la red de todas las relaciones. Significa abrir los ojos para despertar en reverencia ante el misterio que la Vida es. Pero también significa soltar el juicio contra otra persona que pudiera considerar el árbol de una forma diferente a la tuya. Porque, ves, el cuerpo que has cristalizado a partir de un campo de energía infinita tiene un solo propósito. Es un instrumento de comunicación.

Por lo tanto, permite que tu percepción principal, que la luz prioritaria que te guíe en tu experiencia tridimensional, sea esta:

¿Qué elijo comunicarle al mundo con cada gesto, con cada respiración, cada palabra hablada, cada decisión tomada?

Pues incesantemente estás involucrado, mientras el cuerpo dure, en el proceso de comunicarle al mundo, de hacer manifiesto en el mundo, aquello que hayas elegido valorar, lo que hayas invocado a tu experiencia y hayas imbuido de valor. Esto significa que incesantemente estás comprometido a enseñarle al mundo lo que crees que alberga la mayor verdad, el mayor valor.

Y cuando un ecologista contempla a un leñador y se exaspera y lo juzga, o al revés, cuando este se exaspera y juzga a aquel, el cuerpo está siendo usado para comunicar el valor del juicio. Y eso crea miedo y contracción. Y el resultado que ves, en este mundo donde muchas muchas mentes eligen valorar el derecho a juzgar, es el efecto que llamas tu *mundo*, en el cual todo parece estar expresando conflicto, lucha, lo que llamas "encontronazos" —el conflicto, el armagedón de ideas opuestas yendo unas contra otras—. Y justo bajo todo ello en realidad todos los eventos siguen siendo completamente neutros.

E incluso si los bosques de vuestro planeta fueran completamente arrasados, este sería un evento neutro ¿Y por qué? Porque si todos los árboles se marcharan, si el mismo planeta físico que llamas Tierra muriera, se disipara de la vista, la *Vida* continuaría. La Vida simplemente crearía nuevos mundos. Lo hace todo el tiempo. *Vosotros* lo hacéis todo el tiempo.

Entonces, los eventos que experimentas son siempre neutros. Y lo que ves que ocurre en el mundo alrededor de ti sigue siendo neutro hasta que *tú* tomas la decisión de lo que va a significar *para ti*. Lo nombrarás y, por tanto, lo definirás. Y cuando lo defines, invocas todas las asociaciones que conlleva aquello hacia tu ser. Por esto se me enseñó una vez que es muy sabio perdonar setenta veces siete —y por una razón muy egoísta—. Porque si alguien te hace mal y tú gastas tu energía convenciéndole de que lo ha hecho mal, y de que por tanto tú tienes derecho a estar airado, atacando del modo que sea, entonces, invocas hacia ti mismo, e incluso hacia las mismas células de tu cuerpo, la energía del conflicto, del juicio, de la guerra, la muerte, la enfermedad, la infelicidad y la separación —¡y muy rápidamente!—.

Pero si perdonas setenta veces siete, entonces, en cada uno de esos momentos de perdón, atraes hacia tu campo de energía aquello que te trae el recuerdo del Amor incondicional, de la perfecta paz, de un poder que trasciende todo lo que hay en el mundo. Invocas la realidad del Cristo. Y todo ello solo depende de las piedritas que arrojes en tu mente.

Entonces, ¿dónde has dibujado la línea? Cuando has dicho:

Bien, acepto la neutralidad de todos los eventos en este ámbito, pero no en ese otro. Si mis amigos se divorcian o se separan, vale, eso lo veré como algo neutro. Pero, si mi esposa me deja, esto ya no es neutro. Si el padre de mi amigo le deja en herencia tres millones de dólares a sus hijos, está bien, eso está genial. Es un evento neutro. Pero si mi padre destina sus tres millones a obras de caridad y me deja a mí fuera de juego, entonces ya no es algo neutro.

Si los ríos de un país al otro lado del mundo se ensucian porque la consciencia de una comunidad permite que se construya una fábrica sin la suficiente seguridad:

Bien, eso está en la otra punta del mundo: evento neutro. Pero si lo hacen en mi patio trasero, ya no es neutro.

Siempre es sabio mirar amorosamente para ver dónde has dibujado la línea, para ver lo que vas a contemplar como neutro frente aquello a lo que te aferras como algo con mucho significado y de incuestionable valor. Porque es ahí donde encontrarás lo que se requiere perdonar dentro de ti. Te hemos contado que la maestría es un estado de falta de miedo. Cuando valoras algo, y entonces te pones cabezota e insistes en que ese valor existe en ese evento o en ese objeto que están fuera de ti, lo que has hecho es asegurarte tu puesto en el miedo. Y el estado sin miedo estará tan lejos de ti como el este del oeste. Mira bien entonces a ver dónde has colocado un cierto valor, e insistido en que es algo incuestionable. ¿Cuántas veces en cada uno de tus días dices:

¡Oh, tío! Si mi perro muriera alguna vez, no podría soportarlo. Sería mi final, o, Si el banco colapsara... oh, ¡Dios! ¡No podría soportar eso!

Ten cuidado con lo que decretas. Mira a ver dónde estás implicado emocionalmente, viendo el valor que hayas colocado sobre algo o sobre alguien, en cualquier tipo de relación, ya sea con tu esposa o esposo, con tu gobierno, con tu cuerpo, con tu gato o con tu perro, con tu cuenta bancaria —en todas las relaciones—.

Porque tú has hecho de ellas lo que son. ¿Y dónde puede ser experimentada la libertad salvo dentro de una consciencia que haya aprendido a trascender la contracción del miedo? Y el miedo es un resultado causado por el apego que tengas a los valores que hayas otorgado a los eventos que experimentas, constituidos por cosas, personas, lugares —siendo todos ellos en realidad solo eventos—. Toda red de relación te llega como algo perfectamente neutro. Tú decretas cómo es al definirla y nombrarla. Cuando te llega alguien airado y reaccionas, reconoce primero que tú decidiste que está airado, y que con esto has atraído todas aquellas asociaciones que en algún momento has decidido valorar con respecto a lo que significa la ira.

Y, no obstante, en ese mismo momento, tienes el poder de presenciar este campo de energía que circula a través del cuerpo, de la mente y del habla de la otra persona, y de verlo como una danza de energía, como un misterio que surge de alguna fuente desconocida, de alguna red de relaciones invisible. Y podrías contemplarlo con curiosidad y asombro si lo definieras *de forma diferente*. Esto es cierto para todo lo que surja. Incluso las así llamadas grandes enfermedades del cuerpo, que parecen amenazar la vida del cuerpo en tu mundo, pueden ser contempladas con perfecta neutralidad. Pero, si las defines de una manera específica, atraerás hacia ti mismo el miedo a ese evento, que vendrá con todas las asociaciones que hayas aprendido del mundo, de tus propias experiencias.

El mensaje de esta hora es pues simple, pero muy importante. Y se incorpora a todo lo que hemos compartido contigo anteriormente. Eres un creador, y no puedes hacer otra cosa que crear. Y entonces la cuestión es esta: ¿*qué* crearás en cada momento? Mucho más allá de la excitación que conlleva la magia de poder crear eventos u objetos en la realidad tridimensional, están esas ciertas *cualidades* que creas, como la de la paz, la ilimitación, la compasión, el perdón, la sabiduría. También ellas son creaciones.

La compasión no está por ahí, flotando en el universo, si tú no *la manifiestas y la cultivas en tu propia consciencia*. La Consciencia Crística no se puede decir que exista realmente, no para *ti, hasta que no la creas en ti mismo*. Ni siquiera tu unión con Dios existe, para *ti, hasta que te decides a abrirte a la experiencia viviente de ella*, al igual que un alimento que nunca probaste no puede existir para ti hasta que no viajas a un cierto país, lo compras y lo introduces en tu cuerpo. O, más bien, en los días actuales de vuestra era, debería decir: hasta que no vas a una tienda de alimentos y encuentras la sección gourmet internacional. ¡Mmm!

Nada puede decirse que exista –para *ti*– hasta que hayas probado una *experiencia viva* de ello. Entonces, cuando oigas hablar de iluminación, o de la unión con Dios, o del Amor incondicional, deja de asentir con la cabeza pensando que ya sabes lo que son esas cosas, y dirige tu atención hacia dentro. ¿Habitas en la *viva experiencia* de esas cosas? Así de rápido [¡chas!] sabrás cuál es la respuesta.

Si la respuesta es:

No. Oigo hablar de iluminación y tengo algunos atisbos, pero realmente no sé lo que es porque no estoy sintiéndola completamente en mi experiencia viva.

Inmediatamente reconocerás que hay algo que has valorado, *que no es* la iluminación, y que insistes en mantener alojado en tu consciencia.

¿Qué es? Búscalo, encuéntralo, y decide si aún lo quieres ahí. Percibimos que hay muchos en vuestro mundo que les gusta ir por ahí *como si* estuvieran en un estado de paz, con una sonrisa en la cara. Quizás lleven la Santa Biblia en su mano, o algún texto así. Llevan algún símbolo religioso sobre su cuerpo para crear la apariencia de alguien que está en paz. Pero, interiormente, cuando encienden la televisión y ven cómo un leñador ha cortado otro árbol más, responden llamándolo "ignorante", "estúpido" o "cateto". En ese momento le han expresado al universo la verdad que están eligiendo vivir:

No soy alguien que quiera saber lo que es la paz. No soy de los que están interesados en el perdón, ni tampoco en la sabiduría. Estoy interesado en el juicio y en la superioridad que siento en mi cuerpo mediante el acto de juzgar a otro como alguien inferior a mí mismo.

En pocas palabras, es el momento de abandonar el fingimiento. Es el momento de comenzar a verse a sí mismo desde la perspectiva de un creador absoluto, creando incesantemente; es el momento de contemplar lo que exactamente estés creando en cada momento de tu experiencia; de llevar la cualidad de la inocencia infantil a aquello que *realmente* experimentas, y no a lo que le dices al resto que estás experimentando. Es el momento de ser honesto con los efectos de las ondas producidas por las rocas o las piedritas que hayas tirado en el campo del discernimiento, como en una gran forma de juego.

Porque, como ves, un creador que entiende su infinito poder de crear, que entiende que está continuamente creando sin cesar, que se están generando efectos momento a momento, que ciertamente está fabricando sus mañanas... un creador así, *abandona* contento la energía de la negación y cambia de rumbo para contemplar cada momento de su experiencia, y poder así discernir qué elección habrá sido tomada como para que hayan sido atraídos esos efectos que actualmente son experimentados.

Cuando llega una factura y tu cuerpo se agita, y te preocupas y contraes porque no hay suficientes monedas de oro en la cuenta para pagarla, el creador se *detiene* y contempla todo lo que está siendo experimentado en el campo corporal, en el cuerpo emocional, y los pensamientos que se alojan en la mente. Comienza a darse cuenta de cómo está viendo los objetos alrededor, el mundo alrededor, para así poder comenzar a preguntarse asombrado:

¿Qué pensamiento debo haber arrojado en el estanque de mi mente para poder crear el efecto de una falta de monedas de oro? ¿Y sería este un pensamiento que yo querría seguir arrojando en mi mente de tal forma que consiga crear unos efectos similares en mis días venideros?

He aquí pues el portal a la sabiduría: *no hagas tu creación inconscientemente, no crees inconscientemente* y luego simplemente te des la vuelta y te vayas, sino que aprende sin cesar de tu creación. Porque así comienzas con el proceso de disolver la creación de un ser no-iluminado, y comienzas a concebir la creación de un Cristo aquí y ahora, en este momento. Nunca, nunca creas que tus *pensamientos* son neutros. Dije antes que los eventos lo son, pero no los pensamientos. Porque tus pensamientos están literalmente imbuidos del poder de la creación. No crean de forma neutral. Es decir, cada pensamiento hace que reverbere una cualidad de vibración que se esparce a partir de ti, que toca los confines de la realidad manifestada, y que regresa hasta ti. Y eso será lo que tú experimentes en tu vida como eventos positivos o negativos.

Ahora bien, es muy cierto —por favor escucha cuidadosamente esto—, es muy cierto que en cualquier momento, mientras transcurre tu experiencia, mientras experimentas la reverberación, el regreso de las ondas que has enviado, en ese mismo momento, no estás siendo una víctima de lo que tú has creado. Porque en cada uno de tales momentos sigues siendo tan perfectamente libre como lo eras cuando primero arrojaste la piedra en el estanque, esa piedra que en un primer momento creó la onda. Eres libre de elegir cómo vas a experimentar el efecto de esa onda. Y si lo experimentas con libertad incondicional, con aceptación y Amor incondicionales, con perdón, neutralidad, inocencia, entonces, literalmente, desactivas los efectos de esa onda en el estanque de tu consciencia. Y entonces, en ese momento, te vuelves instantáneamente libre para poder comenzar a crear de una nueva manera las ondas que experimentarás en el futuro. Y es por esto por lo que nunca eres la víctima de la creación de nadie, y especialmente nunca lo eres de la tuya propia.

No es que la vida sea tan compleja que tú habrías creado todos esos impulsos y ahora te habrías quedado trabado en ellos. En el momento en que *captas* esto, dejas de reaccionar como si fueras una víctima y meramente contemplas esas ondas que regresan hacia ti, y que has enviado desde ti mismo, y dices:

> *Esto ha llegado a mi campo de experiencia como un misterio deslumbrante. ¡Lo cual significa que yo soy un ser deslumbrantemente poderoso! Por tanto, contemplaré amorosamente esta onda. Sí, sé que necesita desarrollarse, pero, según lo hace, voy a ser lo suficientemente sabio como para ver su transparencia, la falta de efecto alguno. No cambia quien yo soy. No añade nada a mi vida. No le quita nada. Solamente es una experiencia, llamada Vida, pasando a través del campo de mi discernimiento. Si la contemplo amorosamente, si la abrazo, puedo transmutarla y por tanto me veré involucrado en el proceso de crear un tipo completamente diferente de onda vibratoria para crear mis mañanas.*

Eso significa que, aunque el poder de tus pensamientos no sea neutro, los eventos que llamamos *efectos*, los efectos de esos pensamientos, sí pueden ser neutros o no serlo, dependiendo de cómo utilices el muy primordial poder del discernimiento. Estamos intentando, pues, comentar contigo lo infinitamente *libre* que eres.

Hay muchos en tu mundo enseñan esa ilusoria doctrina de lo que se viene llamando *karma*, que dice que lo que envías ahora *deberás* experimentarlo tarde o temprano, y que la manera en que lo experimentarás estará directamente relacionada con la cualidad de la onda que envíes. *Esto no es cierto.* Eso te convertiría en una *víctima*. Y si estás hecho a imagen de Dios, y te aseguro que lo estás, no eres víctima del mundo que ves. No puedes, en verdad, ser víctima de nada ni de nadie en ningún momento, porque tu realidad es que estás hecho a imagen de Dios. Y si pudieras realmente ser una víctima, eso significaría que Dios no crea *a semejanza de Sí Mismo*. ¿Acaso un salmón procede de un roble? ¿Una nebulosa sale del vientre de una mujer? ¿Una frambuesa crece en la estantería de una tienda? No. *Lo semejante engendra lo semejante.*

Por lo tanto, ¿por qué creer que Dios, que no es sino Amor, Poder y Creatividad Ilimitados, podría alguna vez engendrar algo que fuera pequeño, inferior e impotente? No sucede así. Dios no puede ser víctima. Por tanto, la creación de Dios sigue sin haberlo sido. Todos los eventos siguen siendo neutros, y todo lo que los ecologistas y el leñador están haciendo es usar el poder de la consciencia para crear momentáneamente la creencia de que son una cosa y no la otra. Ellos valoran, desde su propia elección, un evento energético que llaman "árbol". Y según el valor que le den, invocarán la cualidad de experiencia que vayan a tener en su campo de consciencia. Eso es todo lo que está sucediendo. La energía que fabrica el árbol es para siempre eterna. Puede cambiar de forma, pero la Vida permanece. Por tanto, no lamentes que desaparezca una especie, sino que confía en la Gran Inteligencia que la hizo surgir en un primer momento, ya que aún está ocupada creando incluso unos universos mayores. Por eso la pérdida no existe.

¿Cómo se relaciona todo esto con tu experiencia cotidiana? Queremos sugerirte, y esto va a ser muy crucial (muy importante a medida que nos dirigimos hacia el siguiente año), que construyas unos cimientos sobre los cuales poder construir, si es que estás preparado para asumir completamente la responsabilidad de haber sido creado a imagen de Dios, y de ser por tanto un eterno creador. Comienza *ahora* a utilizar algo de tiempo cada día, sin dejar pasar un día, en el que te *sientas contigo mismo* —y no con tu compañero, no con tus padres, no con la televisión, no con tu equipo deportivo favorito, no con tu actor o actriz favorita, no con tu religión favorita, no con tu dios o maestro o salvador favorito (ni siquiera yo)– *te sientas contigo mismo,* y comienzas *reconociendo que eres Uno con Dios.*

Entiende que ese mismo cuerpo que parece tener un corazón ahí dentro y que está bombeando la vida para ti —y esto ya es en sí el efecto de decisiones y elecciones que has realizado—, o que la misma silla en que estás sentado, son el resultado de atraer, hacia el campo de tu discernimiento, una red de relaciones que es muy extraordinaria —una red llamada "universo físico"–. Y en ese momento, estás teniendo una experiencia que nunca has tenido antes: *¡estás sentado en la silla, ahora!* Y tal evento es completamente neutro. Y nada que estés experimentando en tu consciencia existe o es originado por algo que se encuentre fuera de ti mismo.

Date a ti mismo cinco minutos para elegir, para practicar la elección, ¿cómo es la experiencia de sentarse en una silla con una mente llena de preocupaciones, o bien con una llena de paz? ¿Y qué pasaría con una mente que piensa en todas las demás cosas que podría estar haciendo, o bien con una mente *maravillándose* ante el peso de un cuerpo, que siente la presión contra el asiento de una silla? ¿Y cómo sería con una mente que crea tensión en el modo en que el aire fluye a través del cuerpo, o bien con una mente que crea alivio y confort? Cinco minutos de práctica sentándote en una silla como un creador infinito que crea exactamente lo que estás experimentando en tu campo emocional. Solo eso. Podrías incluso querer jugar con lo que podría ser la sensación de sentarse en una silla *como un Cristo*. ¿A qué se le parecería eso? Te dejo elegir si quieres o no experimentarlo. Cinco minutos cada día. ¡Hazlo sin falta! Permanece contigo mismo ¡y decide cómo te vas a experimentar a ti mismo *ahora*!

Pues, como ves, el "tú" que se sienta en la silla, con lo que sea que esté ocurriendo en tu consciencia, con cualquier sentimiento que estés teniendo en todo el cuerpo, con lo que sea que suceda en tus relaciones más importantes en ese momento, o con cómo el alimento es digerido por el cuerpo... todo ello, en el ámbito más completo de tu experiencia, es el efecto de cómo has estado ya un millón de veces sentado contigo mismo para sentirte a ti mismo en un millar de sillas diferentes. Utiliza este mismo proceso de sentarte en una silla como un símbolo de preparar la mente para arrojar piedritas en ella, unas piedritas a partir de las cuales reverberarán las vibraciones, u ondas, que regresarán a ti.

Ves, es mucho más fácil enviar ondas —lo cual estarás haciendo de igual modo— y experimentarlas cuando vuelven de una manera dichosa, de una manera que te brinde paz y alegría y diversión y risa y juego e ilimitación... es mucho más fácil eso... que tener que embestir con tu cabeza contra algo que más bien querrías poder transmutar, o bien que querrías poder alejar de ti. Así que comienza con cinco minutos en los que reconoces que puedes crear la experiencia que quieras, como un sentimiento que te inunda a través de tu discernimiento, como una cualidad de pensamiento que permites que siga repitiéndose en la mente.

Puedes sentarte en una silla como un Cristo Despierto, ¡*ahora!*

¡Yo y mi Padre somos Uno! ¡Es un día maravilloso! He manifestado una forma física sentada en una silla en una esquina de una diminuta dimensión de la Creación. ¡Qué asombroso es este momento! Creo que simplemente me sentaré aquí y sentiré el corazón latiendo en el cuerpo y la respiración fluyendo a través de él. Ah, y se oye cantar un pájaro. Estoy contento de haberlo atraído hacia mí mismo. Me gusta la manera en que el bocadillo está siendo digerido en este cuerpo. ¿Qué hermosos pensamientos puedo tener justo ahora? ¿A quién le puedo enviar Amor sin levantar un dedo? ¡Soy ilimitado para siempre! ¡Soy libre! ¡Soy libre! ¡Soy libre!

¿Crees que te gustaría tener esa experiencia durante cinco minutos? ¿Por qué no comenzar hoy? Porque muchos de vosotros en este plano físico seguís buscando cierta forma de magia que os brinde el Reino del Cielo. Esto no te lo puedes brindar *a ti mismo*. Solo puedes hacerte consciente de cómo estás usándolo para crear las ondas que envías *a partir de ti mismo*. ¿Conoces ese dicho de tu mundo, que dice que "vayas donde vayas, siempre estás contigo mismo"? Tú *eres* creación de Dios. Estás en el Cielo ahora. El Cielo no es un lugar. *Es un estado de ilimitado e infinito poder creativo*, pues es el reflejo de la Santa Mente de Dios.

¿Por qué no ser entonces alguien que practique ser la presencia del Cielo? Y si esto te parece demasiado abrumador, o algo demasiado fuera de tu alcance, entonces, juega con ello cada día solo durante cinco minutos. Y, créeme, no te amaré menos si, durante otras veintitrés horas y cincuenta y cinco minutos decides no jugar a esto y, en cambio, sí te decides a fingir y a sentir que eres inferior, indigno, no amado, no amoroso, no amable... que eres una plaga en la Tierra y que la vida te convierte todo el rato en una víctima —sigue adelante, de acuerdo—. Yo nunca interferiría en tu libre elección. No puedo llegar y llamar a tu puerta excepto durante esos cinco minutos. Y sigues siendo libre de utilizar el tiempo de la manera en que lo desees utilizar.

Pero, experiméntate como Cristo solo durante cinco minutos, cristalizando un cuerpo como un instrumento de comunicación transitorio, como un instrumento de enseñanza y aprendizaje que se deja caer sobre una silla en una esquina totalmente neutra de la Creación, puesto que tú quieres tener la experiencia de sentarte de forma dichosa, en paz, en tu perfecto reconocimiento de tu unión con Dios en este momento. Puede que incluso te veas a ti mismo atreviéndote a pensar cosas así:

Bien, como soy un creador infinito,
¿qué me gustaría crear para mis mañanas?

Y, durante esos cinco minutos, alguien toca la puerta y se trata del recaudador al que tienes que pagar una factura, ¿qué importa? Esa es la experiencia de esa alma, la de creerse siendo el recaudador y viéndote a ti como esa persona mala que deberá acorralar. Déjales tener su experiencia. Siéntate con calma, escucha el golpeteo en la puerta, y permítete a ti mismo entretenerte con los bellos mundos que estás creando para tus mañanas. Aquí está la vía directa y estrecha que te lleva a la Vida; he aquí el ojo de la aguja a través del cual necesariamente vas a pasar.

Porque no basta con solo abrazar la idea de que:

Soy el creador de todo lo que experimento.

Debes entonces elegir ponerlo *activamente* en práctica. Y eso comienza con la práctica de cinco minutos al día —eso es todo—. Y cuando sientas que puedes cumplirlo satisfactoriamente en esos cinco minutos, entonces puedes hacerlo con diez, y doce, y luego quince, y veinte... y suena tan poquita cosa...

Entonces, ¿quieres decir que me esté ahí pasando el rato como si fuera
el Cristo Encarnado durante veinte minutos, totalmente unido a Dios,
totalmente libre de comenzar a crear diferentes ondas que yo nunca haya
experimentado antes, sabiendo que regresarán y se convertirán en mi expe-
riencia manifestada? ¡Sin duda! Pero ¿veinte minutos? Incluso si pudiera
llegar a eso, sería una fracción muy breve del tiempo de todo un día.

Queridos amigos, si tuvierais la fe de una diminuta, diminuta semilla, sabríais que a partir de esa poca fe, crearíais el majestuoso roble cuyas ramas os protegerán del sol abrasador y confortarán a muchos. ¡Veinte minutos es una eternidad cuando se trata de crear tus mañanas!

Y si crees que las otras veintitrés horas deben ser ocupadas experimentando los efectos de lo que has creado hace mucho tiempo, de esas ondas que están regresando, que así sea. Juega con ello. Permítete transmutar esos momentos.

Oh, mira, aquí estoy respondiendo la llamada de la puerta. Sí, el recaudador. Hola, entra. Toma un vaso de agua. Sabes, tienes toda la razón, no pagué eso. ¿Y quieres saber por qué? Pues, tonto de mí... realmente decidí crear la experiencia de ser alguien que solo puede crear carencia. Es por eso por lo que no tengo monedas de oro en mi cuenta. ¿Acaso esta no es simplemente la más jorobada de entre todas las historias? Oh, muy bien, así que vas a darle mi nombre a las autoridades y ahora no tendré crédito con nadie en el planeta. Bien, adelante si eso te alegra el día. Tengo otras cosas que hacer. Estoy ocupado creando un nuevo mañana. Y sé que todo a mi alrededor va a ser apartado de mí de todas maneras, porque todo lo concebido en el tiempo acaba con el tiempo. Mi casa desaparecerá, mi automóvil también, y mis ropas, y mis amigos... desaparecerán. Todo lo que he experimentado en el tiempo está cambiando de todos modos, así que tú sigue, hazme caso. Eso solo acelerará el proceso.

No hablo así en broma. Lo digo desde la perspectiva de quien ya *es* un Cristo Despierto, alguien que ya *sabe* cómo concebir universos para crear aquello que es santo, bueno y bello. *Sé* que esta es la manera. Es la *única manera.* Suelta el valor que le hayas dado a tus experiencias, incluso al recaudador, y pasa tu tiempo no ahí, sino decidiendo qué piedras vas a arrojar en tu campo mental. Pues vas a crear a resultas de lo que elijas pensar hoy. Y lo que valores hoy se te mostrará mañana.

Aprendí a valorar lo ilimitado. Aprendí a valorar el Amor. Aprendí a valorar la valentía. Sí, mi método para hacer eso fue realmente extraordinario, y no te recomendaría que siguieras mis pasos. ¡A menos, por supuesto, que te gustara el drama de ser clavado a una cruz y luego ser elevado en ella frente a todos tus amigos para poder aprender a trascender el miedo en tu mente! Aprendí a valorar la comunicación ininterrumpida con cada alma en cada dimensión de la Creación. Aprendí a valorar solo mis pensamientos amorosos. Y concebí o hice nacer y crecer un Cristo a partir de la misma semilla de discernimiento que existe por igual en cada uno de vosotros.

Por lo tanto, allá donde estés en este mundo, mira a tu alrededor. Mira los objetos que ves. Mira la gente que veas alrededor de ti, si hay alguien. Cualquier sonido que esté llegando a tu campo de consciencia, cualquier imagen o idea que puedas albergar de lo que tú eres o de lo que el mundo es, todas esas cosas son solamente ilusiones temporales y fugaces. Pasarán, y comenzaron ya a irse en el momento mismo en que fueron creadas.

Por lo tanto, ciertamente, queridos amigos, *contemplad todo lo que esté a vuestro alrededor, y decidid qué valor tiene para vosotros.* ¿Lo consideráis como algo que *deberíais* tener en vuestra existencia? ¿O elegiríais contemplarlo como algo que habéis atraído juguetonamente hacia vosotros, apreciándolo, y que bien puede irse mañana sin que vuestra paz se vea perturbada? ¿De qué manera percibiréis el mundo?

Cinco minutos, uno por cada dedo de la mano; un minuto para elegir sentarte como Cristo en medio de tu reino, tu creación, y en el que *tú* decides qué pensamientos albergar y, por tanto, determinas cómo ver todo lo que esté en el campo de tu discernimiento, y qué pensamientos *tú* permitirás que comiencen a generar las ondas que enviarás y que *regresarán* —no hay modo de escapar de ello—, que *regresarán* hasta ti.

Pues hubo una vez, ciertamente, un hortelano que iba a plantar semillas en su tierra. Pero antes de hacerlo las seleccionó de forma *muy cuidadosa.* Y aunque otros hortelanos se daban mucha prisa, pues pensaban:

Oh, mira, es el momento de plantar. Todo es perfecto. Las condiciones son justo las apropiadas. Debemos darnos prisa y plantar.

Y compraron las primeras semillas que pudieron encontrar, y marcharon para esparcirlas por el suelo, comenzando con su atareado trabajo, haciendo lo que tenían que hacer. Y ten por seguro que obtendrán su cosecha.

Pero el hortelano sabio esperó, y aunque sus colegas se reían de él, seleccionó cuidadosamente cada semilla. Esperó a poder acogerlas en sus manos, y dijo:

*Oh, me gusta la vibración de esta semilla. Se siente muy bien. ¡Oh sí!
Puedo simplemente ver la hermosa planta que saldrá de aquí.
Su fruto será el más dulce del valle.*

Y reunió sus semillas. No prestó atención al paso de los días en el calendario.

No prestó atención a las cambiantes condiciones climáticas.

Sabía que, en cuanto llegara el momento correcto, la semilla sería plantada, y que a partir de ella emergería la flor de esas semillas. *¡Lo sabía!* No dio crédito a las opiniones de sus colegas. Disfrutó del proceso de amar las semillas que estaba acogiendo como propias. Y entonces, el granjero dejó en remojo la semilla en el barro de su tierra, que es como una imagen del suelo de tu propio discernimiento. Y plantó las semillas, apisonó la tierra, las nutrió, las regó, y las cultivó con una sonrisa en su cara.

Y sí, las semillas de los vecinos parecían estar ya brotando del suelo. Mas las suyas no podía haberlas dejado de cuidar como lo hizo, pues sabía que *esas* semillas le brindarían una cosecha *eterna*, para que pudieran hacer algo más que meramente brotar algún día del suelo para con ello poder arrojar algún fruto mediocre y morir. No, no solo eso, pues él había seleccionado las semillas que le iban a brindar, constantemente, en cada estación, el *mejor* de los frutos. Y las amaba, las nutría y las cuidaba. Y mucho después de que los demás granjeros se hubieran aburrido y agotado, y tras haber experimentado la sequía, sucediendo que sus semillas daban frutos y venían insectos a destrozarlos de modo que no eran los elegidos y comprados por la gente en el mercado, este solo granjero se hizo el más grande de todo el valle.

Y la gente quería venir de todo el mundo para poder morder, para probar siquiera un pedacito del fruto de su huerto. Y, no obstante, el hortelano se deleitaba meramente amando y nutriendo continuamente esas semillas, y cultivando día a día el suelo en el cual eran plantadas. Nunca retiró su consciencia de su perfecta unión con esas semillas. Nunca, ni una sola vez, se olvidó de que *él* fue quien creó su huerto como resultado directo de la cuidadosa selección de las semillas que plantaría en su suelo. Y aunque algunos se maravillaban por su gran fortuna y otros le envidiaban su suerte, el hortelano siempre supo que no había nada de mágico.

Él meramente seguía los pasos de la sabiduría que le fue otorgada por Dios:

Toma Mi Fruto y plántalo en tu consciencia. Reconoce que tú eres Uno conmigo, y que el Fruto que experimentas es el resultado de las semillas que plantas en tu propia consciencia, de tal modo que no puedes experimentar otra cosa que el resultado, el fruto, de las semillas que plantes. Nada brota en la viña de tu experiencia por accidente. Por tanto, crea conmigo, Hijo Mío. Crea a semejanza de Mí Mismo, al reconocer, RECONOCER, que eres un creador, un hortelano, un sembrador. Y cosecharás, ciertamente, la cualidad de las semillas que plantes, igual que tú, Querido Hijo, eres la cosecha de la semilla que una vez planté, cuando por vez primera albergué el pensamiento de ti en Mi Santa Mente. Y en ese momento, surgiste como un rayo de luz solar, hecho a Mi imagen. Te albergo como el pensamiento de Amor en la forma. Y te otorgo todas las cosas buenas.

Por lo tanto, contémplate tal y como yo te veo. Acógete a ti mismo tal y como yo te abrazo. Acéptate a ti mismo tal como eres —un creador, creando sin cesar—.

Y al igual que me senté en Mi trono (el del así llamado Dios de toda la Creación, lo que significa en realidad sentarse en el centro de Todo Lo Que Es), y te contemplé como un pensamiento amoroso, *así, elige tú también permitir que solo los pensamientos amorosos entren en tu consciencia. Elige permitir que sean solo pensamientos amorosos los expresados con tus palabras. Elige permitir que sean solo pensamientos amorosos los traducidos por tus gestos, tus elecciones, tus acciones... y así, crea tal y como yo te creé: como aquello que extiende gozo para siempre; como aquello que extiende lo santo, lo bello, y lo bueno, para siempre. Porque eso es lo que tú eres. Y así es como te pensé cuando te creé. Y así es como tú sigues siendo eternamente.*

Por tanto, únete a Mí, extendiendo tu creación, tal y como yo te extendí a ti. Y, como has manifestado un cuerpo físico, acepta la enseñanza de Mi Hijo, y permite que ese cuerpo sea colocado en una silla para que puedas pensar como la Mente de Cristo durante cinco minutos. Y comenzarás a engendrar una eternidad que refleja el Esplendor del Cielo, igual que tú reflejas Mi Esplendor cuando contemplo la Ilimitada Alma que tú eres.

Ciertamente, en todo el valle solo había un granjero que fuera sabio. ¿Elegirás *tú* unirte a la multitud de granjeros apresurados? ¿O bien elegirás instalarte como *aquel* que sabe cómo crear sabiamente y que, con fe, permanece en perfecta certeza y se sienta meramente a esperar a que lleguen las ondas del Cielo para que reemplacen las ondas del infierno, esas que una vez tú creaste sin darte cuenta?

Todo el mundo, como ves, es un ministro, un pastor. No puedes sino serlo para todo el mundo y en cada momento. ¡Por tanto, comienza tu ministerio de la Consciencia Iluminada *ahora*! Y te prometo esto, absolutamente, irrevocablemente: *¡experimentarás todo lo que yo he conocido y más!* Experimentarás una victoria completa sobre la muerte. Experimentarás completa ilimitación y abundancia. ¡Experimentarás perfecta paz, perfecta mentalidad milagrosa, perfecta comunión ininterrumpida en éxtasis con toda la Creación!

Una vez, cuando era un hombre, se me enseñó a sentarme apoyado en el tronco de un árbol cinco minutos cada día, y a imaginarme allí a mí mismo como el creador de todo lo que pudiera pensar, de todo lo que pudiera ver, y de todo lo que pudiera sentir. Cinco minutos extraídos de las horas de juego de un niño. Tú eres un niño jugando en tu propio reino. ¿Darás cinco minutos para aprender a ser un Cristo que crea en perfección ilimitada en alineamiento con la Mente de Dios, y cuya experiencia es siempre esplendorosamente dichosa y libre de limitación y de miedo? Siempre *vas a* experimentar tu creación. Lo que la creación sea, y cómo la experimentes, dependerá enteramente de ti.

Esto, entonces, completa el mensaje de esta hora. Y como puedes ver, el mensaje ya estaba en gran medida en la anterior. Pero aquí se comienza a traducir la Verdad en acción, una muy simple y muy práctica, tan simple y tan práctica que te verás muy presionado a encontrar una razón contra ella, una excusa. Pero aquellos de entre vosotros que estáis muy ocupados intentando atender a las cosas que la vida *os arroja,* incluso *vosotros,* sabéis que podéis sacar cinco minutos. Y esos cinco minutos pueden ser el comienzo del nacimiento de todo un nuevo universo para ti mismo.

Mmm... ¡feliz sentada! Y con esto, ciertamente, queridos amigos, la paz sea siempre con vosotros, al tomar la decisión de elegir recibir paz, como un Cristo. Aquí reside el secreto de mucho de lo que vendrá en lo que llamas tus futuros meses. Porque lo que aquí busco llevar a cabo, concretamente en este trabajo, en esto que llamas y conoces como Shanti Christo[30] , es el nacimiento de una multitud de Cristos que moren en tu planeta Tierra al mismo tiempo. ¡Cosa nunca antes realizada!

Imagina un mundo con *diez millones de Criaturas de Dios despiertas,* plenamente despiertas, y no solo como una creencia o una idea, sino habiendo dominado el miedo, y sin vivir ya nunca más en la duda, del tipo que sea, y que estén ocupadas creando universos que reflejen perfectamente el Reino del Cielo. Imagínalo –¡si te atreves!–.

Eso comienza *ahora.* La paz sea entonces con vosotros siempre. Practica bien en tus próximos 30 días, o en el mes, antes de que nos encontremos de nuevo. Si no, te encontrarás teniendo que volver atrás y volviendo a comenzar, de todas maneras, antes de que puedas recibir la siguiente fase o etapa de lo que va a ser compartido. La elección es tuya.

La paz sea entonces con vosotros, siempre.

Amén.

Lección 9. Preguntas y respuestas

Pregunta: ¿es necesario, Yeshua, volverse para mirar los demás aspectos de nosotros mismos y pedir perdón por los errores que sentimos que hemos cometido?

Respuesta: esta es una buena pregunta, muy buena. Me alegra que la hayas hecho. Quiero sugerirte que transcribas esta cuestión y la respuesta que te voy a dar, y se la envíes a este mi querido amigo, y a su pareja, y les digas que he sugerido que sería del todo apropiado incluir la pregunta y la respuesta en su próxima comunicación con todos sus amigos.

Ahora bien, ¿es necesario volverse para mirar aquellos aspectos de nosotros mismos, y pedir perdón, volviéndose hacia aquellas voces en la mente? ¿Es necesario volverse hacia ellas para poder provocar cierto tipo de sanación? Escucha muy cuidadosamente: no hay, en Verdad, nada que sea *necesario* en sí. No hay nada grabado en piedra que deba alcanzarse para poder hacer que se dé la sanación, excepto una completa e incondicional *autoaceptación*. La manera en que cada mente llega a esa meta será única y algo diferente. ¿Y por qué es esto así? Porque cada mente emplea la libertad de su poder, su libertad de consciencia, para crear una espiral que aparentemente la aleja de su profundo sentido de unión perfecta con Dios.

Si pudieras imaginar muchas hebras de hilo repentinamente desplegándose a partir de una bola central, y todas yendo aparentemente hacia fuera, cada una a su manera y con una dirección propia, eso vendría a representar las muchas mentes que se han separado, apartándose de la Única Mente del Hijo de Dios. Y, por tanto, se encuentran a sí mismas aparentemente al final de ese hilo, en algún lado ahí fuera, en el vasto espacio de la Mente, y queriendo regresar a casa. Y entonces, comienzan a crear su camino de regreso a Dios.

Y la mente, al hacer eso, está en realidad empleando eso mismo que es en realidad el Reino del Cielo, que es tu unión con Dios. Así que estás usando el poder de la consciencia para crear percepciones de ti mismo, y de todo aquello que ves a tu alrededor, para realizar el viaje de vuelta a casa. Una idea te viene a la mente, y te mueves en esa dirección. Y parece que funciona por un rato. Y entonces, tienes que moverte hacia una idea diferente, hacia una más profunda. Todo el mundo está haciendo eso. Y así, todos están literalmente creando su camino de vuelta a casa, y casi sin reconocer que lo que están buscando es el propio poder de crear, con el cual están creando el camino a casa.

Así, en cualquier momento, puede darse el milagro de los milagros, el salto cuántico que trasciende el tiempo, porque la mente puede entender repentinamente que todo lo que necesita hacer y comprender es la aceptación de sí misma, y que con eso, ya está en casa. Generalmente hay atisbos de ello. Y así, se dan pequeños saltos cuánticos, pequeñas aceleraciones en las que se ven descartadas viejas ideas y percepciones a medida que la autoaceptación se hace más profunda.

De nuevo, ocurre para ti, así como para muchos otros, que parecería que hay fases en las que el acceso a las diferentes voces que has fabricado en tu intento de fragmentarte a ti mismo, al separarte de Dios, bien podría ser algo perfectamente apropiado, perfectamente dador de poder –e incluso va a parecer que es algo *necesario* a partir del punto en el que estáis, al ir volviendo por esa hebra de hilo, por vuestro propio camino de regreso a la unión perfecta–.

Así, para cada mente es entonces necesario mirar adentro, y ser realmente honesta.

> *¿Qué estoy sintiendo?*
> *Sigo sintiendo que no me he perdonado a mí misma, o sigo sintiendo esta cosa, o esa otra.*
> *Siento que esta voz sigue hablándome, y dice,*
> *"no eres lo suficientemente bueno; no eres lo suficientemente lo bueno".*

Si esas voces te siguen llamando, algo está reclamando tu atención. Entonces, puede que lo mejor sea aceptarlas como tu camino a casa.

Puede que sean diferentes para los demás, pero eso es irrelevante, ya que la comparación y el contraste son impulsos de la mente egoica y no de la Mente de Cristo.

Meramente observa lo que esté ocurriendo en ti. Y entonces permítete llevar a cabo la acción que sea necesaria para poder provocar esa sanación que sigue llamándote. Finalmente, toda sanación es la sanación de la percepción de ilusiones. Así que sí, la voz que te está llamando es una ilusión, una quimera. Es un eco de algo muy viejo que nunca sucedió realmente. Pero es muy insensato rechazarla en el gran sueño de la separación.

Por lo tanto, querido amigo, a ti te responderíamos que sí. Como esas voces te llaman, y como has tenido un sentimiento, incluso en tu cuerpo, de que no has alcanzado totalmente el autoperdón, entonces, dirigiendo tu atención hacia ellas —de forma inocente y juguetona— y escuchando esas voces que se te están repitiendo (haciendo eco en ti justo en esos lugares a los cuales no has extendido perdón), conseguirás llevarlas a la superficie. Y entonces, mantén un diálogo con ellas como si fuesen una entidad separada.

Y entonces aprende a rodear esas partes con tus brazos de perdón. Este es un aspecto importante en tu camino único de vuelta a casa, hacia esa bola central de hilo que hay en medio del Corazón de Dios. Y esto es cierto para todos. No puede rechazarse, no puede ser negado, no puede ser comparado, analizado, juzgado. Solo puede haber aceptación, permiso, abrazo, confianza, sentimiento —hasta que esa Única Mente encuentre su manera de llevar el barco a puerto—. Nadie lo puede hacer por ti. Sin embargo, puedes tener muchos amigos, como yo, que te asistirán de la manera que hayas elegido.

¿Tiene todo esto sentido para ti?

Respuesta: se lo enviaré a Jon Marc[31] y a Anastasia.

Yeshua: ciertamente eso me gustaría, pues sirve al encaje más amplio de ese hilo que está siendo entretejido ahora entre los muchos que han sido llamados y los muchos que serán llamados a unirse a esta aventura que es denominada: la energía de Shanti Christo. Piensa sobre ello así: cuando la Única Mente se fragmentó en muchos puntos de Luz, en una esquina del Universo había unos pocos cientos de miles de puntos de Luz que al ver la espiral,dijeron:

Bien, ¡vemos que rotando nos alargamos juntos hacia fuera de la bola central, e igualmente podríamos regresar ya, rotando juntos hacia dentro!

Respuesta: eso es precioso. Te había querido preguntar esto durante mucho tiempo.

Yeshua: sí, lo sé. ¿Sabías que aquella pregunta ante la cual parezca haber resistencia en la mente, es justo el portal de entrada que está siendo presentado por el alma a la mente consciente, y a través del cual se da el siguiente paso de vuelta en el hilo o espiral de regreso al Corazón de Dios? Es por eso por lo que las preguntas que vienen de las profundidades de la Mente son de la mayor importancia. Y puedes entrenar a la Mente para observar la pregunta misma, y decir:

¡Ah! Esto es un portal que surge para mí. Me pregunto qué habrá dentro de esta pregunta. ¿Qué viene a revelarme esta pregunta que está surgiendo desde lo más profundo de mi ser? ¿Qué me oculta? ¿Qué energía está empezando a cambiar en mí ahora?

La pregunta siempre refleja lo que está viniendo de la profundidad de la Mente misma para ser aprendido, integrado, trascendido.

¡Ahí lo tienes! Ahora ya tienes algo a tener en cuenta, de vez en cuando.

Lección 10

Ahora, comenzamos.

Y ciertamente, una vez más, saludos para vosotros, queridas y santas Criaturas de la Luz y del Amor Divinos. Como siempre, vengo en adelante para morar con vosotros en una perfecta confianza, en una perfecta aceptación, y en perfecta paz. Como siempre, vengo en adelante para morar con vosotros desde un lugar donde colaboramos eternamente como el único, el unigénito Hijo de Dios. Soy, por tanto, esa Mente que te susurra en cada instante de inspiración. Soy ciertamente, entonces, esa Mente que se desliza en la tuya, en el espacio que queda entre dos de tus pensamientos temerosos, y que te recuerda la Verdad que te hace libre.

Una vez fui un hombre como tú. Una vez desvié mi atención y me identifiqué como un ser único, que había nacido en el tiempo y que se desvaneció en el tiempo. Y caminé por tu plano como hacen todos los hombres y todas las mujeres. Mas, al caminar por tu planeta, comencé a considerar el significado de la Creación, el propósito de mi misma existencia. Y mientras otros parecían estar alegremente cautivados en, o al menos entregados a, las maneras del mundo, a sus caminos, buscando ahí sus distracciones momentáneas, sus tentativas por ganar y controlar tanta riqueza como pudieran, y todo eso... yo, a menudo deambulaba solo, sentándome bajo los árboles al lado de algún arroyo, tratando de descubrir el misterio que se muestra a sí mismo como la belleza de una flor, tratando de ver el poder que se revela a sí mismo como el viento que atraviesa danzando por los herbazales, o contando los diamantes que brillan centelleantes en la superficie de un lago, cuando el sol de la mañana se levanta y hace que su luz resplandezca sobre las aguas.

Y comencé a aprender a preguntarle, a esa Fuente, a ese Misterio:

*Padre, Aquel que me ha concebido, ¿para qué existo? ¿Dónde estoy?
¿Quién soy yo?*

Mi deseo, entonces, se convirtió de forma creciente en el de conocer
la Verdad que pudiera liberar a toda la humanidad. Y descubrí que, a menos que esa libertad se hiciera plenamente manifiesta en *mí,* no tendría
ningún sentido hablar de ello con los demás. Y así, salí a la búsqueda
de las mejores mentes, del mejor profesor. Y sí, fui bendecido por una
estructura familiar que ya estaba dedicada a comprender los misterios
de lo que ellos conocían como Dios. Y me llevaron ante muchos de
esos profesores.

Y a medida que mi propia sabiduría comenzaba a desarrollarse, los
profesores me miraban y decían:

Mmm, aquí está ocurriendo algo interesante.

Pues ya había quienes sabían más sobre mí mismo que yo: profetas,
videntes, astrólogos, sabios de muchas culturas, que ya sabían que, en el
marco del *consenso mental* de la humanidad, en eso que podríamos llamar
vuestra *consciencia colectiva,* iba a ser arrojada una piedrita, en ese claro
y sereno estanque, una piedrita que crearía ondas que comenzarían a
cambiar la manera en que se percibía a sí misma la consciencia de la
humanidad. Aún no sabía esas cosas por mí mismo, porque mi propio
nacimiento en este mundo quedó no obstante velado en misterio para
mí, igual que tu nacimiento quedó velado en misterio para ti cuando
afrontaste el acto de convertirte en un ser humano.

Y, al crecer, comenzaban a revelárseme, en lo más profundo de mi oración silente y en lo más profundo de mi muy silente meditación, atisbos,
destellos, reconocimientos, recuerdos de otras dimensiones. Comenzaba
a desarrollar la capacidad de estar en comunicación con maestros de
mi linaje, quienes hacía mucho tiempo que habían dejado el planeta.
Comencé a entender que la consciencia no está limitada en absoluto al
espacio y al volumen de un cuerpo. Y según contemplaba a la gente, tan
atareada con sus trabajos, comenzaba a ver que los seres, en su más vasta
mayoría, estaban totalmente confundidos, confundiéndose totalmente *a
sí mismos* con el *cuerpo.* Vivían como si moraran dentro del cuerpo, y por

tanto como si estuvieran aprisionados de una cierta extraña manera. Vivían como si lo que le ocurría al cuerpo les ocurriera a ellos. Vivían como si no supieran que podían trascender el cuerpo en cualquier momento, que podían saborear la vasta extensión de la consciencia, que podían viajar a otros tiempos y lugares con nada más que abandonar la atención del mundo que habían fabricado.

Al principio no comprendía esas cosas, y me percibía a mí mismo como alguien *muy raro. Y dentro de mí se iban dando conflictos al ir surgiendo miedos* en mi consciencia, los miedos que forman parte de la realidad humana consensuada, del conflicto.

¿Tendré que ser como todos los demás? Quizás debería retornar a la carpintería de mi padre y simplemente aceptar que mi destino es ser solo un carpintero.

Pero también me hablaban otras voces, y me llamaban a menudo durante la noche. Y al desarrollar mi capacidad de discernir esas otras realidades, esas otras dimensiones, al redirigir mi atención desde el mundo del cuerpo al mundo de la visión interior, a menudo venían por la noche y se situaban junto a mi cama. Y llegué a saber quiénes eran. Llegué a reconocer a los maestros y a los profesores de un linaje muy antiguo del cual yo formaba parte. Y venían y me susurraban:

No te olvides del propósito por el cual has sido enviado desde la Mente de Dios, porque a través de ti será concebido el nacimiento de un antiguo recuerdo. Y tu vida se convertirá en la que demostrará a muchos la Verdad de que solo el Amor es real.

El objetivo de todo esto es simple. Quiero transmitirte, una vez más, que la vida que yo viví como hombre no fue desemejante de la tuya propia. Comencé velado por el misterio, como un niño entre niños, un ser humano, luchando por darle sentido a su mundo. Sí, había en mí algo que estaba llamando, había un anhelo por saber algo que el mundo no parecía enseñar. Pero, ¿no es cierto que muchos de vosotros habéis sentido esa misma llamada, ese mismo anhelo: tocar lo que es invisible, ver lo que no puede verse, oír lo que los oídos nunca han escuchado, abrazar lo que los brazos no pueden alcanzar, morar en una perfecta paz y en una confianza perfecta?

Queridos amigos, entended bien, entonces –y lo digo de nuevo una vez más– que yo solo vengo como vuestro hermano y vuestro amigo; como alguien que ha caminado por aquí igual que tú, que ha respirado como tú, llorado como tú y reído como tú. *Soy como vosotros.* Y si hay algo que pueda daros, es simplemente esto: al contemplar vuestra vida, en cada evento que se despliegue en ella, cada vez que sintáis que habéis fracasado, cada vez que estéis en conflicto, cada vez que estéis seguros de que nunca seréis capaces de trascender todos esos altibajos y esas olas emocionales que parece conllevar la vida en vuestro mundo, recordad que *yo he vencido al mundo.* Y como yo lo he hecho, *ya está hecho para ti.*

¿Y por qué? Porque compartimos el mismo Campo Infinito de la Mente, que trasciende con mucho todos los niveles o dimensiones de la manifestación. Puedes acceder a lo que ya ha ocurrido. Solo necesitas contemplarme como tu hermano y amigo, y *reconocer* que el mundo ya ha sido vencido, y entonces, aceptar *como algo tuyo propio la libertad* que es el efecto de esa victoria.

De modo que aprendes a sentarte en la silla, tras tus cinco minutos de morar como Cristo, y en ese momento te dices:

Aquí, soy libre. El Cielo es ahora. El pasado ha pasado, y elijo de nuevo. Y hoy, me comprometo a enseñar solo Amor, compartiendo solo pensamientos amorosos. En este mismo día contemplaré a todo aquel que venga a mi experiencia, pero primero respiraré profundamente la presencia del Espíritu Santo. Y miraré a través de unos ojos transformados por el simple reconocimiento de la Verdad: todas las mentes están unidas, y no veo un extraño ante mí, sino a alguien que camina como yo, que siente como yo siento, que anhela como yo anhelo, que es humilde como yo lo soy, que suplica por la paz tal y como yo he suplicado. Y, por tanto, les daré lo que buscan. Y en ese dar, yo lo recibo.

Este camino, esta vía, es *tan simple y tan fácil* que la mente del mundo la pasa por alto –"simplemente no puede ser cierto"–. Pues lo que es simple le parecerá imposible a aquel que se empeñe en la complejidad. Y una mente que se empeña en el conflicto simplemente no puede aceptar que *hay* otra manera, otra vía, otro camino. Y no obstante, lo que te espera es, entonces, simplemente esto: al final de todas tus luchas, al acabar con todas tus dudas, y al acabar con todos esos momentos de tu inconsciente *conformarte con* o *ajustarte* a la mente del mundo, ahí, no obstante, sigue encontrándose una simple opción: la elección de reconocer la Verdad que *ya* te ha hecho libre.

> *Yo y mi Padre somos Uno. Así ha sido siempre. Esto fue logrado en el ser de Yeshua ben Joseph, quien me reveló la Verdad sobre mí mismo, pues él me amó. Y si puede hacerlo, yo puedo hacerlo. E incluso ahora, en este instante,* acepto *mi destino para caminar por esta Tierra despierto y en paz, en maestría y no con miedo. Y comienzo mi ministerio,* ahora.

Pues, ¿a quién puedes hallar que pueda sanarte? ¿A quién puedes descubrir que te pueda brindar alguna forma de magia que pueda vencer tu resistencia a la Verdad? Mires a donde mires, no los hallarás. Busca sin cesar, y seguirás para siempre siendo un buscador. Pues la Verdad está en tu corazón y te ha sido dado todo el poder del Cielo y de la Tierra. Y *ese* poder es lo que cambia el impulso de la mente, y sana toda percepción herida.

Entonces, al final de toda búsqueda, debes mirar en el espejo y decidir *ser tú quien se sana* a sí mismo. *Tú* eres el único que decide, desde una libertad infinita, cómo emplear el poder de tu mente en cada momento. Por tanto, la única pregunta que un buscador de la Verdad necesita verdadera y realmente hacerse es esta:

> *¿Deseo reconocer el conflicto o la paz? ¿Deseo tener razón o ser feliz? ¿Deseo considerar la completa neutralidad de los eventos de este mundo como briznas de un sueño que está siendo concebido y que está desapareciendo? ¿Me quiero ver pleno y completo? Porque el modo en que mire al mundo, es el modo en que me he juzgado. Y el modo en que me mire, es como juzgo al mundo.*

Este fue el simple secreto que una vez descubrí cuando caminaba por tu planeta, con lo cual ya ves que no se trataba de alcanzar un gran estado místico de consciencia. No se trataba de adquirir grandes poderes que pudieran atraer la atención de miles de personas. No se trataba tampoco de ser capaz de manifestar nada, aunque todos esos poderes pueden ciertamente expresarse a menudo ellos mismos a través de la mente, a medida que esta despierta. Se trataba de aceptar la Verdad que es siempre verdad, y de estar determinado a permitir que la Verdad sea la base que *aplicas* en todos y cada uno de los momentos de tu experiencia.

Estoy despierto. Estoy a salvo. Estoy en paz. ¿Para qué quiero que sea este momento, realmente? Pues lo que yo decrete, así será.

Queridos amigos, el camino es fácil y no requiere esfuerzo alguno. Existes para extender tu tesoro. Y tu tesoro es aquello que adquieres y almacenas en el Cielo a través de la decisión de recordar solo tus pensamientos amorosos, de extender solo pensamientos amorosos, de permitir que tus acciones expresen o manifiesten, en el campo del tiempo, lo bueno, lo bello, y lo santo. Y tu libertad *nunca* te es retirada. Y nunca, en ninguna circunstancia, pierdes la inocente libertad de enseñar solo Amor, de ser la presencia de la paz, de reconocer que el mundo no te puede proporcionar nada, al igual que no te puede quitar nada.

Cuando un niño pasa por un cambio en su consciencia –puedes llamarlo proceso de maduración– llega un cierto punto en que contempla los juguetes con los que ha estado jugando y simplemente los trasciende; y no es algo que se deba al esfuerzo, ni al diseño, ni es por haber procesado muchas cosas, ni es debido a cualquier tipo de estrategia. Y los padres llegan un día a casa y ven que el niño ha metido el camión en el armario. Mmm. La muñeca ahora está en el alféizar de la ventana, y en vez de ella agarró un libro. ¿Quién hace el cambio? Nadie que no sea ese niño.

Y cuando dejas a un lado todo hábito negativo –así es como los llamarías–, cuando has dejado de valorar algo que ya no te sirve, meramente lo trasciendes y ya está –no haces de ello un mundo, y nadie lo hace por ti; simplemente lo decides. Retiras el *valor* que habías colocado en ello, y los objetos que fueron los símbolos de lo que estabas *valorando* son meramente retirados de tu vida.

Precisamente así, tu estado de no-iluminación puede ser apartado, como si hubiera sido un juguete que se te ha quedado pequeño; y simplemente al contemplar todos los efectos que una tal no-iluminación tiene, entonces, puedes preguntarte esto:

¿Es esto lo que deseo que continúe siendo mi experiencia? ¿O estoy dispuesto a dejar la muñeca en el alféizar y tomar un libro?

Un libro que habla de la Vida, un libro que está lleno de sabiduría, que te enseña cómo caminar suavemente por el mundo, cómo estar en el mundo sin ser de él. Y *ese libro* es lo más profundo de tu consciencia, donde todas las cosas ya están escritas. Y esa *profundidad* encuentra su fuente en tu corazón. Y tú entras ahí mediante el perdón, mediante el proceso de *renunciar* al mundo, de *entregarlo*. No odiándolo, no menospreciándolo, sino simplemente renunciando. *Permites* que tu tiempo te sirva en el proceso de entrega de aquello que ya no te sirve más y que solo perturba tu paz.

Y a medida que cultives esa práctica encontrarás que la paz ya está en ti; que es la paz que ya has tocado miles de veces y de un millón de maneras diferentes, y que comienza a crecer de forma más continua, como los rayos del sol que comienzan a filtrarse a través de la neblina asentada en el valle de la montaña, que oscurece la claridad de todas las cosas. Tu paz desciende suavemente como una paloma y, como algunos lo dirían, a través de la coronilla de la cabeza, hacia abajo a través la mente-cerebro, hasta incluso el corazón, el abdomen y a través de todas las células del cuerpo, mientras el cuerpo dure.

Renunciar suavemente al mundo es algo que depende de tu decisión de elegir enseñar solo Amor, porque te has dado cuenta de que, cuando no lo haces, el efecto que inmediatamente reconoces es doloroso, es conflictivo, no te satisface, y es algo que ya no quieres más. Con esto, has comenzado a trascender el mundo que has fabricado y a reivindicar el mundo que se hizo para ti, un mundo que descansa en perfecta unión, en la unión de Padre e Hijo, de Dios y su Descendencia, Creador/Creado. El camino *es* fácil y no requiere esfuerzo.

¿Qué valor le has reconocido alguna vez al mundo que te haya devuelto la paz que buscas?

Oh, este automóvil lo hará; esta relación lo hará; esta nueva carrera lo conseguirá. Si tan solo pudiera viajar hasta llegar a las más apartadas esquinas del mundo, entonces, estaría en paz.

Y así, nunca llega la suficiente paz.

Un creador, morando en la iluminación, sabe que todos los eventos son neutros, tan neutros que no tienen efecto salvo para aquellos que eligen estar capturados en las ilusiones. El creador, despierto, meramente crea a partir de la devoción al Misterio de Aquello que le ha creado. La mente de un creador iluminado no se levanta por la mañana y dice:

¿Cómo voy a sobrevivir otro día más en este mundo?

Por la mañana, cuando un creador iluminado se levanta, la pregunta es:

¿Cómo puedo extender hoy el tesoro de lo bueno, lo santo y lo bello?
¿Cómo puedo yo, justo aquí donde estoy, experimentar esos tesoros,
incluso en el espacio y el volumen de este cuerpo? ¿Cómo puedo contemplar
amorosamente todo lo que me muestran mis ojos físicos, de manera que
discierna o extraiga lo bueno, lo santo y lo bello, y que por consiguiente me
los dé a mí mismo?

La mente de un creador iluminado *sabe* que *por sí mismo no hace nada,* sino que, en cada momento de decisión, puede *permitir* que el gran poder y misterio del Amor dirija su curso. Y puede comenzar a utilizar el tiempo para *refinar* su capacidad de escuchar *solo* la Voz que habla por el Amor –momento a momento, respiración a respiración, día a día, hasta que el tiempo sea traducido en eternidad–. Y la mente descansa, se reclina en su perfecta unión con Dios.

Los eventos aún tienen lugar. El mundo será todavía lo que el mundo elija ser, inconsciente de que en medio de sí mismo camina alguien *despierto*, que no necesita hacer ningún show. Ellos *son* meramente la presencia de la cualidad del despertar, reconociendo que en cada momento serán informados por la guía del Confortador, la guía de la mentalidad correcta, de la iluminación, de modo que ya no se unen más al miedo:

¿Qué debería decir? ¿Qué debería hacer? ¿Cómo se lo tomará esta persona? ¿Cómo se lo tomará aquella otra?

El mundo ya no es motivo de preocupación.

Y experimentan sus mismas vidas como un misterio constantemente fluyendo, como si *algo más* estuviera viviendo a través de ellos. Y este es el significado de las palabras de aquel amigo mío, tal y como las leéis en vuestra Biblia: "permite que te habite la Mente que estuvo en nuestro Señor, Cristo Jesús". Esa Mente es la mente de la libertad perfecta. No le pertenece a nadie, mas puede ser cultivada para fluir a través de ti. Pero esto solo sucede, *solamente*, si cada fibra de tu ser está *plenamente comprometida a la santidad*. No puedes dejar un solo dedo fuera y alcanzar el Cielo. *Toda* tu mente, *toda* tu energía, *todos* tus regalos, *todo* tu mismísimo discernimiento debe estar comprometido a ser la presencia de la Paz. Y esto es lo que nadie puede hacer por ti. Sentarte a los pies de profesores iluminados o escucharme en tus cintas o vídeos, no lo hará *por* ti.

Y el más sabio de los estudiantes es aquel que escucha la palabra y la pone en práctica, diligentemente, *para sí mismo y por sí mismo*. No por su madre, no para su padre, no por su esposa ni para su hermano o su hermana, no en beneficio del planeta ni del universo, no por el nuevo tiempo que está amaneciendo –por ninguna otra cosa que por *sí mismo*–. Pues su Ser es lo que Dios creó. Y ese Ser, ese Yo, te llama a que lo *honres,* separándolo de las ilusiones que has permitido que se alojen en tu mente, y estando *plenamente comprometido a enseñar solo Amor*.

No hay otra manera. Sí, puedes aprender a sentarte en meditación y permitir que la mente y el cuerpo floten libres, para relajarte. Sí, puedes aprender rituales que te ayuden a enfocar tu atención de manera que recuerdes en qué estás comprometido, y así las distracciones del mundo no parezcan agarrarte o engatusarte demasiado. Hay muchas estrategias con las que puedes disfrutar y experimentar. Pero al final, se trata de solo esto: una serena elección, dentro, que nadie reconoce, que nadie ve, que nadie oye. Por eso les grité una vez a los Fariseos:

Oh sí, ciertamente que recibís vuestra recompensa ahí de pie, en las esquinas de las calles, dejando que todo el mundo vea que estáis ayunando y orando..., cuando realmente deberíais ir a rezar dentro de vuestro propio armario.

Es decir, estar en tu privacidad, no haciendo un show, sino simplemente utilizando cada momento para reafirmar tu compromiso en aprender todo lo que el Amor es, al enseñarlo. Y con la palabra *enseñar* quiero decir simplemente que eliges *expresar* solo Amor a cada momento.

El perdón es un acto mediante el cual aprendes lo que el Amor es, y que te lleva a trascender el mundo. Compartir solo pensamientos amorosos –pensamientos de apoyo– según contemplas amablemente al Cristo en otro, es una vía que te lleva a trascender el mundo. Contemplar todas las cosas de este mundo y ver su perfecta inocuidad, su incapacidad para limitarte o encarcelarte, es una vía que te lleva más allá del mundo.

Y no obstante, todas esas cosas descansan sobre la práctica de "buscar primero el Reino", lo que significa no ya creer en mí, no ya tener cierta noción teológica sobre lo que Dios es, no tanto adherirse a cierta religión o cierta doctrina eclesial. *El Reino del Cielo está dentro de ti.* Este *es* el auténtico poder de elección. ¿Qué piedra arrojarás en el estanque de tu consciencia?

Imagina que alcanzas un punto en que, justo antes de cada acción en que te involucres, sin ritual, sin dificultades, sin grandes espectáculos ni grandes alardes, sin tener que quemar mucho incienso y sin encender cuarenta millones de velas, mmm, y sin todo ese canto gregoriano ni tanto rock and roll, o lo que sea que elijas –sin *nada* de ello–, en el silente templo de tu corazón, realizas una simple elección:

En este momento, voy a descubrir lo que significa enseñar solo Amor.

Puede consistir solo en una simple sonrisa. Puede consistir en permitirte contemplar la belleza de una flor, y decir:

Aaah, es muy bueno.

Puede consistir en tomarte tu desayuno y realmente estar ahí donde estás, mientras estás comiendo, en vez de dejar que tu mente se vaya ya a la oficina.

Esta es, queridos amigos, la vía de la Verdad que os hace libres. *Debes convertirte en alguien absolutamente comprometido a estar despierto, y no por otro motivo que el de haber comprendido que no tienes otra elección* (pues ya las has elegido todas, y solo te han conducido al dolor), que la que te brinda tu Ser al implorarte que lo reconozcas por lo que es: un maestro despierto, la presencia de Cristo en ti, que informa[32] cada paso, cada decisión, que informa la cualidad de tu percepción, o la naturaleza misma de tu transparente consciencia siempre en expansión. Porque es solo tu consciencia lo que puede extenderse para abrazar todas las cosas creadas, ¡hasta que literalmente comprendas que *todas ellas han surgido de tu interior*!

¡Así de *grande* es como tú eres! ¡Así de *grandioso*! ¿Y por qué? ¡Porque eso es *todo* lo que eres! Eres el océano del cual han surgido olas y olas de dimensiones y de mundos. Esa Mente es lo que se te pide que dejes estar en ti, similarmente a como una vez lo estuvo en mí, cuando caminaba sobre vuestra Tierra. No lo hagas difícil.

Y cuando sea que oigas a un profesor enseñar una cosa, o a otro enseñando aquella otra, pregúntate esto:

> *¿Me ofrecen* simplicidad *o bien es* complejidad? *¿Ofrecen una paz accesible, o me llevan a meterme en varias trampas? ¿Me dan meditaciones complejas y oraciones, y más cosas que hacer, o simplemente me recuerdan la Verdad y me piden descansar en ella? ¿Me dicen que necesito ir a mil peregrinajes? ¿O me recuerdan que, cuando me tomo mi taza de té por la mañana, el Cielo está presente, si recuerdo quién está haciendo el té?*

Es Cristo.

Así pues, no te dejes distraer. Porque al final de esta Era se acerca toda una variedad de profesores, que se declaran profesores de iluminación, que te guiarán hacia todo el conocimiento. Mira cuidadosamente y considera esto: ¿te exigen que les sigas? ¿Te exigen que abandones tu propio discernimiento? ¿O te alientan a que mires más profundo en tu interior...

¿Qué estás tú sintiendo? ¿Qué estás tú pensando? ¿Qué es lo que tú quieres? ¿Estás tú dispuesto a aceptar responsabilidad por los efectos? ¿Qué es lo que tú crees? ¿Qué es lo que tú quieres? Eres libre. Soy igual que tú. Solo hago el papel de ser tu guía transitoriamente, y, algún día, tú te encontrarás mucho más lejos que yo.

¿Cómo hablan? ¿Qué enseñan? ¿Se filtra su miedo en sus palabras? ¿Creen que deben enseñarte a controlar las fuerzas de la naturaleza, las fuerzas de la mente? ¿Te enseñan a protegerte a ti mismo contra el mal? Hay muchos así, y habrá muchos más. Y cuando escuches esas cosas viniendo de ellos, ¡date la vuelta y aléjate de su presencia! Porque no los necesitas. Ya estás más allá de ellos.

Solo pregunta:

¿Cómo puedo extender hoy mi tesoro?

Y almacena tesoros que no puedan ser carcomidos por el polvo y la polilla, esto es, con los cuales el tiempo y la materialidad, el cuerpo y el mundo, no puedan "engancharte"; almacena pues tesoros que están en el Cielo: perdón, paz, ilimitación, reconocimiento de tu poder ilimitado, aquello que te brinde alegría y que ponga una sonrisa en tu semblante. Almacena para ti mismo esos tesoros, y todas las demás cosas vendrán por añadidura.

Porque existe una manera de estar en el mundo que no requiere de planificación o de esfuerzo, aunque para entrar en ella hay que renunciar al miedo. Para entrar en ella se requiere que te comprometas a enseñar solo Amor, hasta que la mente se encuentre de nuevo plena e indivisa. Existe una manera de estar en el mundo que no es del mundo, en absoluto. El cuerpo aún mora aquí. Sí, aún actúas igual, como cualquiera podría creer que actúas. Esto es, conocen tu nombre, saben dónde vives. Tú sabes qué automóvil se supone que conduces, sabes con quién te encontrarás en casa. Pero todo eso queda impregnado de la *transparencia* que hay en tu consciencia al contemplar todas esas cosas.

Y cualesquiera que sean los sentimientos que surjan, vienen y se van. Pero, de algún modo, comienzas a reconocer que eres mucho más grande que las cosas que vienen y se van; y que estás viendo una danza de sombras, un sueño, que pasan suavemente para irse en una fracción de segundo cósmico. Esto no se convierte en una forma de *negar* tu experiencia, sino que te da la libertad de *abrazarla y vivirla* totalmente, con *pasión*, con *propósito*, con *poder*, y en una *perfecta libertad* —sin ansiedad, sin presión, solo con la disposición a danzar en el mundo de los sueños, mientras permaneces *despierto*—. Mmm.

Para aquellos de vosotros que estáis escuchando este mensaje de forma sucesiva, si realmente habéis estado poniendo en práctica vuestros cinco minutos, ya estáis llevándoos a vosotros mismos más y más cerca, o quizá más y más profundamente, hacia la transparencia que os estoy describiendo. Y esa transparencia crece hasta un punto —que quizá llamaríais "masa crítica"— en el cual *repentinamente* vosotros, en vuestra misma *cualidad de ser*, ya no podéis siquiera albergar el pensamiento de ser un cuerpo en el espacio y el tiempo. Y entonces, el cuerpo simplemente se disuelve. Y vuestra consciencia ya no experimentará nunca más las limitaciones del cuerpo. Pero llevaréis con vosotros los gozos que la experiencia corporal os enseñó, pues están grabados en vuestra consciencia para siempre. Esta Tierra es un bello lugar, pero es solamente un pálido reflejo de la esplendorosa, de la trascendente belleza de lo bueno y de lo santo que impregna la Creación de mi Padre. Ámala, abrázala, agradécela, pero no te aferres a ella.

Aprende entonces a enseñar solo Amor. Y ahora, a modo de añadido a lo que habéis estado haciendo, simplemente os pedimos añadir esta simple práctica. Cuando te sientes en tu silla durante cinco minutos, morando como Cristo, recordando la Verdad que te ha hecho libre, comienza a hacerte esta simple pregunta:

Hoy, ¿cómo extenderé mi tesoro? ¿Cómo puedo añadir algo más a aquello que estoy almacenando en el Cielo de mi consciencia?

Inmediatamente comenzarás a recibir imágenes: un viejo amigo que necesita una llamada de teléfono, alguien a quien escribirle una carta... Podría ser algo tan simple como tomar a tu gato, colocarlo sobre tu regazo y contemplar toda la infinitud en ese ser vivo, y sentir el gozo que te brinda acariciar su piel. Podría ser algo tan grandioso como ir a Washington para desearle bendiciones a vuestro Presidente. No importa lo que sea, porque esa Voz del Amor guiará tus acciones. Puede ser tan simple como dirigirte a tu esposa y decirle, "sabes, te aprecio". Eso es todo. Sea lo que sea, permite que este día no se acabe sin que la acción sea realizada, o al menos puesta en marcha.

Así, como ves, el gran interrogante es:

¿Estoy dispuesto a confiar en el flujo de la Mente de mi Padre, que fluye a través de la mía, como algo que me capacita y me da poder para extender mi tesoro?

Sí, significa vivir de forma diferente a como vive el mundo. Sí, significa ir a contracorriente. Y puede que parezcas necesitar aplicarle una mayor energía al principio, a medida que tu mente adquiere el suficiente impulso como para poder ir en otra dirección, como para sacudirte todo el fango que se ha asentado en tu consciencia.

Pero te puedo prometer, si quieres aceptar un camino así –simplemente, alegremente, amablemente, pacientemente–, que *el final de tu viaje está asegurado.* Si eliges un camino lleno de magia y con muchas estrategias complejas, el final no está tan asegurado. El camino es fácil y no requiere esfuerzo.

Soy ya Aquello que busco. Solo necesito permitir que Eso me guíe. Y mientras este cuerpo dure, permitiré que sea un instrumento de comunicación que extienda el tesoro del perfecto Amor, perfecta seguridad y perfecta paz a todo aquel que entre en mi casa.

Y tu "casa" es tu campo de energía, la extensión de tu presencia.

Y finalmente, os sugeriría, especialmente a quienes vayan a involucrarse en este proceso de una manera mensual consecutiva, os sugeriría que hicierais lo siguiente, desde ahora hasta ese momento que llamáis "la Navidad": antes de que acaben tus cinco minutos, contémplate desde el interior del ojo de tu mente, como si, desde la última Navidad hasta esta, hubieras viajado alrededor de un círculo. Habéis atravesado muchas casas astrológicas, muchas influencias energéticas. Os habéis involucrado en relaciones con incontables hermanos y hermanas. Habéis visto miles de visiones, de sueños y de revelaciones entrando en vuestra consciencia. Habéis tenido incontables oportunidades de ser perturbados y de perder vuestra paz.

Habéis sido como un residente temporal, como el hijo pródigo que ha salido a atravesar las esferas de la consciencia humana, y *ahora os veis a vosotros mismos* completando el círculo. Desde el momento en que primero escuches esto, cuenta los días desde hoy hasta ese día que llamáis veinticinco de diciembre. Y permite que cada día sea considerado un paso, un peregrinaje, una conclusión de un círculo muy antiguo. Permite que cada día sea uno en el que reafirmas tu compromiso a liberarte de todo lo que no sea Amor, de manera que al ir llegando al veinticinco de diciembre, te dediques a estar preparado para él.

Y el veinticuatro de diciembre te irás a la cama lo suficientemente pronto, en calma y en oración, para que puedas despertarte antes de que los primeros rayos del nuevo día acaricien la Tierra. Y saldrás afuera, incluso aunque debas enfundar tu cuerpo con mucha ropa, y te darás prisa por llegar a un lugar desde el que puedas ver, a un sitio desde donde puedas contemplar el lugar donde vives, y que eso sirva para representar tu capacidad de contemplar toda la Creación. Ahí, ponte mirando hacia el sol naciente, y realiza una simple oración. Cierra los ojos. Asegúrate de que no ves nada a través de los ojos físicos, de ningún modo. Ponte de pie con los brazos a los lados y con las palmas abiertas. Respira profundamente en el cuerpo, relaja la mente, y comienza simplemente a decirte:

> *La muerte ha pasado, y ahora el nacimiento de Cristo está a mano. Padre, acepto* plenamente *tu Voluntad para mí.*
> *Y tu Voluntad es solamente que yo sea feliz y que emplee el tiempo para extender mi tesoro. Y ahora, recibo la calidez de Tu Luz y de Tu Amor.*

Y entonces quédate simplemente así, de pie, y espera, y recibe la calidez de la Luz. Porque ten por seguro que, aunque el cielo esté nublado, al salir el sol ocurre un cambio en la energía del aire. Y si estás en calma puedes sentir cómo esto comienza a afectar a la esfera de energía de tu consciencia y de tu cuerpo. Bebe de esa energía solar a través de cada célula de tu cuerpo. Bébela hasta que sientas que tu misma columna vertebral se calienta.

Y cuando todo el cuerpo —desde la coronilla en la cabeza hasta las puntas de los dedos de los pies, y bajando por cada dedo de la mano— esté lleno de Luz, entonces, abre suavemente los Ojos del Cristo, y permítete ver *un nuevo mundo, una nueva creación, un nuevo comienzo.* Ahora, la travesía *hacia el* Reino se ha acabado, y la travesía *dentro de él* puede comenzar. La escuela superior está a la vuelta de la esquina.

Entonces, tu instrucción ha sido dada. Y para aquellos que vayáis a escuchar estas palabras en algún marco temporal distante, se aplica la misma Verdad. Escuchad bien todo lo que ha sido dado, porque hemos ingresado en unas muy simples pero muy poderosas iniciaciones, del tipo de la que una vez me fue dada cuando yo también desperté a la Realidad de que *solo Cristo mora en mí.*

Y con esto, queridos amigos, daremos esta hora por terminada. Escuchad *bien* todo lo que ha sido compartido. No os lo toméis "a la ligera", aunque esté solamente lleno de esa liviana, esa ligera Luz del Amor. Considerad bien cada frase, cada oración, e incluso las pausas entre las palabras. Porque en esas pausas silentes os pueden llegar las revelaciones. *¡Es el tiempo de hacer nacer plenamente la presencia del pacífico Cristo en vosotros!*

Y cuando regreséis a vuestro hogar, esa mañana del veinticinco de diciembre, haced algo que celebre *vuestro* nacimiento. No el mío, el vuestro. Yo me ocupo de mi propia celebración. Id pues con alegría y celebrad de la manera en que lo deseéis. Y reconoced que la Nueva Era, el Nuevo Día, ha amanecido. Y ya no serás capaz nunca más de convencerte a ti mismo de que existe una excusa para confiar en otra cosa que sea menos que una *Consciencia Crística Iluminada.*

La paz sea entonces con vosotros siempre.

Y *siempre* estoy con vosotros.

Amén.

Lección 10. Preguntas y respuestas

Pregunta: ¿podrías comentar algo sobre la importancia de nuestras cartas natales y las diferentes influencias y energías que conllevan los tránsitos en astrología?

Respuesta: tal y como hemos comentado antes, es apropiado decir que el alma elige entrar en un campo de energía que tenga un cierto *sabor* que sea reconocible para ella. Y ese sabor es la *matriz de vibraciones* que constituye el campo de energía de la creación dentro de la dimensión en que estés entrando en el momento de tu nacimiento.

Nada ocurre por accidente. Y esos niños que retrasan su nacimiento, o que lo aceleran, están simplemente intentando, por así decirlo, llegar a la "estación de tren" antes de que el tren se vaya. No quieren llegar ni demasiado tarde ni demasiado pronto, porque ya han decidido en qué "vagón" van a sentarse. ¿Y por qué? Al hacer eso, crean para sí mismos un cierto sabor, una cierta esfera de energía, una cierta matriz creativa, ciertos campos de energías que configuran las situaciones de aprendizaje dentro de su propia consciencia. Y entonces atraen las situaciones, los amigos, las relaciones que puedan expresar –tal y como lo podrías decir– el *aluvión* de aquellas energías que el alma está eligiendo explorar, y con las que está eligiendo jugar, para al final dominarlas.

En realidad no es tan complejo como parece. Es muy, muy simple. El peligro está en que la mente contemple intelectualmente esas matrices, esos campos de energía, esos sabores, y crea que el *poder* está en *ellos*. Eso sería como si de repente un carpintero alucinara, y al mirar su martillo y su mesa de trabajo se sentara a esperar que el martillo y la sierra construyeran la casa.

Acepta esas herramientas, esas cualidades que constituyen tu ser, y que incluso influyen en cómo los genes del cuerpo generan energía, en cómo se digiere el alimento, en todas las preferencias, gustos y aversiones. Y comienza a ver esas cosas como simbólicas:

¿Qué energías estoy eligiendo experimentar? ¿Por qué odio tanto el campo y amo tanto la ciudad? ¿Por qué me encanta la nieve y odio el sol? ¿Por qué me encanta el sol y odio la nieve?

Se trata de energías, de matrices, campos, cajones de arena donde estás jugando. Pero tu papel, tu meta es *trascender y dominar* esas energías y no ser dominado *por* ellas, no esperar a que *ellas* te dicten a *ti* las elecciones que harás.

Venir a este mundo y dominar este mundo significa abrazar todas las matrices, los campos de energía, que danzan y juegan entre ellos, y que crean ese enrejado de relaciones del que hemos hablado antes. Es aprender esas cosas, cultivar una consciencia sobre cómo funcionan, para que puedas dominarlas y dirigirlas, más que lo contrario: que te dominen y te dirijan.

Y finalmente, la maestría se consigue cuando has perfeccionado los regalos que aparentemente te vienen dictados por tu carta. Y entonces, la trasciendes completamente, descansando en esa mente que trasciende para siempre toda manifestación. Pues, a quienes usen el lenguaje de la astrología, la ventana de la astrología, les podríamos decir que fueran muy, muy cuidadosos. ¿Estáis dirigiéndoos hacia vuestro entendimiento intelectual por el poder que creéis que está ahí, y estáis dándole el poder a tal entendimiento? ¿O meramente os permitís a vosotros mismos ver ciertos patrones, obtener un sabor de ciertas posibilidades, de ciertas inclinaciones, de tal modo que podáis llevar consciencia a todas estas cosas y refinar así vuestro dominio sobre ellas?

Díctale los efectos a tu carta astrológica. No permitas que ella te dicte los efectos que experimentas.

Pregunta: recientemente vi el corazón de un amigo con mi ojo interior. Y el símbolo fue una bella Cruz de Luz. Me gustaría que comentaras algo sobre la simbología de la cruz.

Respuesta: de nuevo, como hemos dicho muchas veces, la cruz simboliza lo siguiente: el eje vertical simboliza la unión de Creador y Creado, de la eternidad descendiendo a la Creación o al tiempo. El eje horizontal representa la extensión en ambas direcciones; es decir, aquello que comprende todo el tiempo –el pasado, el futuro–. El plano horizontal es el plano de la Tierra, el plano del espacio y del tiempo, el plano de la manifestación creada. El eje vertical representa también la vía de ascensión o de apartar tu atención del eje horizontal, para así poder acceder a la guía del Confortador, a la Mente de Dios, en Sí Misma. Y para poder llevar esa Luz, esa visión, esa Verdad, hacia abajo, hacia el Corazón donde pueda ser extendida tan lejos como lejos se encuentra el este del oeste –para unir la eternidad y las cosas del tiempo. Y para poder así *transformar* todo eso que ha parecido estar aprisionando al espacio y al tiempo.

Entonces podrías entender que, al mirar a tu amigo y ver la cruz, eso significa que este ha comenzado a despertar a aquella consciencia. Y en esta consciencia no se trata de sobrevivir inconscientemente, con lo cual las cosas del plano horizontal te estarían dictando tus reacciones y elecciones. Sino que se trata más bien de ir hacia adentro, calmadamente, para recibir visión y guía, y entonces, aprender a *traducir* estas en el plano horizontal.

Esta cruz es también el símbolo de la Consciencia Crística, que es exactamente Esa Mente que está comprometida y dedicada no ya a salir de la creación hacia algún abismo sin forma, sino más bien a acceder a la Mente de Dios, al Amor de Dios, para hacerlo descender y llevarlo a la mente –a la mente humana, al cuerpo humano– para poder extenderlo, para crear de forma diferente...

no de una forma temerosa, no bajo la forma de la supervivencia, sino de una manera basada en la revelación, la visión y la disposición a recibir los perfectamente ilimitados Pensamientos de Dios, y así extenderlos.

Puedes comenzar a mirar a cualquiera de esa manera. Simplemente sintonízate con su corazón, que es el núcleo de su patrón vibratorio esencial. Y tan solo pregunta:

Y bien, Espíritu Santo,
¿está la Cruz de Luz despierta en él? ¿Y si es así, en qué grado?

Y te darás cuenta de que puedes llegar a ver esto rápidamente. Y entonces sabrás con quién gastar tu energía y con quién no. Y no lo harás a partir del juicio, sino desde el reconocimiento de que no puedes colocar tú la Cruz ahí por tu cuenta. Solo puedes aprender a reconocer dónde ha despertado en otros. Y esos son los seres con los que quieres danzar, por así decirlo, como hermanos y hermanas en este plano. ¿Tiene sentido para ti?

Respuesta: sí.

Pregunta: ¿puedes hablar sobre las iniciaciones, y sobre atravesarlas y entonces volver a hallar unas energías similares que se presentan a sí mismas de nuevo, pero en un nivel diferente de la espiral?

Respuesta: querido amigo, ya has dicho todo lo que necesita ser dicho. Las iniciaciones son esas experiencias que no puedes configurar formalmente por adelantado. Puedes tener el compromiso, la intención, la dedicación a despertar, sanar y concebir el Cristo. Y entonces, permites que el Espíritu Santo cuide de los detalles. Esos detalles se convierten, a veces, en *ventanas*, en *portales*, en *iniciaciones*.

Empleando un ejemplo muy simple, imagina que alguien está sentado a los pies de un maestro, aprendiendo el gran arte de la meditación profunda. Entonces, un día el maestro le dice:

-Ah, por cierto, necesito que vueles desde los Himalayas a Nueva York
para entregar allí una carta. ¿Te importaría?
-No hay problema.

Y el estudiante toma la carta y sube al avión tras pasarse 16 años en la cueva de los Himalayas, y va a Nueva York– *tiempo de iniciación* –. ¿Podrá el estudiante recurrir a lo que haya aprendido para poder estar en paz en este nuevo mundo? ¿Mmm?

Ahora bien, es muy cierto que el proceso por el cual te permites a ti mismo despertar a la realidad de que la ascensión es algo ya zanjado, te conduce a través de la espiral del tiempo y a través de dimensiones y de mundos. Y así, a menudo regresarás para experimentar energías similares a las ya antes experimentadas. Pero ahora, *tú* eres *diferente*. Hay más de ti que puede abrazar aquellas energías que se presentan ante ti. La iniciación se da porque las viejas energías que ya se presentaron a sí mismas una vez, tuvieron un cierto efecto, y lo primero que despertarán en tu consciencia es ese viejo efecto, como un recuerdo.

Entonces, la *iniciación* conlleva lo siguiente: ¿querrás reconocer que eres libre, libre para elegir *de forma diferente*, o permitirás que la *vieja* asociación, que el *viejo* recuerdo te *dicte* tu elección de la percepción y del comportamiento? Cuando el viejo recuerdo, el viejo patrón reactivo, sea lo que te dicte tu elección, habrás fracasado en tu iniciación. Y cuando fracasas en un curso, lo repites.

Mas, cuando miras y dices:

Oh, he aquí esas energías de nuevo. Solía mostrarme muy sentencioso con esto. Solía huir. Esta vez voy a quedarme. Voy a respirar. Voy a usar esto como una oportunidad para enseñar solo Amor, para extender el perdón, sea cual sea la lección. Porque aquí dispongo de más de mí mismo, y estoy a salvo para poder cambiar de dirección y abrazar lo que una vez me venció.

Entonces puede que no cortes todo el tronco de una vez. O puede que sí. Puede que te baste. Y sabrás que te basta porque la próxima vez que subas por esta espiral y el mundo te presente esa vieja energía, la atravesarás. Y no habrá ningún patrón reactivo, ninguno. Simplemente mirarás y dirás:

Oh, sí, ya he estado ahí antes. Y ahora ya me aburre.

El nuevo patrón simplemente guiará tus pasos —el patrón del perdón, del Amor, de encontrarte en paz, sin importar lo que el mundo parezca estar haciendo—. Si alguien está proyectando sobre ti, mientras que antes podrías haber tenido miedo, ahora, tú, al regresar (teniendo éxito en tu iniciación), cuando él proyecta esas cosas sobre ti, tú meramente te detienes y *ves a través* de la ilusión de la consciencia en que tu hermano o hermana esté viviendo. Y ves el Cristo en ellos. Y calladamente los bendices, para poder bendecirte a ti mismo.

El tiempo es pues, en su totalidad, un asunto de iniciaciones. ¿Sientes que con esto ya basta?

Respuesta: ajá. Gracias. Se acabaron las preguntas.

Yeshua: ¡mmm! Ya veremos. Recuerda, querido amigo, que *hay un lugar en ti que ya contiene toda respuesta*. Y llegará un día en que confíes *tanto*, que ya no te interesará gastar el tiempo preguntándome. Y me refiero a las cuestiones que preguntarías para ti, y no a las que plantearías para responder las de otros.

Y así, con esto, permitiremos que vuestros cuerpos tengan su descanso, luego los reuniremos, y continuaremos.

Amén.

Lección 11

Ahora, comenzamos.

Ciertamente, saludos para vosotros, queridos amigos.

Únete a mí en este instante.

Únete a mí en esta hora.

Únete a mí en este lugar donde, solamente en él, dos mentes *pueden* unirse. Pues el cuerpo no puede llevarte adonde yo estoy, así como no puede llevarte adonde tu ser querido esté.

Únete a mí, entonces, en el silente lugar de tu Corazón, donde ya se encuentra toda la sabiduría.

Únete a mí, entonces, en este instante, en el lugar preparado para nosotros por nuestro Creador, antes de que el tiempo existiera.

Únete a mí, eligiendo *ahora* permitir que tu atención se retire de las cosas del mundo. Permite que los ojos se cierren suavemente, como un símbolo de tu disposición a dejar a un lado tu implicación con, y tu apego a, las cosas de este mundo creado.

Únete a mí, permitiendo que el cuerpo sea liberado. Y esto solo requiere que no le exijas nada. Ciertamente, déjalo reposar, como si se hubiera convertido de nuevo en el polvo de la tierra de la cual provino.

Únete a mí a medida que permites que disminuya la atención que le prestas al mundo a tu alrededor. Comienza a prestar atención a los pensamientos que parecen correr a través de la mente.

Únete a mí dirigiéndote siempre hacia lo más profundo, como si estuvieras permitiendo que tu atención se asiente cada vez más, y más, en el Corazón. Y según los pensamientos parezcan transcurrir por la mente, ¿puedes acaso decir de dónde vienen? ¿Puedes saber adónde van? Surgen en un momento y se borran en el mismo instante, mientras *tú* continúas renunciando a tu apego a todas las cosas del mundo.

Verdaderamente, te digo que incluso los pensamientos que surgen y transcurren por la mente sin cesar, son del mundo. Tranquilízate entonces, morando en la amable calma del corazón. Tú no eres quien hace que el corazón físico lata y envíe la sangre a través del cuerpo. Simplemente él sabe, y lo hace. No haces que la respiración fluya por el cuerpo. Surge y pasa. No requiere de tu atención.

Y en este instante, ¿eres tú quien sostiene las estrellas del cielo por encima de ti? ¿Eres tú quien sostiene a tu bello planeta, tu Tierra, girando, precipitándose por el espacio, dando vuelta tras vuelta en torno a tu Sol central, sin nunca desviarse demasiado de la misma órbita que tuvo desde su creación? ¿Debes acaso ocuparte de la tranquila y desapercibida manera en que están creciendo las flores más allá de tu ventana? ¿Puedes escuchar el sonido que la hierba hace al crecer?

En algún lugar, en este mismo instante, un niño ha nacido. ¿Eres consciente de ello? Ciertamente, toda la Creación sigue adelante en una danza eterna, el misterio dando a luz al misterio, regresando al misterio, sin cesar. Y no obstante, tú moras simplemente en un tranquilo lugar, en el santuario del corazón.

Únete a mí ahora, en perfecta paz.

Únete a mí en el único lugar donde podemos recordar que estamos juntos. Abandona toda esperanza de dirigirte a mí por tu cuenta con preocupación. Únete a mí en la simple comprensión de que, *por tu cuenta, no puedes hacer nada.*

Únete a mí rindiéndote a la Verdad de una unión más allá de todo entendimiento. Establécete profundamente en el tranquilo santuario del corazón que *compartimos*.

Ese corazón es lo más profundo y la esencia de la *única* creación del Creador. Y esa creación es Mente Pura, Puro Ser, Pura Inteligencia, el cumplimiento de toda sabiduría, la profundidad de toda compasión, la *certeza* de cada propósito bajo el Cielo. Descansa conmigo, únete a mí, y reconoce que nuestras mentes están unidas. Y al descansar de nuevo, podrías notar que los pensamientos parecen surgir y pasar. Mas, ¿no los sientes ahora como si estuvieran viniendo de un lugar donde tú no estás, como si te hubieras sumergido más profundamente en un lugar de calma, bajo esa superficie sobre la cual los pensamientos fluyen de un lado para otro sin cesar?

¿Eres tú, entonces, los pensamientos? No, no lo eres. ¿Eres entonces siquiera el pensador de los pensamientos? No, no lo eres. Tú eres meramente esa calma, y esa presencia, que observa toda la Creación fluyendo a través de un campo de discernimiento, que es la Mente de Cristo. Por siempre ilimitado, eres tú. Siempre inmutable, eres tú. Perfectamente invariable, eres tú. Y somos de una sola sustancia, una Luz, y una Verdad. Solamente aquí reside la realidad. Solo aquí es recordada la realidad. Solamente aquí el Amor reina, supremo. Solo aquí es donde tú estás.

Y en este lugar –que está en todos los lados a la vez–, y en esta eternidad –que abraza cada momento del tiempo–, ¿qué descubrimos? ¿Qué es lo que compartimos? No es un cuerpo, pues los cuerpos están limitados, son expresiones transitorias de la concreción del pensamiento. No es el cuerpo lo que podemos compartir. Mira aún más profundamente. ¿Serán los pensamientos que aún danzan sobre la superficie, allá lejos sobre ti? No. ¿Qué es entonces lo que nos enlaza uno a otro *como* uno solo? ¿No es el *silencio* y la *consciencia* del *Aquel Ser* que observa el surgir y el pasar de todas las cosas creadas?

Comparto contigo la profundidad de un perfecto silencio. Comparto contigo una sabiduría suprema. Moro aquí, *tal como tú también lo haces*, como el pensamiento de Amor en la forma.

Estar en la forma no significa ser un cuerpo. Solo significa que Aquella Mente, que es la realidad de la existencia del Amor, realmente mora en cada uno de nosotros *por igual*. Y si esto no fuera así, no podrías reconocerme. Y cuando digo una palabra, una frase, o un párrafo que resuena dentro de ti como la Verdad, no podrías reconocerlo así si esa Verdad no viviera ya en ti como la realidad de tu existencia misma.

Sigue conmigo ahora. No hagas caso de la llamada de esa parte de la mente que te distraería y te llevaría de vuelta a las ilusiones que conforman tu mundo. Aquí no hay parejas, ni carreras, ni pérdidas, ni ganancias, ni dolor, ni sufrimiento. Solo aquí, la Verdad permanece resplandeciente dentro de ti. Aquí es donde yo estoy. Y este Corazón que compartimos no está contenido en tu cuerpo. Más bien, el cuerpo ha emergido del poder que reside en este Santo Lugar. Él tan solo te ha proporcionado una experiencia transitoria de aprendizaje, y estará ahí cuando regreses, si desearas hacerlo.

Pero por ahora, date permiso para descansar en el Corazón de toda la Creación —el tranquilo y silente Lugar De Perfecta Paz—. ¿Qué podríamos compartir si no es el discernimiento mismo? Porque aquí, si alguien fuera a mirar aquí, no vería diferencias entre tú y yo mismo. Eres un Resplandeciente Campo De Discernimiento. Y ese mismo Resplandeciente Campo comprende la esencia de *Todo* lo que yo soy.

Y dentro de este Discernimiento reside la respuesta a cada pregunta que puedas decidir plantearte. Dentro de este Resplandeciente Discernimiento se encuentra la confirmación de que el final del viaje es seguro. En este Discernimiento Resplandeciente moras *como Uno Solo* con todas las mentes y cada aspecto de la Creación.

Únete a mí aquí a menudo, en mi recuerdo.

Porque este es el secreto de la comunión: renunciar a la percepción del mundo en favor del reconocimiento de la realidad.

La mente siempre busca extenderse, pero solo se extiende hacia Sí Misma. Por tanto, cada palabra que comparto contigo ya está presente dentro de ti. Aquí, el Amor mora, solamente aquí, donde no hay espacio para nada desemejante al Amor. Por esto es que cada pensamiento amoroso es verdad, pues no surge de la superficie, no surge del nivel superficial de la mente, que genera pensamientos meramente como reacción a otros pensamientos; el Amor emerge de la *profundidad del corazón*, que trasciende eso que reconoces como tu cuerpo y tu mente, tu mecanismo de retroalimentación.

Cuando piensas un pensamiento amoroso, has sido acariciado por el contacto de Dios. Cuando no escuchas pensamientos amorosos en ti mismo, esto solo puede significar que has regresado a la superficie y has negado la profundidad en ti. Si quisieras escuchar, entonces, solo pensamientos amorosos, simplemente observa dónde está colocada tu atención, y permite que se asiente profundamente en este lugar más allá del tiempo, más allá del cuerpo, más allá del sueño del mundo. Porque este lugar, el Reino del Cielo en ti, es vasto más allá de todo entendimiento. El mundo que reconoces cuando pones tu atención en la superficie de la mente, está contenido en él y es abrazado dentro de este Corazón, como una gota del rocío que surge de la ola cuando regresa al océano que la recibe.

Aquí, entonces, queridos amigos, está el lugar de toda certeza. He aquí el lugar del perfecto poder para realizar los pensamientos amorosos con los cuales tu Creador te ha acariciado. He aquí la manera de realizar cada visión amorosa. He aquí la fuente de toda sabiduría que puedes desplegar para recrearte *siendo* la presencia del Cristo Encarnado. He aquí, entonces, el camino estrecho y directo que conduce a la Vida. Porque la Vida está más allá de todo concepto que alguna vez hayas escuchado, incluso de aquellos que yo he utilizado para comunicarme contigo. Estos han sido como muchos dedos, apuntando a la luna que destila su luz suavemente sobre ti. Esa Luz vive en la profundidad de un Corazón Silente. Por tanto, *el silencio es el portal de la Sabiduría Divina.*

Permanece conmigo aquí.

No pienses en lo que oyes, sino permite que se vierta a través de ti, sabiendo que las vibraciones de Sabiduría que portan estas palabras *dejarán su huella* en ti, sin el más mínimo esfuerzo por tu parte. Solo necesitas ser como un *amante* para la Mente de Dios – *abierto, permisivo, receptivo–*, acogiendo aquello que tu Creador querría otorgarte.

Permanece conmigo en la profundidad de este Silencio Perfecto.

Date cuenta de cómo comienzas a sentir una suave espaciosidad, una paz que desciende sobre ti, como una amable paloma –y no obstante, no has hecho nada–. Y de nuevo, en caso de que sintieras que tu atención se ve devuelta a la superficie de tu consciencia, meramente elige de nuevo, y regresa a la calma del Corazón:

Soy amado; soy amoroso; soy adorable, para siempre.

Permite que esta frase sea como una escalera que desciende desde el mundo de tu invención a la profundidad de la Paz Perfecta. Solo necesitas repetirla cuando notes que te has distraído temporalmente con los atisbos, sonidos e imágenes del mundo alrededor del cuerpo, así como con los pensamientos que parecen correr y danzar sobre la superficie de lo que llamarías tu centro cerebral.

Soy amado; soy amoroso; soy adorable, para siempre.

Y a medida que llegas a sentirte anclado, enraizado en ese profundo y silente lugar, *pide lo que quieras* y su respuesta no se te ocultará. Pide ser testigo de mi vida cuando caminé por tu Tierra, y te será mostrado. Pide que se te muestre el campo vibratorio en el que fuiste concebido en esta vida; no se te ocultará. Pide lo que sea sobre un amigo que quizás haya tenido problemas últimamente, y el origen de lo que sea que esté sucediendo en su interior te será amablemente revelado. Porque recuerda que tú, en este lugar, eres el Discernimiento Mismo, haciéndose meramente consciente de Sí Mismo. Y ese Discernimiento, esa Consciencia, vive *igualmente* como la *esencia de todos y de cada uno* de aquellos que conoces y amas. Y tu amor *por ellos* es lo que te enlaza *a ellos*, en la profundidad de un tranquilo Discernimiento.

Mas, al descender por la escalera, hacia el sereno lugar del corazón, hay unas pocas cosas que dejar atrás: la necesidad de tener razón, de apoyarte en tus ilusiones, el miedo al rechazo, al abandono, a la negación y a la muerte. Deja atrás todo pensamiento acerca de lo que el mundo es y de cuál es su propósito. Deja atrás todo pensamiento que hayas albergado alguna vez sobre cada cosa y sobre cada cual.

Entrega, renuncia al mundo de tus percepciones, y ven calladamente a arrodillarte ante tu Creador. Y ahí, en el silente lugar del Corazón, sin apegarte a lo que te es dado o mostrado, nada se mantendrá en secreto. ¿Te gustaría conocer los fundamentos del mundo? La respuesta está aquí. ¿Quieres saber cómo dirigir mejor el Amor a un ser querido? La respuesta está aquí. Y una Voz te hablará, como voz clamando en el desierto. Se te mostrarán imágenes, sentimientos vivos en ti, y reconocerás la manera de extender tu tesoro.

Permanece conmigo aquí, pues es aquí donde yo moro. Y la única diferencia entre nosotros es que tú, ocasionalmente, crees que moras en algún otro lugar. Y, cuando vas por la escalera, y comienzas a distraerte con los pensamientos de la superficie de tu mente y con la retroalimentación sensorial del campo de energía que conforma tu creación física, yo permanezco en nuestro Corazón Compartido, esperando pacientemente tu regreso.

Permanece conmigo aquí.

Soy amado; soy amoroso; soy adorable, para siempre. Esta es la verdad que me hace libre. *Soy Lo Que Yo Soy. Mi consciencia no conoce limitación, y todos los mundos surgen dentro de mí. Soy Esa Mente presente en todos los seres, cuando descienden por la escalera y abrazan esa Verdad que es verdad siempre. Aquí, hay perfecta paz. Aquí, hay reconocimiento de que nada falta. Aquí está el abrazo de la consumación del Amor que he buscado en todos los lugares equivocados. Solo aquí, habito. Solo aquí, permanezco. Soy Aquel que existe antes de todos los mundos. Esta es la única Verdad sobre mí.*

Esas palabras no son mías, son *nuestras*. Y participamos en ellas por igual.

Soy amado; soy amoroso; soy adorable, para siempre. Soy Aquel Que Es.

Y a partir de la profundidad de ese Silencio Perfecto y del recuerdo de ese perfecto conocimiento, llega el impulso de un pensamiento amoroso:

LlévaMe a la forma. LlévaMe al espacio y al tiempo. RevélaMe al mundo.

Tu vida puede convertirse meramente, cuando quiera que así lo elijas, en el proceso de la encarnación del Cristo. Renuncia al mundo, a la vez que caminas por él. Entrégalo en cada respiración. Aprende a cultivar la profundidad de este *conocimiento* en medio de todas las actividades en las que el cuerpo es empleado como un instrumento transitorio de enseñanza y aprendizaje.

Queridos amigos, morad conmigo en esta Unión. Y sin importar lo que los ojos del cuerpo os muestren, sin importar lo que los oídos del cuerpo escuchen, sin importar los "inofensivos" pensamientos que parezcan atravesar la superficie de la mente-cerebro, moráis donde yo estoy, informados por ese Amor del cual han sido concebidos el sol, la luna, y todas las estrellas del Cielo, los planetas en sus órbitas y todas las dimensiones en nuestra Creación del Padre.

Puedes realizar la encarnación de Cristo viniendo a morar al Corazón de Cristo hasta que cada paso, cada palabra y cada gesto fluyan desde este profundo, silente y perfecto lugar, hasta que Su Voz sea la Única desde la cual actúes.

Y aunque los pensamientos del mundo corran a través de tu mente cerebral, aunque los datos sensoriales sean recibidos mediante las estructuras celulares del sistema nervioso del cuerpo, no obstante, puedes renunciar a esas cosas y actuar solo desde esa profundidad de Perfecta Sabiduría, Perfecta Seguridad, y Perfecta Paz.

Este es el mes de tu "acción de gracias", tal y como lo llamáis. ¿Será este el mes en que tú des realmente las gracias por la Gracia que te hace libre? ¿Honrarás esa Gracia descendiendo por la escalera hacia los sosegados lugares del Corazón, en cada uno de tus días?

Soy amado; soy amoroso; soy adorable, para siempre. Soy Lo Que Yo Soy. Infinito Discernimiento —sin nacimiento, sin muerte—. Soy aquello que abraza el sueño de espacio y tiempo, y que contempla amorosamente todos los eventos, inofensivos y neutros. Y ni siquiera el cuerpo es ya mío.

Meramente surge y fallece, mientras yo, el Creador de toda la creación, lo impregno con el discernimiento del Perfecto Perdón, de la Perfecta Paz, y de la consumación del Amor. Sí, aunque camino por los valles del espacio y del tiempo, el miedo no surge en mí. Porque todas las cosas buenas están bajo mi cuidado, almacenadas donde la polilla y el polvo no pueden corromperlas, donde los ladrones no pueden entrar a robar. Aquí, solo aquí, está el tesoro que ya no busco más, pues ¡he encontrado!

Mora aquí conmigo, hasta que llegue la hora en que reconoces que ya no te marcharás nunca más de nuestro Santo Lugar del Padre. Ese Lugar es esta Profundidad de Paz, que mora allá donde estés, como el Corazón Y Esencia mismos de tu realidad.

Soy amado; soy amoroso; soy adorable, para siempre.

Esto te doy como meditación divina y como manera de orar. ¡Perfecciónala! ¡Vívela! ¡Bebe de ella! ¡Abrázala! ¡Devórala! ¡Conviértete en ella! Porque e*n esta conversión recordarás* solamente lo que siempre ha sido cierto desde antes del surgimiento de todos los mundos. Como un pájaro regresa a descansar a su nido, como la nieve fundida se convierte en un río que fluye hacia la profundidad de un silente océano, o como el sonido, la canción de una flauta, que se desliza suavemente por tus propios oídos... tú, como creador de las notas... sé tú así también, por ende, tan sabio como las serpientes, y disuélvete a menudo en esta profundidad de la Verdad de tu ser, hasta que mores aquí, en cada uno de tus *dóndes* y en cada uno de tus *cuándos*.

Y cuando el cuerpo camine por la Tierra y las cuerdas vocales vayan a formar palabras, el roce de los pies sobre la Tierra te recordará la bendición del Cristo. Y las palabras que se formarán por sí solas enseñarán solo Amor. Aquí, entonces, querido amigo, está la esencia de todo lo que quisiera ofrecerte hoy y en esta hora.

Utiliza el resto de tu tiempo en esta hora de comunicación para practicar suavemente el ascenso y el descenso por la Escalera de la Consciencia. Date permiso para ascender, para darte cuenta de los pensamientos que corren por tu mente. Escucha los sonidos a tu alrededor, siente el peso del cuerpo sobre el asiento en el que estés, y entonces, desciende de nuevo. Y habita ahí un poquito más, para entonces de nuevo elegir ascender. Escucha los sonidos a tu alrededor, el latido del corazón físico. Desplaza el peso del cuerpo, presta atención a los pensamientos que fluyen por la superficie de la mente. Renuncia a esas cosas, y desciende otra vez, ascendiendo y descendiendo suavemente. Porque al hacer eso, unirás ambos polos. Y cultivarás dentro de ti el discernimiento y el poder espiritual necesarios para estar *en el mundo sin ser del mundo.*

¿Puede haber un mayor logro que este? ¿Puede haber algo que te ofrezca una mayor satisfacción que ser el canal a través del cual el Discernimiento y el Poder Infinitos fluyen en cada respiración, en cada gesto, en cada palabra hablada... para revelar el Cristo al mundo mediante tu ser? ¿Qué puede haber alguna vez más valioso que esto?

Disfruta entonces de tu hora. Y reconoce que cuando desciendes a ese lugar del Corazón Silente en ti, te recibiré y me sentaré contigo en la profundidad de ese Silencio. Y nuestras almas, nuestras mentes y nuestros corazones se fundirán como Uno Solo. Y cuando asciendes, me llevas contigo. Y cuando desciendes, me absorbes en ti mismo, hasta que finalmente no hay diferencia entre nosotros. Y cuando el mundo te mira, dice:

Mirad, estoy en presencia de algo misterioso, algo atractivo, algo vasto y pacífico y lleno de poder. Ciertamente ¡este es el Hijo de Dios!

Y ahora, desde esa Mente que compartimos como Uno Solo, de nuevo os digo:

Que la paz sea con vosotros. Y mis bendiciones os son dadas, mas no como el mundo da; os doy la Voz que habla por Cristo y que anhela ser la vuestra. Porque el mundo da y quita, pero mi Amor va siempre con vosotros. Permitid que se convierta en el vuestro propio. Reclamadlo. Poseedlo. Gustadlo. Bebedlo. Respiradlo. "Caminadlo". Habladlo. ¡Encarnadlo!

Y aunque ahora me vaya para desvanecerme en el Silencio, no obstante camino con vosotros por el camino que elijáis, que puede convertirse en la manera de extender el tesoro de vuestro Perfecto Reconocimiento de que sois amados, de que sois amorosos, y de que sois adorables siempre. Eso es, ciertamente, Lo Que Vosotros Sois. ¡Y no podéis ser otra cosa! Haced que cada momento sea suavemente acariciado con lo que os lleváis de aquello que descubrís en la profundidad de vuestro descenso al Corazón del Cristo.

La paz sea con vosotros, siempre, e ilumine vuestro camino mientras aún moráis en el mundo. Sois ciertamente enviados como Aquel que contiene todo el poder para extender el tesoro de la Verdad. Sed, por tanto, Aquello Que Vosotros Sois —y *sois* las estrellas que iluminan los cielos y ofrecen su resplandor a las cosas temporales—.

Id por tanto al mundo,
y bendecidlo con el Resplandor del Cristo en vosotros.

Y si alguna vez necesitáis saber dónde deberíais estar, descended a esa Profundidad. Y cuando ascendáis, abrid los ojos y bendecid el lugar donde os encontréis. Y así, vuestro propósito queda cumplido.

La paz sea con vosotros, siempre.

Amén.

Lección 11. Preguntas y respuestas

Pregunta: me gustaría que Yeshua tratara la cuestión que me planteó alguien que no sigue nuestro camino, nuestras creencias. Esta persona decía, "el mensaje de Yeshua tiende a privatizar la espiritualidad y la acción correcta. Uno podría fácilmente olvidarse de nuestra responsabilidad por los pobres y oprimidos, o convertir esta responsabilidad, que es algo natural, en algo sobrenatural".

Respuesta: ciertamente, querido amigo, nos manifestamos en esta hora con una gran alegría por poder hablar sobre esta cuestión. Porque ciertamente es una cuestión que ha sido planteada por muchas, muchas mentes, en muchas épocas. Pues como ves, en la mente humana, se tiene la tendencia a separar la espiritualidad en dos campos.

Siempre han existido quienes buscaron *separarse* de la cultura, de la comunidad, de la vida diaria, y corrían a sus cuevas y monasterios para poder buscar allí una relación puramente interior con Dios. Ahora bien, no tiene nada malo crear una relación puramente interior con Dios, puesto que esa es la Verdad de tu Realidad fundamental.

Sin embargo, cuando la mente alberga la percepción de que, para poder descubrir a Dios, debe separarse de eso que percibe que es el mundo, esa mente está ya comenzando su búsqueda partiendo de una premisa fútil. Porque esto significa que uno es de todas maneras la víctima del mundo, y que el mundo alberga el poder de separarte del reconocimiento de la presencia del Amor.

Ahora bien, en el otro campo se encuentran aquellos que desearían creer que la espiritualidad genuina conlleva estar siempre implicado en la búsqueda de alguien a quien ayudar o a quien arreglar. Pero esto también es, en sí mismo, solamente una expresión de la consciencia egoica.

Solo si hago algo por los demás, puedo confirmar lo que valgo —y no solo para mí mismo, no solo para Dios, sino para mi prójimo, que así podrá contemplar todas las grandes obras que hago—. Así es que, en realidad, déjame que corra a alimentar al hambriento, vestir al desnudo y dar abrigo al que tiene frío. Y, por supuesto, siempre que reúna a mis amigos en un cóctel, les permitiré saber qué es lo que he estado haciendo durante toda la semana.

Ambos enfoques se basan en el egoísmo. Ahora bien, en este último campo tenemos a quienes quieren dar un servicio a otros, y que perciben que la espiritualidad requiere *sacrificar* tiempo, energía, dinero —no importa lo que sea en tanto que la idea de *sacrificio* esté, podríamos decir, satisfecha—. Quiero ahora comentar contigo que ninguno de estos enfoques es genuinamente lo que podríamos llamar *espiritualidad*.

Cualquiera —*cualquiera*— que haya tenido alguna vez contacto con lo que enseño, no solo a través de este mi querido amigo, sino a través de cualquier otro de los numerosos canales o amigos a través de los cuales me estoy comunicando en tu mundo... cualquiera que se dignara a leer *Un Curso de Milagros*...

o quienquiera que leyese las declaraciones subrayadas en rojo[33] en vuestras Santas Biblias (algunas de las cuales fueron realmente lo que enseñé), entonces, lo tendrían bien difícil para poder pasar por alto las enseñanzas más fundamentales que ofrecí.

En primer lugar, el mayor de los regalos, la forma más elevada de servicio que alguna vez pudieras darle a otro es *asumir la responsabilidad* por tu sensación subyacente de estar separado de Dios, y *rectificar* esa percepción errónea. Por ahí es por donde la espiritualidad *necesariamente* comienza. Pues, hasta que no sea logrado esto, todo lo que hagas en el mundo estará *empañado de egoísmo*. Quienes luchan por la paz harían mejor primero estableciéndose en una verdadera paz dentro de ellos mismos.

Aquellos que buscan servir al hambriento harían mejor nutriéndose a sí mismos hasta que estuvieran llenos, pero no llenos de lo que satisface al cuerpo, sino de lo que satisface al alma. Porque solo cuando el alma es llevada a un perfecto alineamiento con su unidad restablecida con Dios, puede la Sabiduría de Dios impregnar esa alma, esa persona, y pueden sus acciones servir verdaderamente al bien más elevado. Sin ello, meramente se usarán las ideas aprendidas del mundo, y se intentará ser el *hacedor* y el *ejecutor* del servicio.

Esto se basa en la asunción de que uno sabe lo que necesitan sus hermanos y hermanas. Por tanto, si ves a alguien hambriento y sentado al otro lado de la calle, diciendo:

Oye, dame unas pocas monedas para que pueda seguir adelante y comer.

Si percibes la espiritualidad como un *deber* frente a los oprimidos, los pobres y los hambrientos, irás inmediatamente a ver qué puedes hacer por esa persona, basándote en su petición. Y, más importante, basándote en lo que tú *percibes* que va mal.

Pero ¿cómo podrás *saber* que tiene algo de malo el que un alma haya elegido crear una situación en la cual no tiene trabajo, ni hogar, ni amigos? Recuerda siempre que cada mente crea literalmente su experiencia de vida en este dominio. No existe algo así como la victimización. Y la opresión no procede de afuera. La opresión es una percepción creada dentro de esa mente. Cualquiera que contemple la historia de la humanidad puede reconocer muchos ejemplos, de entre las situaciones llamadas "opresivas", en los cuales los individuos simplemente han elegido dejar de ser oprimidos y se han levantado con libertad y dignidad, incluso dirigiéndose hacia lo que parecía ser la muerte.

Por lo tanto, querido amigo, entiende bien esto: la relación es el medio de tu salvación. Pero la relación fundamental que debe ser rectificada, nutrida, sanada, cultivada, es tu *directa* e *inmediata unión* con, y *comunicación* con, tu Creador. Cuando esta es establecida, el alma descansa en perfecta paz. Se trasciende de lejos el impulso de ser el hacedor y el ejecutor. Se contempla un mundo completamente perdonado, y, en tu forma de decirlo: "te libraste de la quema".

Ya no se mira más hacia afuera y se ve un mundo que debería ser salvado. No se mira más hacia afuera para ver un mundo atribulado. Uno se convierte meramente en el servidor de la extensión del Amor, y no pretende saber de antemano en qué debería consistir esto. Pero, en cada momento y con cada respiración, esa mente solo se pregunta en su interior:

Padre ¿qué quieres que haga hoy? ¿Cómo podría servirte a medida que en la consciencia humana se logra tu plan para la Reconciliación?

Se aprende entonces a escuchar esa Voz Interior, que bien podría perfectamente decirnos:

Quiero que construyas albergues en cada ciudad del mundo. Comienza ahora.

La misma Voz podría decirte:

Ve y siéntate en el parque hoy; olvídate del mundo. Respira profundamente el Ángel del Aire. Permite que los Ángeles del Sonido de las Aguas Deslizantes inunden tu alma y sanen tu cuerpo. Nútrete a ti mismo hoy. Ve y mira una película, juega con tus amigos, lee un buen libro, toma una taza de té.

Aquellos que creen que la espiritualidad depende de cuánto servicio se les dé a los oprimidos, puede que nunca hayan escuchado la Voz que dice:

Inclúyete a ti mismo en el círculo de tu Amor.

Por lo tanto, el despertar requiere que se retiren todos los vestigios de la mente mundana, y que uno descanse en aquella Perfecta Verdad que puede informar la acción perfecta, *la acción correcta*, a través de ti. De nuevo, la clave de todo lo que estoy diciendo se encuentra en esto: sin el proceso de interiorización donde cultivas la sanación de esa percepción errónea que tienes, de la percepción de que habrías podido estar en algún instante separado de Dios, sin cultivar un profundo amor por ti Mismo –no el amor del ego, sino el amor del Ser, de ti Mismo–, sin eso... nunca se puede alcanzar el profundo silencio que se requiere para poder escuchar la Voz del Confortador. Mas solo esa voz, solo la mentalidad correcta en ti, puede informar perfectamente tus acciones en el mundo.

Por lo tanto, quien me sigue, ciertamente que viaja al desierto cuarenta días y cuarenta noches, y deja a sus amigos y a sus discípulos, a sus negocios y a sus socios, para marcharse y estar solo en oración, cultivando diariamente el proceso de buscar primero el Reino... para que todo el resto de cosas, incluyendo cómo vas a servir, te puedan ser dadas por añadidura. No pienses por tu cuenta, sino que ama lo bastante al Ser, al Yo, como para poder rendirte y entregar el mundo en manos de Dios. Y no consideres el mundo como un lugar que necesita que lo arregles. Pues por tu cuenta, no puedes hacer nada. Soy la vid y tú eres las ramas. Recuerda siempre que, sin la Mente de Cristo morando en ti, tú no puedes hacer nada por tu cuenta. Y tu servicio, por muy loable que le pueda parecer al mundo, no significa nada.

Pregunta: entiendo que el camino de los pobres y oprimidos es su camino. Sin embargo ¿cuándo y cómo entenderán, comprenderán, que no son víctimas? ¿Y cómo podrían participar también en el abrazo de la ascensión? ¿Tenemos la responsabilidad de llevarles el mensaje, de ayudarles espiritual y físicamente a romper las cadenas? Siento necesidad de compartir el Amor. ¿Cómo ha de hacerse?

Respuesta: querido amigo, cuando ves a alguien a quien percibirías como pobre, hambriento u oprimido, *primero* detente y mira dentro de ti. ¿Qué parte de *ti* se siente pobre? ¿Qué parte de ti te percibe como hambriento? ¿Dónde, dentro de tu propio ser, te sientes oprimido? Y entonces, da los pasos necesarios para poder rectificar esas percepciones, sanando esas energías en tu vida. Y cuando de nuevo contemples a otra persona, cultiva siempre primero la capacidad de ver la esencia misma de su alma. Porque ellos son pura consciencia, pura divinidad. Son como el rayo de luz solar para el sol, y además, con un libre albedrío perfecto en sus elecciones. Su travesía ha sido tan larga como la tuya, e igual de variada. Por tanto, cuando los contemples, contémplalos en la Luz de Dios y mantenlos ahí.

¿Por qué es importante esto? No es solo una gimnasia mental. Porque, tal y como veas a otro, así te verás a ti mismo. Y tal y como te veas a ti mismo, entonces, también así tu hermano te va a ver. Si deseas ayudar a otro sin verte empujado por su percepción errónea de que el sufrimiento es obligatorio, entonces ¡*comprométete* a ser la *encarnación* de alguien que ha despertado a la *Verdad*, y que la *vive*, la *respira*, la *representa*, la *piensa*, y la *habla* sin cesar!

Ahora bien ¿y cuándo querrán venir ellos, los que percibes como oprimidos? Ten por seguro que en cualquier momento dado, si ves a alguien apoyado en la pared de la acera, sosteniendo una pequeña taza, diciendo:

Necesito algo de dinero,

...entonces, solo necesitas ir a tu interior y preguntarle al Espíritu Santo:

¿Es apropiado que le preste ahora algún tipo de servicio a este hermano mío?

La respuesta no te será ocultada.

De nuevo, eso nos devuelve al punto de no pensar por tu cuenta, sino al de entregar toda decisión al único Maestro y Guía que te fue dado, el puente entre el Amor del Padre y el espacio de tu alma: el Espíritu Santo. ¿Cuándo saldrán ellos de su hibernación? Querido amigo ¿cuándo lo harás *tú* de la *tuya*? Puede que no recuerdes esa hora y ese día, pero hubo un momento, en tu consciencia —y quizá ni siquiera haya sido en esta encarnación—, en el que algo *cambió,* y se tomó la decisión de no aceptar más limitaciones, de no aceptar el dolor y la culpa que implican percibirte a ti mismo como separado de la Fuente de tu creación.

Por tanto, reconoce bien que ni tú, *ni nadie*, y ni siquiera yo, puede forzar a otro a levantarse. Y nadie puede hacerlo por otro. Puedes, desde luego, escuchar la guía del Confortador, de modo que el Amor sea extendido a través de ti de forma apropiada en todos y cada uno de los momentos. Y entonces, libérate a ti mismo de apegarte a esa extensión, cualquiera que sea —ya sea una moneda dorada, una comida, o un nuevo Mercedes—. No importa. Puede que simplemente sea una sonrisa amable. Pues en tanto que eliges extender el Amor, primero morando en la Verdad de que tú eres realmente la *presencia* del Amor, habiendo sido hecho a imagen de Dios, le das a tu hermano la *oportunidad* de reconocer la presencia del Amor, y de *decidir de nuevo* por sí mismo.

Y si te ves guiado a alimentarlos, entonces prepárales una comida. Permite que se la coman, pero no te apegues al fruto de esa comida. Contémplalos en su esencia, ámalos, y *vive tu vida* en plenitud. Demasiadas veces se busca ayudar a los demás cuando todo lo que se consigue con ello es realmente *oprimirlos*, pues no se les *capacita* para asumir su responsabilidad por las elecciones que han hecho y por los efectos que han resultado de ellas.

No des indiscriminadamente dinero a quienes digan:

Oh, estoy arruinado. ¿No tendrás un billete de 5 que te sobre?

Ve a tu interior y pregunta:

¿Está justificada mi necesidad de ser quien ayuda y arregla? ¿Puedo entregar esto, y simplemente preguntarle al Espíritu Santo, "qué deseas que haga o diga"? Estoy completamente desapegado de mi necesidad de servir.

¿Cuándo se levantarán y se percatarán de la ascensión? Cuando lo decidan, igual que tú. ¿Y cómo extiendes Amor? Querido amigo, *dándote ese Amor primero a ti mismo*. Porque si tú no estás plenamente alimentado, no puedes alimentar a otro. Por tanto, almacenad para vosotros mismos esos tesoros que están en el Cielo. Es decir, cultivad la consciencia elevada. Limpiad y purificad el instrumento de comunicación que es el cuerpo. Hacedlo brillar tan *radiante,* tan *hermoso* y tan *sano* como deseéis que esté. Crea abundancia en tu propia vida. Siéntete rico y abundante en Amor de Dios, de tal modo que tu copa pueda *rebosar* de forma natural y orgánica.

Si hay dos hambrientos, es sabio que uno se levante y aprenda a alimentarse a sí mismo. Entonces, el Espíritu Santo podrá utilizar tus dones y emplear tu poder para ayudar a los demás con un *servicio genuino.*

Pregunta: Yeshua ¿cómo se puede enseñar a los niños pequeños la paz y el Amor, cuando están representando su miedo y su ira?

Respuesta: querido amigo, la respuesta en sí misma podría ciertamente durar todo un año. Sin embargo, dentro de esta hora, podríamos decirte esto: cuando percibas a un niño representando su ira, su miedo, o lo que sea, no te olvides de preguntarte primero a ti mismo: ¿estoy seguro de que esto es algo *suyo*, solo porque esté siendo expresado donde su cuerpo parece estar? Porque ten por seguro que los niños vienen a este mundo centelleantemente limpios. Son muy transparentes —*muy transparentes y muy, muy sensibles*—. Por tanto, si hay emociones que los padres no estén tratando dentro de sí mismos, si hay una falta de comunicación entre los padres, si hay ira reprimida en la madre o en el padre, entonces, ciertamente, *el niño lo sabrá*, y a menudo comenzará a representarla inconscientemente, ya que nadie más se está tomando la molestia, podríamos decirlo así: de "barrer la casa" y ser honesto. Entonces, primero pregúntate a ti mismo: ¿cómo sé si es su ira? Pregúntale al Espíritu Santo:

¿Cuál es la fuente de esto?

La respuesta no te será ocultada.

Ahora bien, ¿cómo ayudarles? Cuando percibas enfado en otro, primero asegúrate de que *tú* estás libre de eso dentro de ti mismo. Entonces, al contemplar al niño, recuerda que ese niño es *perfectamente libre, ahora*. Pregúntate: ¿su ira, su representación, toca *mi* fibra sensible? ¿Puedes darle el espacio y la libertad para representar esa ira, para mover esa energía de una manera que sea saludable y útil? ¿Puedes permitirles hacer eso? Y transmíteles que:

¡Esto parece algo muy divertido! ¡Quizá me una a vosotros!

Y comienza a mover tu cuerpo de la manera en que lo hagan ellos. Haz los sonidos que estén haciendo. Y háblales sin rodeos como un adulto. Deja de hacer ñoñerías a los niños, porque ya eran tan ancianos como tú en el momento de nacer. Diles, con perfecta claridad, en un lenguaje adulto:

La ira es algo perfectamente válido. Vamos a entrar en ella y veremos cómo se siente en el cuerpo.

Diviértete ahí. Hazlo tan emotivamente como sea posible. Y encontrarás que, en un abrir y cerrar de ojos, la irá cambiará, y los niños comenzarán a sentir una sensación de juego. Porque sabrán que han sido *aceptados*, y que su manera de ser no tiene nada de malo. El hecho de que no se ajusten a las percepciones adultas no los hace ser personas equivocadas o malas.

¿Cómo enseñarles paz entonces? Siendo tú pacífico. ¿Cómo les enseñas entonces a cultivar paz? No escondiéndoles tus propias emociones, viviéndolas honestamente —no de manera hiriente, sino honestamente—.

Sí, ¡me estoy sintiendo enfadado justo ahora! Esto hace que mi estómago se tense y mis hombros suban hasta las orejas. Mis nudillos se ponen blancos. ¡Y solo quiero patalear!

Bien, ¡pues *hazlo* justo ahí, frente a ellos! Y, conforme *tú* comienzas a sentirte mejor, puedes sonreír y decir:

¿Veis lo fácil que es? Creo que ahora ya estaré simplemente en paz.

Entonces, recordad siempre que el mayor regalo que podéis darle a un niño es ser la encarnación viviente y el modelo de alguien que no niega ni reprime su humanidad.

Querido amigo, cada relación es una relación de enseñanza y de aprendizaje. Por tanto, cuando un niño parezca estar representando su ira, primero dale el espacio para hacerlo, y *observa*. ¿Cómo mueve su cuerpo? ¿Solo la vive en su cabeza? ¿O todo su ser se ve envuelto en ella? ¿Qué puedes *tú* aprender del niño?

Y cuando la ira se haya calmado, *siempre, siempre, siempre* abrázalos, al menos metafóricamente. Permíteles saber que les amas. Permíteles saber que valen. Permíteles reconocer que sí, que tú también sabes que a veces es un poco duro estar en el mundo, y que agradeces su presencia en tu vida porque estás comprometido a aprender *de ellos* tanto como lo estás en *enseñarles*.

Dejad —todo el mundo que pueda oír estas palabras en tu planeta— *dejad de tratar a los niños como gente de segunda clase, como incapaces. ¡Su consciencia es clara y brillante!* Habladles como adultos. Vivid como adultos maduros en vuestras relaciones con ellos. Intenta darle una oportunidad a este consejo, querido amigo. Hay mucho aquí para ti, si tan solo accedes a cultivar el tesoro que contienen estas palabras.

Lección 12

Ahora, comenzamos.

Y de nuevo, saludos para vosotros, queridos y santos amigos.

Una vez más venimos a morar con vosotros. Una vez más venimos a celebrar con vosotros. Una vez más, venimos a morar con la Santa Mente que *es* la Filiación. Venimos a morar con nuestros hermanos y hermanas, y venimos *como* hermanos y hermanas. Y ciertamente, venimos a morar en ese proceso por el cual la Filiación está recordándose a Sí Misma como el Hijo –lo cual es digno de contemplarse–. Ciertamente, queridos amigos, soy alguien que viene para, en esta obra *en concreto,* servir como portavoz principal, y así, a través de este mi querido hermano, compartir contigo lo que ya está dentro de vosotros.

Vengo *–venimos–* para unirnos contigo, que has elegido responder a una cierta llamada para hacer prosperar una expresión creativa que pueda significar, para el mundo, la única Verdad que puede liberar a este mundo. ¿Liberarlo de qué? Del *miedo,* y de todas las criaturas que el miedo engendra: culpa, deshonestidad, indignidad, limitación, la necesidad de sufrir, el juicio... y la lista sigue y sigue.

Pero, al final, cuando un jardinero busca mejorar la calidad del suelo del cual quiere que salgan sus flores, el jardinero no se pierde considerando los *efectos* de las malas hierbas, es decir, de lo que está en la superficie, sino que más bien se da prisa por quitarlas de raíz. Y cuando la raíz ha sido extraída, los efectos de esa mala hierba ya no pueden verse.

Por tanto, en Verdad, venimos no ya para mejorar lo que podríamos considerar como la superficie del jardín, la superficie del terreno, sino para llegar a la raíz que reside *profundamente dentro de la mente,* en la profundidad que hemos llamado *corazón,* o *alma.* Todo lo que intentamos hacer está entonces diseñado para *arrancar de raíz* la mala hierba que es ese miedo que ha hecho su hogar en lo más profundo de vuestro ser.

Y en este año que hemos pasado juntos, tal y como conocéis el tiempo, hemos intentado compartir contigo lo que hemos decidido llamar *La Vía del Corazón,* que ha requerido (para quienes habéis participado *realmente*) una cierta devoción, la necesaria como para poder extraer la sabiduría que se os ha ofrecido. *La Vía del Corazón* ha sido diseñada para sortear lo cognitivo, la mente pensante, y para extraer *las raíces de miedo* que moran en lo profundo de la mente, y que residen, por lo tanto, en un lugar que es, en líneas generales, lo que llamaríais *inconsciente. Todo* lo que hacemos persigue la disolución de *esa raíz* en lo más profundo de vuestro ser.

No podemos hacer esto *por* ti, solo podemos hacerlo *contigo.* Pues *nunca* se puede forzar nada en la mente del Hijo de Dios. El Espíritu Santo no hace esfuerzos por usurpar, por quitarte, tu libertad. Pues en tu libertad reside todo el poder del Cielo y de la Tierra. Y la Gracia no desciende hasta que tu Padre reconoce que *estás* dispuesto a prepararle un lugar donde recibirle. Y es por eso por lo que en el proceso de sanación y despertar, no es necesario *buscar* el Amor. Solo es necesario preparar el lugar, el suelo, decidiéndose a descubrir los *obstáculos* puestos al Amor, que esencialmente todos se reducen al miedo, estando dispuestos a aflojar aquella raíz para que pueda ser eliminada del jardín de tu consciencia.

Y entonces, es cuando puede descender suavemente aquella Lluvia de Gracia que purifica, que transforma, despierta, y que lleva la Consciencia Crística a la mente. Pues cuando la lluvia cae sobre un terreno duro, golpea el suelo, y esto hace que se deslice tierra fértil fuera del terreno. Así, el jardín se queda estéril. Pero el jardinero sabio, que ha ablandado el suelo, que ha metido ahí sus manos y ha comenzado a sacar las raíces para tamizarlo y hacerlo suave, abierto y poroso, con la intención de engendrar un bello jardín, ciertamente será asistido entonces por una Lluvia de Gracia que cae con suavidad, sin que haya sido algo "ganado" –pues es dada gratuitamente–.

Este año os han sido ofrecidas *Gotas de Gracia* en todos y cada uno de los meses. Algunos las han recibido; otros no han prestado atención. Algunos están esperando poder penetrar en los niveles más profundos de la consciencia a medida que continúan con la *disposición* a soltar el miedo. Y repentinamente, una Perla de Gracia que aún no ha sido recibida se hundirá profundamente. Y el reconocimiento llegará; el despertar llegará. Y repentinamente os encontraréis diciendo:

Espera, un momento, esta intuición, esta visión, esta constatación que acabo de tener, suena como alguna de esas cosas que estaban en la primera lección. Mmm, creo que volveré a leerla o a escucharla. ¡Y sí! ¡Ahí está! Me pregunto por qué no presté atención la primera vez.

Este es simplemente el proceso natural, en el cual las Gotas de la Lluvia de Gracia aún no tenían un lugar donde poder ser recibidas.

Entiende entonces —y esto es de gran importancia a medida que nos desplazamos hacia el próximo año— que todo aquello que haya de ser revelado a partir de *este* punto, depende del jardinero, de la manera en que haya cultivado la tierra con las herramientas que le han sido dadas. Si no han sido utilizadas, el suelo sigue duro, y las gotas de lluvia se escapan y se estancan en los laterales del jardín, esperando a que el suelo esté preparado de forma apropiada. De todas esas gotas, la que puede continuar, y que más continuará sirviéndote, es la sencilla práctica de los cinco minutos *morando como Cristo*, observando todo lo que ves, todo lo que sientes, todo lo que piensas, como si Quien estuviera sentado en esa silla fuera, simplemente, un Cristo perfectamente Despierto.

Sé que esto suena demasiado simplista para ti, pero el camino *es* fácil y sin esfuerzo. La complicación nace del mundo, y no de la Mente de Dios. Por tanto, continúa a gusto con esa práctica, y *permite* que ella sea la base con la que se prepara el suelo y se aflojan las raíces del miedo —incluso de unas maneras que no puedes comprender con la mente *pensante*—. Pues las raíces del miedo no son meramente ideas. Son *efectos* de ideas. Se las ha dejado penetrar profundamente en lo que llamas "el inconsciente". Es por esto que *La Vía de la Transformación* —que es, por cierto, el título que daremos a lo que va a ser compartido el año que viene—, es por eso que *La Vía de la Transformación* no requiere de esfuerzo o de lucha, sino de permiso; no requiere de pensar, sino de dejar ir... y de *sentir*; no requiere de un hacer, sino de confiar.

Esas raíces del miedo serán necesariamente disueltas en un nivel más profundo que aquel al que la mente pensante consciente puede llegar. La mente nunca fue diseñada para ser tu maestro, sino para alinearse como *servidora* del *Corazón Despierto*, justo como la flor florece y envía su aroma para que todos lo perciban, y lo hace desde lo más profundo de un suelo que no es percibido, pero que ha sido bien preparado de tal modo que las únicas raíces que aglutinen los nutrientes de la tierra sean aquellas que puedan hablar de Vida y belleza, y no de miedo e indignidad.

Busca, entonces, para *no buscar más*. Porque el lugar está preparado para ti, y solo necesitas ir *hacia* él. Por tanto, vamos a ir cultivando más profundamente el arte de la *rendición* o *entrega*, descansando aún más profundamente en ese espacio de silencio que es el umbral de la perfecta Sabiduría Divina. *La Vía del Corazón* es la *preparación del suelo* que permite que *La Vía de la Transformación* realmente tenga lugar. Y la transformación no está completa a menos que involucre, que abarque, y que sea expresada a través de la mismísima vida que tú conoces, justo ahí, en tu mota de polvo, en esa que se arremolina en torno a un sol en una pequeña parte de un universo —¡tu Tierra, tu marco temporal, tus relaciones, tu experiencia, tu vida tal y como la conoces, como la vives, como la respiras, como la *sientes*!

Entonces, os digo, a muchos de quienes estáis escuchando (y la respiración veo que comienza a detenerse): permitid que fluya la respiración y constatad que, con vuestras excelentes tecnologías, tenéis la libertad de ir hacia atrás y ver si hay algo que se os escapó. Y según lo hacéis, hacedlo desde un espacio Crístico:

> *Soy alguien que está eligiendo entrar en* La Vía de la Transformación*, por la cual, la consciencia humana, la experiencia vivida humana, se convierte en la expresión viviente, en el fruto que brota de una tierra en la que ha sido bien plantada la raíz de la Gracia, del Amor y de la sanación.*

Y no desde una perspectiva que te vería como alguien que está haciendo algo inapropiado, sino a partir del deseo de ser el *maestro jardinero* que produce ese fruto que extiende la belleza y el aroma de la alegría, para que todos lo reciban, para que todos lo perciban y se maravillen con ello.

Y no obstante, esa belleza que brota del bello jardín de este jardinero, no hace que crezca el ego de dicho maestro, porque un maestro así reconoce que él o ella ha sido solo el cuidador de la tierra. Y la magia que hace brotar la flor no es algo que podáis poseer, sino que es meramente lo que se os ha dado para que lo administréis: la *consciencia*. Y la consciencia es el regalo de la Vida, emergiendo a raudales de la Mente de Dios. Vuestra mente es pues el suelo del jardín. Y todo despertar, toda transformación, no ocurre sino en ese jardín.

E inmediatamente, se ve que algunos de vosotros estáis *todavía* buscando entender la mente percibiéndola como algo que está encajado dentro de la forma de vuestro cráneo, y que, de cierto modo, cohabita con eso que llamáis "materia gris" del cerebro. Tened por seguro que vuestra mente es *ilimitada* para siempre. Y el cuerpo que se sienta en la silla, en vuestros cinco minutos de ejercicio, es una gota de espuma que está siendo expresada en la más liviana punta de una ola en un infinito océano. Y ese océano se encuentra él mismo en la ilimitada extensión de vuestra Mente. Sois Consciencia en sí misma —*¡Puro Espíritu!*

La única cuestión es entonces esta: ¿estáis dispuestos a permitir que esa gota de espuma sea transformada en algo que exprese siempre plena y solamente el Amor de Dios, incluso aunque esa expresión sea todavía transitoria porque el cuerpo ha surgido dentro del campo temporal para desaparecer del mismo? ¿Estáis dispuestos a decir, "¡qué demonios!", y permitir que el Amor sea tan plenamente encarnado como pueda serlo ahí, durante la fracción de segundo que el cuerpo esté en este mundo?

Pues tened por seguro que en el grado en que vuestra atención se dirija a la expresión de la maestría, que es el efecto de *La Vía de la Transformación* en *este* mundo, en *esta* época, *en* este diminuto instante... en el grado en que hagáis eso, en el grado en que uséis el tiempo sabiamente para ser el Cristo encarnado, tened por seguro que, cuando el cuerpo se aparte y deje de velar el esplendor de la Luz que sois, la Luz no os cegará. Y no os contraeréis por el miedo. Simplemente dejaréis que este mundo se vaya, con toda suavidad, y de una forma tan sencilla como un niño deja aparte un juguete que ya se le ha quedado pequeño, pues su utilidad ha terminado. *Todo* lo que veis... el cuerpo, vuestras relaciones, vuestros instrumentos, vuestras estrellas, vientos y aguas...

lo dejaréis finalmente de lado por vosotros mismos, y no desde la negación, sino simplemente al reconocer que su utilidad ha concluido.

Ciertamente, queridos amigos, al llegar al término de este breve año juntos, mirad bien que ninguna Gota de Gracia haya sido ignorada. Abrid el corazón aún más profundamente. *Permitid* que esas perlas, esas Gotas de Lluvia, de Gracia, penetren aún más profundamente, no solo como ideas en la mente pensante, sino como *sensaciones* en las células del cuerpo. Permitid que creen para vosotros una dulzura en el fluir de la respiración, una sensibilidad en la manera en que vuestros pies se posan sobre la tierra del planeta por el que camináis. Permitid que comiencen a transformar la manera en que reposáis la mano sobre el hombro de vuestro hermano o hermana. Permitid que la dulzura impregne vuestra mirada cuando contempláis a los demás, viendo el Cristo que en ellos se está desarrollando para dar una bella flor cuyo aroma y cuya belleza constituirán una bendición para muchos. Pues no hay nadie entre vosotros que no sea el Cristo desarrollándose. Y recuerda siempre que lo que *ves o entiendes* es lo que *obtienes*, de igual modo que lo que enseñas es lo que aprendes.

Mira bien, entonces, preguntándote a ti mismo esto:

¿A quiénes conozco en mi existencia que haya juzgado y encerrado en una cierta caja, decidiendo que eso es todo lo que ellos son?

Y ahí encontrarás una meditación fructífera para el resto del tiempo, hasta que comencéis con lo que hemos llamado *La Vía de la Transformación*. En otras palabras, tenéis en torno a treinta días para tomaros el tiempo necesario, y para usarlo sabiamente, permitiendo que los nombres, las imágenes, los rostros de quienes hayáis metido ahí, regresen a vosotros, para decir...:

*Tú sabes, madre, padre, expareja —lo que sea—, ya lo tengo. Te he colo-
cado en una caja y he arrojado la llave. Estáis atascados. Pero ahora os
libero, para que yo pueda ser liberado.*

Y contempla su imagen. Permite que con ella regresen los recuerdos
de las experiencias que hayas compartido con ellos. Si hay sentimientos,
permítete *sentirlos* sin excepción. Míralos, en tu mente, hasta que sientas
esa dulzura que disuelve la prisión en la cual los has colocado. Porque
a medida que esa prisión se derrumbe, sentirás y reconocerás que está
brotando *tu libertad.*

No puedes llevar el miedo al Amor. No puedes llevar el juicio al perdón. No puedes llevar la limitación a la ilimitación. Esas cosas deben ser
liberadas *en el mismo nivel* en que fueron creadas en un primer momento.
Por lo tanto, toma nota de que esta práctica no debe *soslayarse.* Date
treinta días para llevar a cabo la meta de realmente mirar atrás y —digamos— pulir de cualquier perdón, o liberararión que aún necesites hacer.
No dejes que la mente diga:

No sé si hice eso lo suficientemente bien.

Porque entiende que es el Confortador quien te libera a ti y al otro,
mediante tu disposición a permitir que esto ocurra.

Ahora bien, existen algunos efectos. Esto significará que, cuando hayas realmente hecho eso, nunca más volverás a justificarte ni a tener
excusas para colgar ninguna experiencia que hayas tenido, ningún sentimiento que hayas sentido alguna vez, en —digamos—el gancho del lado
de la prisión donde lo has colocado. La mente humana, la mente egoica,
a menudo quiere colgar el abrigo de su juicio en un gancho que está
justo ahí fuera,al exterior de los barrotes tras los cuales has encerrado a
alguien:

*Eso que he experimentado es el resultado del alcoholismo de mi padre.
Eso que he experimentado en la vida es el resultado de que mi madre
tuviera cuarenta mil líos por semana.
Eso que he experimentado es el resultado de que mi compañero de trabajo
me haya robado mis monedas doradas.*

Y todo el resto.

Lo que ha provocado mi sufrimiento es el resultado de la posición de las estrellas en el cielo cuando elegí encarnar. Si tan solo ellas hubieran estado en la posición correcta, yo estaría bien.

Es ahora,totalmente,el momento, conforme concluimos ya este año de *La Vía del Corazón* (y para aquellos que lo estarán concluyendo de aquí a muchos años) es el momento,ahora, de deciros que no entréis en *La Vía de la Transformación* si no habéis satisfecho, *verdadera y plenamente,* vuestro reconocimiento de que no estáis aferrando ni a la más mínima pizca de percepción que os vierais, de ningún modo, como las víctimas del mundo que percibís. Vuestras relaciones no han sido la *causa* de *nada.* Todas ellas os han mostrado solamente lo que ya habéis decidido que sea verdad. El mundo, entonces, no es la causa de *nada.* Meramente véis lo que os habéis inventado sobre vosotros mismos,haciendo uso de vuestra libertad de consciencia.

La carencia no es provocada por los impuestos. Los impuestos son causados porque decidís que necesitáis creer que hay un poder fuera de vosotros mismos que necesita de toda vuestra energía. El gobierno no hace que tú seas su subordinado. Tu sentido de estar subordinado, afligido por la culpa, débil y limitado, es lo que hace nacer la idea de gobierno. Y entonces, algunos de vosotros, como amorosos hermanos y hermanas, decís:

Bien, haré ese papel.

Y entonces se convierten en tus políticos que, perdón por la expresión, crean ese sentimiento tan "tocapelotas" que tienes.

El mundo *no* está *causado* por *nada,* salvo por las *elecciones* que has hecho como consciencia libre. Te has inventado el pensamiento, te has sumergido tú a ti mismo en eso que te refleja de vuelta lo que ya te has decidido a creer. Esto significa que *La Vía de la Transformación* es aquella vía, manera o camino en el que uno se capacita, se empodera, a cada instante, para convertirse en alguien plenamente responsable de decidir claramente lo que va a ver, y que no se conformará con nada menos.

Cuanto mejor hagas esto, más rápido sucederá. Hasta que se alcanza ese punto donde ocurren los milagros.

Y no obstante, solo serán milagrosos para quienes no entienden cómo funciona la consciencia. Y puedes llegar a ese lugar en el cual, al abrir la palma de la mano con el deseo de tener la manzana más dulce jamás creada, ella aparecerá literalmente en la palma de tu mano. Y desde luego que, llegados a este punto, te encontrarás mucho más allá de cualquier necesidad, te encontrarás más allá de ni siquiera albergar el pensamiento de que necesitas la forma física.

Comenzarás, entonces, a obtener una cierta sensación de maestría al ser capaz de mirar al mundo que está ante ti, y observar claramente lo que ha estado cambiando en él, y cómo de fácil y de rápidamente se hace manifiesto aquello que el corazón realmente desea, pues está alineado con la Mente de Dios. Cuanto más y más pequeña se haga la brecha que hay entre el puro deseo y el reflejo manifiesto del mismo, sentirás, literalmente —en el cuerpo de sentimientos—, que la maestría está creciendo, y que tú eres meramente una Criatura de Dios jugando, sin cesar, en el cajón de arena de todas las posibilidades llamado "Mente"... y que no hay, literalmente, nada ahí afuera que sea sólido... nada que no esté relacionado contigo.

¡Así es! Ahí es adonde vamos, si es que deseas seguir en esta travesía, si estás dispuesto a comprometerte realmente a desarraigar toda raíz de miedo que se haya arraigado en lo profundo de esa mente que se ha vuelto *inconsciente* debido al odio hacia ti mismo. Esto es lo que se llama: *"separación de Dios"*. Y, por lo tanto, como se ha hecho inconsciente, te ha gobernado. Es tiempo de liberar lo ingobernable, y de permitir que llegue a ti solamente aquello— la Mentalidad Crística—que puede arrancar de raíz el miedo, y permitir que ocupe el lugar que le corresponde dentro de ti.

¡Así es! Te esperan pues tus tareas de curso. Ve a tu interior, y pregunta:

Cuando llegué a esa tercera lección, la leía mientras intentaba ver el partido de fútbol en la televisión, me pregunto si me perdí algo. Mmm. Cuando escuchaba la número siete, pero iba de camino a una cita para cenar con

aquel nuevo cuerpo que se me hacía tan seductor, ¿me puse realmente
con esa lección y extraje todas las perlas que me eran ofrecidas? Quizás
debería regresar y pasar realmente una hora con la lección, una hora en la
que deje a un lado deliberadamente el mundo —eso que hacéis cuando decís
"estar pendiente de cada palabra"—.

Y entonces, con un cuerpo relajado, una respiración suave y una mente suelta, sé como una esponja que permite que las gotas de lluvia sean absorbidas en su ser; y eso es todo. *El conocimiento no es esfuerzo cognitivo.* No se trata de organizar las ideas en un cierto orden para que la mente pensante esté satisfecha. El conocimiento es la recepción de una vibración que comienza a ablandar el suelo del corazón, y que disuelve la raíz de miedo de tu ser. El conocimiento es aquello que resulta de la transformación del jardín que te ha sido dado y encomendado —el *campo mental* que eres *tú*–. Y esa mente impregna todo el cuerpo. Impregna todo el espacio alrededor de ti y se une y danza con esas otras redes infinitas de relaciones que son llamadas "otras mentes": energía danzando en y con más energía, ilimitada para siempre... a partir de la cual todas las cosas del tiempo nacen y pasan.

Así es que ya ves, estoy en todas partes a la vez. Igual que tú; solo que simplemente no lo sabes. Moro junto a un infinito despliegue de amigos que han *constatado* la Verdad y que han sido liberados. Están creando infinitamente, sin cesar, aquello que extiende su tesoro, que es lo bueno, lo santo y lo bello. Mucha gente te ha brindado imágenes de coros de ángeles, cantando alabanzas a Dios. Se trata de la misma historia.

Pues cuando la extensión del gozo se libera para expresar solo lo bueno, lo santo y lo bello, es como si fuera una *vibración* de muchas notas, un coro de consciencias creativas, de chispas de divinidad, que moran en perfecta ilimitación, y que lo *saben*, y que extienden sin cesar su más profundo éxtasis al permitir que lo bueno, lo santo y lo bello fluyan a través de ellas desde la infinita, misteriosa, inasible, incontenible Mente Que Es —Dios—, así como la luz del sol se crea y se derrama a través de muchos haces que se extienden hasta los más lejanos confines de vuestro universo, a partir de lo cual surgen planetas, y animales y agua y árboles y pájaros y seres humanos.

Imagina entonces que *ese* es tu destino, el de ocupar tu legítimo lugar a mi lado, y unirte a tus hermanos y hermanas en una infinita y perfecta creatividad, cual músico de arpa que hace correr sin cesar sus dedos por las cuerdas, creando las notas más bellas. Y las combinaciones no cesan nunca. Y a cada instante, experimentas el fruto de las flores que brotan del jardín que has preparado tan bien como para poder recibir la Lluvia de Gracia, haciendo que lo bueno, lo santo y lo bello fluyan siempre más ,y más, y *siempre más*...a través de tu *mente sin obstrución*, que descansa en un perfecto lazo, o unión, con Aquel que es tu Creador, tu Fuente.

¡No es una mala manera de pasar la eternidad! Pero si miras al frente, y sientes que hay una distancia entre donde tú estás y donde está la realidad, te perderás las oportunidades precisas, las que se hallan justo donde tú estás, para practicar aquello hacia lo que te vas, *siéndolo ahora*. Has escuchado que una travesía de mil kilómetros comienza con un primer paso. Y el comienzo es igual de importante que el final. Pues al comenzar, el final ya está presente. *La Vía de la Transformación* te pide entonces que te hagas realmente presente donde tú *estés*, con cada pensamiento y cada respiración, para cultivar deliberada y conscientemente la disposición necesaria que permita que la raíz del miedo sea disuelta, de tal modo que lo bueno, lo santo y lo bello sea *todo* lo que emane de ti, como faro enviado a iluminar la creación que te rodea.

No te retrases. No *malgastes* el tiempo. El tiempo, puede, ciertamente, malgastarse. Pero escucha bien, porque el tiempo puede también desgastar, te puede "cargar". Tienes un dicho que hemos oído decir en muchas de vuestras películas más tontas, donde alguien dice "cargarse a otro":

Iré y me cargaré a Charlie.

¿Cuántas veces has sido ese capo de la mafia y te has dicho a ti mismo esto:

Bueno, creo que simplemente me emborracharé.

¿De cuántas maneras te has hecho inconsciente? ¿De cuántas maneras has entumecido tus sentimientos? ¿De cuántas maneras has juzgado a tu hermano o hermana? ¿De cuántas maneras te has aferrado a pensamientos que dicen:

No podría nunca hacer eso. ¿Y qué más da? Es una pérdida de tiempo?

Oh, ¡sí! Tú simplemente pones un arma en tu cabeza y aprietas el gatillo. Te has "cargado" *a ti mismo* derrochando el tiempo.

Cada instante es un portal, a través del cual lo bueno, lo santo y lo bello pueden ser expresados, un portal al cultivo de la consciencia, con el cual crece el poder de expresar eso. ¡Oh, queridos amigos, esos instantes de vuestro tiempo son *muy valiosos*! No miréis al mundo y digáis:

Bien, ¡qué leches!, se trata del mismo viejo mundo.

Recuerda, entonces, según comienzas a completar este año de *La Vía del Corazón*, que lo que ves *fuera* de ti es solo un reflejo de lo que has permitido que viva *en* ti. Y simplemente pregunta:

¿Deseo continuar con esto? ¿Qué es lo que realmente *quiero? ¿Para qué es mi propia consciencia? ¿A qué me comprometo? ¿Qué digo que creo? ¿Dónde elijo libremente colocar el poder de la valoración?*

Pues lo que valoras, lo experimentas [*chasquido de dedos*] de inmediato. Y el mundo se inclinará y dirá:

Muy bien, nos has permitido saber lo que valoras. Te lo reflejaremos porque te amamos, porque somos parte de ti. Y el cielo nos prohíbe que te quitemos tu libre albedrío.

Así que si valoras la desesperación, el mundo será un lugar desesperante. Si valoras la carencia de monedas doradas, continuarás viendo carencia de monedas doradas —flujo de energía, eso es todo lo que es—. Si valoras la soledad, continuarás estando solo. Si valoras el derecho a juzgar a otro, experimentarás el fruto de la separación.

Si valoras la dulzura, la dulzura vendrá. Si valoras *recibir* Amor —y escucha esto cuidadosamente— si valoras *recibir* Amor, el mundo se te comenzará a mostrar, en el rellano mismo de tu puerta, con unas materializaciones completamente diferentes. Diferentes vibraciones, diferentes patrones de pensamiento te serán reflejados para que recibas Amor. Pues nada puede ser recibido hasta que no se haya preparado un espacio para su entrada. Y solo puedes *dar* lo que has estado *dispuesto a recibir*. Si recibes una gota de agua en tu vaso, eso es todo lo que le puedes dar a otro. Pero si recibes todo, das todo. Y el que da todo, recibe diez veces más.

Entonces, ha sido un buen año. Y hemos observado con una gran diversión, pero siempre con gran compasión, y siempre con perfecta paciencia, y siempre con un perfecto Amor. Os hemos llamado a través del espacio y del tiempo y, si habéis oído la llamada, entonces, la conexión, la relación con nosotros, ya está establecida. No hay pues ningún puente que cruzar, sino meramente la disposición a aceptar y recibir lo que es verdad:

Yeshua está disponible para mí, siempre.
María está disponible para mí, siempre.

Aquel que llamarías mi amigo, Germain, está disponible para ti, siempre.

Toda la familia, el linaje, de maestros que han buscado crear a través del tiempo una frecuencia y una vibración que pueda disolver los efectos del pensamiento negativo que habéis extendido a partir de vuestra mente, que crea algo así como un humo y ese velo alrededor de vosotros —para disolver eso— *¡todos nosotros estamos disponibles para ti, y nuestro número es legión!*

Ten por seguro que no estás solo. En cualquier momento, tan solo necesitas llamarme, y estoy contigo. *¡Y no vengo solo!* Para algunos de vosotros, entonces, sugeriríamos con gran énfasis que en esos momentos en los que sentís que necesitáis una pequeña ayuda, cuando el miedo parece crecer pero sabéis que debéis seguir adelante, ya sea gastando algunas monedas doradas para visitar a algún profesor, ya sea dando algo en alguna iglesia, o lo que sea... decid, simplemente, sea lo que sea que creáis que estáis temiendo:

Legiones de ángeles, maestros y amigos, cuyo número es infinito más allá de toda comprensión, a vosotros os digo, a vosotros que os envía directamente Dios para ayudarme a salir de la cuneta, venid ahora, porque lo declaro, lo recibo y lo acepto. Y por lo tanto ¡así ES!

Y entonces da el paso que sea necesario dar. No será tu fantasía. *Estaremos contigo.* Y el resultado perfecto está *asegurado.* El miedo no es nada más que la ilusión que has elegido valorar para poder experimentar cómo sería sentirte separado del Amor. Eso es todo. Simplemente, hiciste ondear tu varita mágica cósmica, y dijiste:

Hágase el miedo para que pueda experimentarlo.

Eso es todo.

Os amamos. Más allá de vuestra comprensión actual, *os amamos.* Más allá de *toda* comprensión, incluso en el que podrías percibir que sería nuestro nivel de funcionamiento, está la presencia del Amor de Dios, que simplemente buscamos hacer brotar hacia ti, para que *al dar,* continuamente *recibamos.* Ves, ¡las Leyes de la Consciencia funcionan para nosotros igual que lo hacen para ti! Solo que nosotros somos más conscientes de ellas, eso es todo.

¡Ese Amor que Dios Es es *incomprensible para siempre*! El rayo de sol nunca puede comprender el Sol. *Yo* soy como un Rayo de sol para ese Sol. *Tú* eres como un Rayo de sol para ese Sol. *Nosotros* estamos hechos de Una Sola Sustancia, y esa sola Sustancia nos sostiene a través de la eternidad. Y la mayor de las alegrías, de los gozos, es *rendirse* plenamente para darle permiso a la Luz para que ilumine vuestro camino sin cesar.

Y aquella que libera el mundo, abraza al Creador. Y aquel que suelta el miedo, recuerda el Amor. Aquella que encarna el perdón, vive en paz. Y aquel que renuncia al control, conoce la perfecta confianza. Y aquel Cristo Despierto que haya desatado el nudo del miedo que se llama "yo", descansa en la ilimitación para siempre, en perfecta comunión con toda la Creación. Y esa unión *nunca cesa.* Simplemente se expande y se extiende según la Vida brota, según la Creación brota y se manifiesta extendiendo lo bueno, lo santo y lo bello.

Una flor que florece en la primavera por un día es lo bueno, lo santo y lo bello. El pájaro que se posa sobre tu valla y canta por la mañana ha brotado de ese infinito Sol perfecto. Y sus notas extienden la alegría del Hijo de Dios. La sonrisa en uno de tus hermanos o hermanas que ha recibido una Perla de Gracia a través de ti, es la Creación Misma, y es el *presenciar* de lo bueno, lo santo y lo bello. Los rayos de luz solar, que danzan sobre los océanos de este mundo, cantan creativamente lo bueno, lo santo y lo bello. Todo pensamiento amoroso que permitas que sea cultivado en el jardín de tu propia mente extiende lo bueno, lo santo y lo bello.

Por tanto, canta esa canción sin cesar. Y mantente dispuesto, al acabar este año, a celebrar tu voluntad de *abrazar*, a *acoger*, con perfecta intencionalidad, tu creatividad y el poder que tienes, el dominio, sobre aquello que es plantado en el suelo de tu mente. Prepara bien esa tierra a medida que completas este año, para que las Perlas de Gracia puedan llevarte por *La Vía de la Transformación*.

Y así, queridos amigos, para cuando leáis o escuchéis esto, ya habréis celebrado vuestro nacimiento como esos rayos de sol, que es lo que se expresa a través de esos relatos sobre el nacimiento del Cristo en el mundo. ¿Aparentemente eso ocurrió dos mil años atrás? Sí para *mí*. Mas, para ti, ¿acaso no es ahora el momento de que *tú* permitas que ese mismo nacimiento se complete plenamente en *ti*?

Por tanto, llevamos este mensaje a su término por ahora. Reconoce que ha sido nuestro honor y nuestra alegría morar contigo. Y hay toda una multitud de seres que te rodean en cada uno de esos instantes en los cuales has recordado que has elegido responder a una llamada que puede ser rastreada hasta llegar a la mismísima Mente de Dios, Quien ha estirado el brazo para llamar a Su Creación —*tú*— de vuelta a Sí Misma, de modo que puedas extender deliberadamente Amor sin cesar.

Sí, y ahora tendremos eso que se llama tiempo de preguntas y respuestas. Pero, por ahora, os invitamos a la paz. Os brindamos Amor. Os esperamos con perfecta paciencia, reconociendo la Verdad, la Verdad que solo y siempre es verdad sobre vosotros. Y *nunca os abandonaremos*.

Que la paz sea con vosotros, siempre.

Amén.

Lección 12. Preguntas y respuestas

Pregunta: el día de tu crucifixión, se dijo que dijiste: "Padre, por qué me has abandonado". ¿Puedes comentar más sobre ello? ¿Te importaría?

Respuesta: esa es siempre justo la pregunta apropiada. Ante todo, ya le he dado ciertamente una respuesta a alguien a quien conoces. Así que te sugeriríamos con gran énfasis que simplemente la consigas, pues no fue dada para ser conservada en privado. Ahora bien, nos gustaría modificarla diciendo que desde entonces siempre me he sentido culpable por esa declaración [*risas*].

Querido amigo, si no hubiera llegado a tocar cada uno de los núcleos de la humanidad y de toda experiencia que hayas conocido, sería inútil que me escucharas. Y no tendría nada que ofrecerte. Por tanto, si hubiera venido a tu mundo y, digamos, me hubiera convertido en alguien impermeable a la duda, al dolor, a la culpa, a las lágrimas, a la ira, o a lo que sea —sí, incluso a la lujuria—... de haber hecho eso, habría convertido mi relación contigo en algo *sin sentido*.

Esto es lo que daremos como una especie de corrección, una clarificación, un énfasis muy importante a ser añadido a la respuesta que ya tenéis y que sin duda conseguirás —la ya dada—. ¿Tiene esto sentido para ti?

Y era una muy buena pregunta; pero, en definitiva, dale un par de vueltas y simplemente pregúntate esto *a ti mismo*:

¿Por qué habré dicho yo, "Padre, por qué me has abandonado"?

Esto es algo digno de ser ponderado.

Pregunta: parece haber muchas, muchas mujeres que acceden a recuerdos y experiencias de ser María Magdalena. ¿Puedes hablar sobre ello, o sobre la fragmentación de aquella alma?

Respuesta: querido amigo, aquí os sugeriríamos que también existen muchos, en eso que llamas el cuerpo masculino, que albergan secretamente lo mismo, aunque un poco más profundamente enterrado, ya que entenderían que eso realmente sería percibido o visto como una locura.

Y bien, como yo solo tengo este tipo de aparato...

eso que llamas tubería, y eso que te ayuda a... –en el proceso de procreación corporal–:

como esto es de un cierto tipo, seguro que yo no podría jamás haber conocido una encarnación en ningún otro tipo de forma. Entonces, si le dijera a otro que "creo que he conectado con –he sido– esa tal María, de la que tanto se habla", entonces, se reirían con total seguridad de mí. Pues, después de todo, mi pecho tiene demasiado pelo. Pero no, ¡no creo que yo solo sea mi cuerpo! [Risas]

Ahora bien, ¿qué sucede? En el comienzo, la Mente es Una Unidad. Vosotros –y hablamos de todos vosotros– fuisteis Esa Mente. Y se tuvo un sueño en el cual pareció haber ocurrido una fragmentación. En ella, es como si se hubieran separado muchos Puntos de Luz individuales, Almas, Chispas de Divinidad, llámalas como quieras, llámalas un Eructo en la Mente de Dios... no importa. Eso es el *resultado* del sueño de separación, que, en Realidad, nunca sucedió.

Y ciertamente, todo esto nos deja bien atónitos –¡gracias, Dios, por ello!–. Pues bien, en ese proceso han sido concebidos muchos mundos, y lo siguen siendo, por la Mente, al percibirse Ella a Sí Misma como fragmentada. En una minúscula, minúscula, minúscula mota de polvo, o mota de Luz, un mundo fue concebido, el que tú llamas Tierra –y todas las formas de vida en él–. Y en esa diminuta mota, fue creado o desarrollado un marco temporal en el cual les fue dado un nombre a los cuerpos humanos. Y allí, las mentes creían, por sí mismas –de forma parecida a como aún sucede–, que de cierto modo eran una cosa distinta de quien se les sienta a un lado o frente a ellos, y esto solo porque existe ese cuerpo que crea la percepción de que hay una distancia entre vosotros.

Una de esas fragmentaciones temporales, muy ilusorias, es Aquella conocida como María Magdalena, María de Magdala. En aquel sueño, emergió alguien conocido como Yeshua ben Joseph. Y en el proceso de expresión de tal sueño, ellos dos, podríamos decir que se contemplaron el uno al otro y dijeron:

¡Oh cielo santo! ¡Qué dulce es!

Eso ocurrió como almas, y como formando parte aún de aquel sueño –y sin provenir de ningún lugar más elevado que el tuyo, ya que estamos todos juntos en esto, pues la Mente de Dios es Una–.

En ese sueño, hubo una relación, en una forma encarnada hace 2000 años, entre dos Chispas de la misma Mente, manifestándose como consciencia individualizada. Una es la llamada Yeshua, otra María. Y se desarrolló una amistad muy bonita en la cual uno parecía servir de profesor, salvador y sanador del otro, quien entonces a su vez servía como apoyo, sanador y motivo de despertar para el otro.

Ahora bien, he aquí la cuestión: ese foco individualizado de Luz, María, vive dentro de *todos*. ¿Cómo podría ser de otra manera? Igual que yo, como un aspecto individualizado del sueño, *moro plenamente en todos*. Tú –de nuevo hablando con todos vosotros– tú, no podrías comenzar ni a reconocerme como Yeshua ben Joseph, como esa Chispa de Divinidad individualizada que de cierto modo limpió lo suficiente sus "asuntos" como para recordar la Verdad y permitir que brillara a través de sí misma... no podrías ni reconocerme o recordarme, si yo no fuera tú. Basta *Uno* para reconocerse *Uno Mismo*; es decir: Quien lo dice, lo Es; Quien se reconoce, Es lo Reconocido; hay que serlo para reconocerlo.

Así, si enfocas el tema de María Magdalena desde la perspectiva de que realmente hay algo que está separado de ti, acabarás con todo tipo de percepciones fantásticas y filosofías varias. Ahora bien, en el sueño, Aquel Ser, quien es realmente tú, experimentó un proceso de sanación y despertar, una transformación, una sanación del corazón, una relación conmigo y muchos otros, experimentó pasión y sensualidad —aquello que llamarías pequeñas chispas que excitan las células—. Y desde que Aquel Ser murió —y la muerte es una ilusión— aquella contracción cristalizada de energía nunca ha encarnado de nuevo.

Sin embargo, ella ha extendido —en cierto sentido podrías percibirlo así— o ha irradiado matices o hilos de Luz desde su propio ser, que han hecho hogar en otros cuerpos-mentes individualizados. Y, por tanto, en el proceso de sanación y despertar, Aquel Ser tiene que ser considerado como un *símbolo* de un aspecto de la parte de esa consciencia que está despertando en ti mismo —esa parte que puede reconocer y amar a Cristo, y tomarle en sus brazos, *tus* brazos, y abrazarlo como el *Amado*—.

Es el momento de soltar la insana percepción de que hay un tú separado, distinto del resto de "yoes", y que ha encarnado una y otra vez. Hablamos así porque un profesor debe emplear un lenguaje que el estudiante pueda entender. Pero el tema está en conducirte *más allá* de ese lenguaje y de esa comprensión, para poder soltar el apego y el valor que le haya sido dado al *pasado individualizado*. Y, para cualquiera que sienta que *tiene que* haber sido María: no sois especiales. No cometáis el error egoico de reclamar que Aquel Ser es tú mismo, para así poder sentirte *especial* o *más cerca* de Dios.

Vuestro valor no se encuentra en el pasado. No se encuentra en quienes *fuisteis,* sino en quienes estáis eligiendo ser *ahora.* Y si tu nombre es Fred, Ralph o Hazel, no importa. Pues Hazel puede ser tan Crística como lo fue María alguna vez. Y ciertamente, Hazel *va necesariamente* a hacerse Crística para poder ser libre.

Es la mente egoica la que mira al *pasado.* Es esta misma quien *requiere del especialismo.* Es la mente egoica la que simplemente rechaza permitirte, por así decirlo, que te sientas como en casa siendo Hazel o Fred, George o Anastasia. Estos nombres son meramente sonidos flotando en el éter, y que designan un aspecto transitorio de la encarnación del Cristo. Entonces, estáis comenzando a entender cómo puede haber tantas Marías. Algunas personas sí están accediendo sinceramente a aquel aspecto de la Única Mente. Otros necesitan crear la ilusión de que fueron Aquel

Ser, pues rechazan sanar los agujeros de la guarida donde ahora están, y buscan ir hacia atrás para poder rellenarlos con la energía de otro, haciéndola suya. Esto es lo que se llama *relación especial.*

Mirad bien esto, entonces:

¿Hay algo, que subsiste dentro de mí, que necesita llegar a otra parte de mí mismo en algún pasado remoto, de manera que por fin pueda sentir que tengo cierto mérito?

Lo único que determina tu mérito es en qué medida estés eligiendo ser la encarnación de la Consciencia Crística, *ahora.*

Por esto es por lo que una vez enseñé, y sigo enseñando, que creer en la reencarnación no es algo que sea necesario para despertar. Y si piensas que lo es, ten por seguro que si en el pasado hay algo sin sanar, se encuentra ahora contigo. Aprende solamente a considerar cómo estás tú *ahora.* Porque ahí es donde descubrirás los efectos de todo lo que no haya sido sanado en eso que percibes que es el pasado.

No necesitas ir a la Gran Biblioteca de Registros Akáshicos y buscar en las microfichas cósmicas del mundo para poder descubrir quién *fuiste,* de modo que puedas entender entonces por qué eres ahora tan estúpido. [*Risas*]

¡Ahí está, ya lo tengo! ¡Guau! Ah, eso lo explica todo.

A la vez que te bebes otra cerveza. No estás creando tu estupidez en ningún otro lugar salvo en el ahora. Entonces, ¿serás el príncipe del reino de la estupidez? ¿O te pondrás la capa de quien asume su total responsabilidad por crear su experiencia?

Para aquellos que parecen sentir cariño por lo de Juan, lo de María, Pedro, Judas..., notad que si eso llega a vuestra consciencia es para poder tomar la decisión de amar esas expresiones del sueño, y de ver la misma Cristicidad que es su esencia. Bríndatelo a ti mismo. Ámalo. Déjalo ir. Permite que sea asimilado en aquello que tú eres.

Por tanto, para todos vosotros, entonces, os doy algo a contemplar, y especialmente si estáis sintiendo algún cariño, atracción o identificación con María de Magdala, ¿por qué no–en vez de apartarla en vuestra meditación–os atrevéis a preguntar:

¿Cuáles son las cualidades de Ese Único Ser que me hacen sentir tanto afecto por Ella? ¿Qué hay en Ella que yo desee tener en mí mismo?

Y brindaros esas cualidades. Y de nuevo, como si fuerais una esponja, hacedlas parte de vuestro ser. Superad la fragmentación que ha sucedido en el sueño de separación. ¿Tiene esto sentido para vosotros?

Ahora bien, sé que al escuchar estas palabras que acabo de compartir, a algunos les sabrán a muy poco. Si pasa esto, solo significa que aún se necesitan percibir como teniendo una cierta forma *especial* de relación, una que de cierta manera desapareció en un pasado remoto. No, no desaparece. Y deben dar otro paso para darse cuenta de que tienen que empezar a hacer el "trabajo", si es así como se percibe, de ponerse manos a la obra con lo que no haya sido completado, aquí y ahora.

¿Estoy encarnando la Consciencia Crística?

Sí o no.

¿Qué pasos necesito dar para hacerlo?

Eso es todo lo que habrá que hacer, siempre.

Eso debería bastar por ahora. La única otra alternativa es, por supuesto, seguir en el reino de la estupidez.

Pregunta: has mencionado que vas a venir allá por el 2003, o por ahí, a través de otras personas. Y ha habido varias personas por ahí diciendo que son canales de Saint Germain. Y a la vez Jonah nos ha dicho que nadie canaliza a St. Germain, y que solo reciben formas de pensamiento. Así que la pregunta es: ¿Hay gente ahí fuera que realmente canaliza a nuestro amigo común, St. Germain?

Respuesta: estás preguntando lo que se dice una cuestión técnica, filosófica.

Estás haciendo eso que se llama "dar vueltas". Lo importante es el *efecto*.

Te sugeriríamos aquí que Aquel Ser, mi amigo, el que una vez fue mi –casi– verdugo... ese, es ciertamente simbólico para ti. Pues, ¿a quién percibes *tú* como *tu* verdugo? Aquel Ser se comunica con muchos, pues ha aprendido desde hace mucho tiempo a asumir responsabilidades por aquellos que le fueron asignados. Él se comunica a través de formas de pensamiento con una *multitud* de seres. Él, por cierto, aún se deja ver y manifiesta un cuerpo siempre que lo desea –solo para pasar breves instantes en el banco de algún parque con algún viejo amigo–. Vive en completa ilimitación. Por lo tanto, en el grado en que esas mentes, que reciben las formas de pensamiento de Aquel Ser, estén continuamente obrando para tener bien cultivado su jardín, y libre de egoísmo, ciertamente que reflejarán con gran precisión lo que Aquel Ser quisiera transmitir. Según entiendes lo que la canalización es, en la cual la consciencia de Aquel Ser se funde con la forma temporalmente cristalizada que llamas un cierto "individuo", para poder hablarle a otros a través de la mente, del campo mental, de la estructura lingüística de ese individuo, entonces, Aquel Ser, mi amigo, sí que lo hace realmente, de vez en cuando. Mas, según podrías percibirlo, la cantidad de seres a través de los cuales se está realmente comunicando es muy, muy poca. Diríamos que se podrían contar con los dedos de las dos manos.

Además, sí que hay muchos que reciben las formas de pensamiento de Aquel Ser, y muchos que hacen un trabajo muy, muy bueno, transmitiendo esos dibujos mentales, esas imágenes, esos pensamientos, en un lenguaje que consigue transmitir Su mensaje a tu mundo. ¿Esto te ayuda a este respecto?

Respuesta: mucho.

Yeshua: lo importante es siempre esto: cualquiera que sirva como lo que ahora en tu mundo se llama "canal", tiene el mismo tipo de trabajo que afrontar constantemente, el mismo que cualquier otro: el de cultivarse a sí mismo constantemente, el de rendirse, entregar, permitir, confiar, dejar ir, dejar ir la consciencia egoica, dejar ir la necesidad de especialismo, manteniéndose observando cómo se encuentra realmente. Y rendirse, rendirse, rendirse.

> *No soy el hacedor y el ejecutor.*
> *No soy el que sabe nada.*
> *No necesito nada de nadie.*
> *¿A quién necesito liberar de mis garras?*
> *¿En qué medida puedo dominar el perdón?*

Y todo el resto. Esto es lo primordial. Y, de hecho, la relación, la que por ejemplo tengo con este mi querido hermano [*Jayem*], es una relación que acentúa en él su necesidad de practicar estas mismas cosas.

También diríamos aquí que hacerlo es posible, y que Germain es uno de los que puede superar los impedimentos que haya en la consciencia de otro ser, para que su forma de pensamiento sea bien plantada, bien recibida. Así es que se trata de una especie de mutualidad. El canal siempre debe verse involucrado en el mismo trabajo que todo el mundo, porque *todo el mundo es un canal*. Y nada es manifestado a través de ellos salvo las frecuencias que estén permitiendo que hagan hogar en su mente... y lo mismo con ellos también, con quienes canalicen a mi querido amigo, que llamaríais Saint Germain... –aunque, donde nosotros moramos, algunas veces bromeamos sobre eso de "San"–. Ahora bien, entonces, quienes Lo canalizan, no son diferentes de ti. Necesitan seguir haciendo el mismo trabajo interior. Su meta no puede ser la de descansar, sino la de desear continuamente ser la encarnación del Mismo Cristo –y no dormirse en los laureles, por así decirlo–.

Al mismo tiempo, ten por seguro que somos capaces de garantizar que la pureza de esa vibración sea conservada. Porque, cuando no lo es, simplemente nos apartamos. Si la consciencia egoica comienza a echar raíces en cualquier canal, entonces, simplemente, y por así decirlo, "la ponemos en un estante", y esperamos a más tarde. Y solo tú eres quien puede discernir si lo que ese ser habla está fluyendo desde nosotros, o si es meramente la repetición de alguna cinta que ya ha sido implantada en él. Entonces, habrían alcanzado ya un cierto límite en su propio crecimiento, y nosotros habremos partido. Y eres muy consciente de ello. Es una vibración que sientes, incluso en la estructura celular del cuerpo.

¿Te ayuda esto con respecto a la pregunta?

Respuesta: sí. Gracias.

Yeshua: ciertamente. ¿Tenéis entonces más preguntas?

Respuesta: No.

Yeshua: tened por seguro que en las próximas semanas llegarán a la superficie de la consciencia una multitud de cuestiones que ni sabíais que existían.

Respuesta: seguro.

Yeshua: y solo por una razón: para que puedas abrazarlas con las respuestas que ya conoces. Y, así, ser liberado del pasado.

Respuesta: Amén.

Yeshua: muy bien, entonces, como habéis dicho:

Amén.

Apéndice

Breve nota sobre la Fundación que fundó Jayem y de la cual se tuvo que separar.

En la página web de Jayem (la página que es, recordemos, la de las enseñanzas originales), en este enlace:

http://www.wayofmastery.com/pathway/way_of_mastery/3288. html Encontramos la siguiente información sobre el tema de la Fundación (solo parte del contenido de dicha página, traducido):

»   Bajo la guía de Yeshua, Jayem dejó de formar parte del Consejo directivo de la Fundación Shanti Christo que él fundó.

»   Dejó de formar parte de dicho Consejo a finales de los años 90, nunca imaginándose lo que les podría llegar a suceder a esas preciosas Lecciones [los textos de la Vía], ¡ni tampoco imaginándose todo lo que aún quedaba por desplegar antes de que el Camino fuera recorrido completamente!

»   El libro actual de la Fundación, conocido como "Libro Azul", y también como La vía de la maestría, nunca fue autorizado por Jayem, que es la fuente y el propietario del copyright en los EEUU de las cintas originales. Aunque él informó a las pocas personas del Consejo que debía ser llamado la "Trilogía de la Mente Crística" (Christ Mind Trilogy) y que, de ser publicada, debía serlo en tres volúmenes separados, su palabra fue rechazada.

» El "libro azul" comenzó siendo un borrador utilizado por quien hizo de agente para buscar un editor. No había acuerdo con Jayem de que el libro fuera publicado así, en un solo volumen y con ese título. Fue publicado sin su conocimiento, y por otros que tristemente eligieron violar simples acuerdos y evitar y rechazar la comunicación con él.

» Tristemente también, la versión editada deja fuera las notables secciones de preguntas y respuestas que forman parte de los audios originales. Y hay algunos errores claros de edición en el texto que realmente socavan las enseñanzas puras de Yeshua. Tampoco ofrece a los que lo adquieren una historia verdadera sobre su existencia, y, más importante aún, su lugar en el contexto más amplio de la visión de Yeshua.

» Afortunadamente los tres volúmenes originales fueron publicados por Jayem en Australia. Él mantiene el copyright de los audios originales.

» Tristemente unas pocas personas por su cuenta –y probablemente con un comprensible fervor por compartir esas enseñanzas– realmente efectuaron una bifurcación de la visión original de Yeshua, pues los textos y el resto del camino estaban destinados a ser uno solo.

» De forma igualmente desafortunada, todo intento de comunicar con el Consejo de la Fundación fue rechazado repetidamente.

» Jayem nos pide a todos "pasar por alto" las elecciones de unos pocos para ir hacia una visión mayor, y simplemente moverse en esa dirección, ya que la Vía se basta a sí misma.

» Y, aunque no fuera autorizado, el libro azul ha ayudado a que algunos de los materiales de la vía hacia la maestría de Yeshua lleguen a algunas personas».

El siguiente mensaje de Jayem cierra la anterior nota informativa sobre dicha bifurcación: «Mi oración sincera y paciente es que el Consejo de Directores de la Fundación llegue a ver el error de sus procedimientos y simplemente elija regresar a su propósito original. Pero la Fundación solo es un instrumento. ¡La Visión del Camino en la Vía de la Maestría —en toda su profundidad y amplitud— está claramente viva! La Expiación, la Reconciliación, trasciende cualquier organización u opinión, y lo que es históricamente cierto sobre todo esto sigue siendo simplemente cierto».

Jayem

Notas del traductor

1   La última revisión y las mejoras de esta lección fueron realizadas en septiembre de 2017.

2   "world of phisicality".

3   "...the reflection of what the words would point your mind toward".

4   "...according –according– to the perceptions that you have chosen to place value upon".

5   "being".

6   "reversal".

7   "not-knowingness".

8   Jayem se separó de esta Fundación, pero lo hizo guiado por Yeshua mismo. Ver el Apéndice 1, al final, donde traduzco parte de una pequeña nota aclaratoria que la página web oficial de Jayem tiene al respecto. Lo más práctico en cuanto a este tema, para los hispanohablantes, es que he recibido varias comunicaciones de personas de latinoamérica diciéndome que han comprado la traducción que la Fundación tiene de estos libros (al español/castellano), y me dicen que está muy mal, aparte de ser muy cara (y aparte faltan las secciones de preguntas y respuestas). Estas noticias las recibí en el año 2017. Entonces, volviendo a lo dicho en este párrafo: Aquí no habría por ejemplo ningún tipo de reproche de Yeshua a la gente asociada con Jayem ni a Jayem, sino que entiendo que simplemente se les informa de que aún no se sabe cómo irán las cosas con la Fundación –con la que hubo al final una especie de conflicto–. Jayem tuvo que separarse, ya que de cierto modo no era respetado como fuente de los materiales. Y repitamos: A día de hoy, los diversos textos y demás ingredientes de la Vía solo se publican de forma íntegra por Jayem (y como hemos dicho, conteniendo la sección de preguntas y respuestas que falta en los publicados
   por la Fundación).

9   "avoidance".

10   "polite kindness".

11   "timelessness"

12   "sanctified".

13   "sanctified".

14   "dis-ease".

15   La última revisión y las mejoras de esta lección fueron realizadas en octubre del 2017.

16   "quality of awareness".

17   Aquí utiliza el pronombre posesivo en femenino (una distinción que no existe en español para esos pronombres).

Así pues, trata a Dios, al Padre, de "Ella", al decir: "Her Holy Mind".

18   Nota aparte: Fijémonos que en ningún momento está diciendo que no comiera nada en todos esos 40

días. Es por algo que está hablando de un concepto de ayuno más "global", digamos.

19   La última revisión y las mejoras o cambios (esta vez muy pocos) de esta lección... fueron realizados en

octubre del 2017 (así como la última grabación del audio).

20   Estas risas, así como las anteriores señaladas entre corchetes, son de la misma voz en la transmisión (no

son por ejemplo las risas de los asistentes a estas sesiones de dictado de los libros).

21   La última revisión y las mejoras de esta lección fueron realizadas en noviembre del 2017 (así como una grabación nueva del audio correspondiente).

22   Organización humanitaria estadounidense.

23   Entenderíamos esta expresión quizá no usual lógicamente como "no achicar" a nadie, es decir, que nadie

pueda "sentirse herido" porque nosotros brillamos.

24   Añadimos esta nota gracias a una observación de una persona que ha revisado el texto en el año 2017 y que nos comenta que el 15 de abril es la fecha donde se cumple el plazo para presentar la declaración federal

de impuestos en EEUU.

25   "inside job".

26   "twin flame".

27   "soul mates".

28   Expresión latina que significa "hasta el infinito", "sin término", etc.

29   "And Christ is the firstborn of the Father, that is, it is That which is begotten, and not made".

30   Este nombre se trata de la Fundación que ya ha salido a relucir anteriormente. Ver la página 19 de este

libro y el apéndice 1 al final.

31   No es un error, se escribe sin hache, Jon (se trata del canalizador-autor, y él escribe su nombre así: Jon).

Es Jon Marc Hammer.

32   "inform".

33   Hay ediciones que marcan en rojo las palabras que en la Biblia se atribuyen a Jesús.